daearth

daearyddiaeth ar gyfer cyfnod allweddol 3

<rosemarie gallagher> <richard parish> <janet williamson>

Cyhoeddwyd dan nawdd Cynllun Cyhoeddiadau Cyd-bwyllgor Addysg Cymru

Cyhoeddwyd yr addasiad hwn o *geog.1* (argraffiad newydd 2005), a gyhoeddwyd yn wreiddiol yn Saesneg, trwy gydweithrediad Gwasg Prifysgol Rhydychen.

Comisiynwyd â chymorth ariannol
Awdurdod Cymwysterau, Cwricwlwm ac Asesu Cymru.

Cyhoeddwyd dan nawdd
Cynllun Cyhoeddiadau Cyd-bwyllgor Addysg Cymru.

Cyhoeddwyd yng Nghymru gan Wasg Gomer.

Hawlfraint © RoseMarie Gallagher, Richard Parish, Janet Williamson 2005
Hawlfraint yr Addasiad Cymraeg © ACCAC/CBAC (2005)

Cyhoeddwyd gyntaf yn Gymraeg 2005.

Addaswyd i'r Gymraeg gan Berwyn Prys Jones.

Cedwir pob hawl. Ni chaniateir atgynhyrchu unrhyw ran o'r cyhoeddiad hwn, ei storio ar unrhyw system adfer, na'i drosglwyddo, mewn unrhyw ddull na thrwy unrhyw gyfrwng, heb ganiatâd ysgrifenedig gan y cyhoeddwyr, neu yn union unol â'r hyn a ganiateir yn gyfreithiol, neu yn ôl telerau y cytunwyd arnynt â'r sefydliad hawliau reprograffig priodol. Dylid cyfeirio ymholiadau ynghylch atgynhyrchu y tu hwnt i'r cyfyngiadau uchod at Adran Hawliau'r cyhoeddwyr.

Ni ddylech gylchredeg y llyfr hwn mewn unrhyw rwymiad neu glawr arall a dylech fynnu bod unrhyw un y mae'r llyfr yn dod i'w feddiant yn cadw at yr un amod.

Manylion Catalogio Cyhoeddi y Llyfrgell Brydeinig

Mae cofnod catalog ar gael.

ISBN 1 84323 558 7

10 9 8 7 6 5 4 3 2 1

Cydnabyddiaethau

Hoffai'r cyhoeddwr a'r awduron ddiolch i'r canlynol am eu caniatâd i ddefnyddio ffotograffau a deunydd hawlfraint arall:

T4 PLI/Science Photo Library; t7ch&d Popperfoto; t8td ESA; t8gch&d Gwasg Prifysgol Rhydychen; t8tch&cch PLI/Science Photo Library; t8td W. Cross/Skyscan; t10 Gwasg Prifysgol Rhydychen; t11 Viviane Moos/Corbis UK Cyf.; t12 Gwasg Prifysgol Rhydychen; t13 Education Photos; t14 NRSC/Skyscan; t15 Education Photos; t17t Education Photos; t17g Mark Azavedo; t20 Sealand Aerial Photography; t21 Gwasg Prifysgol Rhydychen; t24 Gwasg Prifysgol Rhydychen; t26 Jason Hawkes/Corbis UK Cyf.; t29gch Ric Ergenbright/Corbis UK Cyf.; t29tc C Moore/Corbis UK Cyf.; t29gc Nik Wheeler/Corbis UK Cyf.; t29gd Charles a Josette Lenars/Corbis UK Cyf.; t29t Christophe Loviny/Corbis UK Cyf.; t30 West Stow Anglo-Saxon Village Trust/St Edmundsbury Borough Council; t31 Simmons Aerofilms; t33 Art Directors & Trip Photo Library; t36gcd&cd Alex Hibbs/Gwasg Prifysgol Rhydychen; t36gc&gd&gcch Martin Sookias/Gwasg Prifysgol Rhydychen; t36t Parc Gwyddoniaeth Rhydychen; t37ch Mark Azavedo; t37td Education Photos; t37gd Martin Sookias/Gwasg Prifysgol Rhydychen; t38gch Leslie Garland Picture Library; t38t Art Directors & Trip Photo Library; t40gch English Partnerships; t40gd Glenn Harvey/Rex Features; t40t&c Woodland Library, Greenwich; t41t&c Chris Henderson/English Partnerships; t41g English Partnerships; t42gch Chris Henderson/English Partnerships; t42gd Sam Tinson/Rex Features; t42t English Partnerships; t43tch J Allan Cash Photo Library; t43gch Gwasg Prifysgol Rhydychen; t43td Telegraph Colour Library/Getty Images; t43gd English Partnerships; t44tch&gch Milton Keynes City Discovery Centre; t44td&gd Martin Bond/Photofusion Picture Library; t46t Mary Evans Picture Library; t46g Michael Taylor/Gwasg Prifysgol Rhydychen; t48tch Martin Sookias/Gwasg Prifysgol Rhydychen; t48gd Michael Taylor/Gwasg Prifysgol Rhydychen; t48t John Powell Photographer/Alamy; t50gch Bluewater, Caint; t50gd Tony Kyriacou/Rex Features; t50t Andy Drysdale/Rex Features; t51 Bluewater, Caint; t52 Michael Keller/Corbis UK Cyf.; t53 Alex Segre/Rex Features; t54 Gwasg Prifysgol Rhydychen; t56cch Wild Country/Corbis UK Cyf.; t56gch David Wrench/LGPL/Alamy; t56cd a gd Adam Woolfitt/Corbis UK Cyf.; t56t Jason Hawkes/Corbis UK Cyf.; t56c Gwasg Prifysgol Rhydychen; t57ch J. Allan Cash Photo Library; t57d Barnaby's/Mary Evans Picture Library; t59 Gwasg Prifysgol Rhydychen; t63cch&gch&cd&t Barnaby's/Mary Evans Picture Library; t63gd Hulton Archive/Getty Images; t65ch J. Allan Cash Photo Library; t65d London Aerial Photo Library/Corbis UK Cyf.; t66 Colin McPherson/Sygma/Corbis UK Cyf.; t68tch Bettmann/Corbis UK Cyf.; t68cch&cd Tony O'Keefe/Corbis UK Cyf.; t68gch&gcch Gwasg Prifysgol Rhydychen; t68td Corel/Gwasg Prifysgol Rhydychen; t68gd Eddie Ryle-Hodge/Edifice/Corbis UK Cyf.; t68gcd Adam Woolfit/Corbis UK Cyf.; t69ch Chris Bland/Eye Ubiquitous/Corbis UK Cyf.; t69d Stan Gamester/Photofusion Picture Library/Alamy; t70 Art Underground/Corbis UK Cyf.; t72 RoseMarie Gallagher; t75 Airfotos/Skyscan; t76t Art Directors & Trip Photo Library; t76g Val Corbett; t78 Art Directors & Trip Photo Library; t77 RoseMarie Gallagher; t79 Landform Slides; t80t ICCE Photolibrary; t80g Corel/Gwasg Prifysgol Rhydychen; t81 Heather Angel/Natural Visions; t82 Shropshire Star; t86 Shropshire Star; t86 y ddau: Shropshire Star; t88ch Abir Abdullah/Still Pictures; t88d Rafiqur Rahman/Reuters/Corbis UK Cyf.; t90tc Reading/Asiantaeth yr Amgylchedd; t90td Martin Sookias/Gwasg Prifysgol Rhydychen; t90gd Oxford & County Newspapers; t90gch&c Shropshire Star; t91tch&td&gd Panos Pictures; t91gch&tc&gc Popperfoto; t96ch Popperfoto/Alamy; t93 Shropshire Star; t94 Tom Purslow/Manchester United/Getty Images; t96d Adam Davy/Empics; t100gch Barry Coombs/Empics; t100cch RoseMarie Gallagher; t100tc&td&gd hawlfraint © Clwb Pêl-droed Lerpwl; t101 hawlfraint © Clwb Pêl-droed Lerpwl; t103 Skyscan; t104ch&c Barry Coombs/Empics; t104d Ed Kashi/Network Photographers Cyf.; t105 Popperfoto; t106 Bernhard Edmaier/Science Photo Library; t108ch Corel/Gwasg Prifysgol Rhydychen; t108d KTB – Archif GeoForschungZentrum Potsdam; t110 Paul A Souders/Corbis UK Cyf.; t113 (Ffynhonnell: map o Lawr Cefnforoedd y Byd gan Bruce C. Heezen a Marie Tharp, 1977. Hawlfraint © 1977 Marie Tharp. Atgynhyrchwyd gyda chaniatâd Marie Tharp, 1 Washington Ave., South Nyack, NY10960)/Marie Tharp; t115 AP Photo; t116ch Shehzad Noorani/Still Pictures; t116td Wolfgang Rattav/Reuters/Corbis UK Cyf.; t116gd Caren Firouz/Reuters/Corbis UK Cyf.; t118ch J. Allan Cash Photo Library; t118d Lyn Topinka/United States Department of the Interior/U.S. Geological Survey; t119t Rex Features; t119g Katz Pictures; t120ch Marco Fulle/Osservatorio Astronomico/Trieste; t120d NASA; t121 Kevin West/Liaison Agency/Getty Images; t122tch Yannis Kontos/Sygma/Corbis UK Cyf.; t122cch Patrick Robert/Sygma/Corbis UK Cyf.; t122gch Alan Andrews Photography/Alamy; t122tc Peter Turnley/Corbis UK Cyf.; t122gc Thomas J. Casadevall/United States Department of the Interior/U.S. Geological Survey; t122td Peter Frischmuth/Still Pictures; t122cd Bryan F. Peterson/Corbis UK Cyf.; t122gd Popperfoto; t122c Jacques Langevin/Sygma/Corbis UK Cyf.; t123 Sipa Press/Rex Features; t124ch A.Tovy/Art Directors & Trip Photo Library; t124d Geoscience Features Picture Library; t125 Corel/Gwasg Prifysgol Rhydychen.

Atgynhyrchir y darnau o'r mapiau ordnans ar tt. 23, 24, 32, 35, 38, 39, 86, 103 a 126 gyda chaniatâd Rheolwr Gwasg Ei Mawrhydi Hawlfraint © y Goron.

Tynnwyd y darluniau gan James Alexander, Martin Aston, Barking Dog Art, Jeff Bowles, Matt Buckley, Stefan Chabluk, Michael Eaton, Hardlines, Jill Hunt, David Mostyn, Olive Pearson, Colin Salmon, Martin Sanders a Jamie Sneddon.

Hoffai'r cyhoeddwr a'r awduron ddiolch i'r llu o bobl a sefydliadau a'u helpodd gyda'u hymchwil. Yn arbennig: Asiantaeth yr Amgylchedd (yn enwedig y staff yn swyddfa Amwythig); English Partnerships yn natblygiad Penrhyn Greenwich; Jonny Popper yn y London Communications Agency; Chris Talbot yn GeoBusiness Solutions Cyf, Wendover; Cronfa Achub y Plant; yr Athro John Bale; Andy Ward; Rogan Taylor; Clwb Pêl-droed Lerpwl; Chris Fitch o Gyngor Bwrdeistref Darlington; staff y ganolfan astudiaethau lleol yn llyfrgell Aylesbury; Ray Kershaw; Gwerthwyr Tai Sutton Kersh, Lerpwl; ac, yn olaf, Alex 'Walter' Middleton.

Hoffem ddiolch i'n hadolygwyr rhagorol am eu beirniadaeth ystyrlon ac adeiladol ar wahanol gamau: Phyl Gallagher, John Edwards, Anna King, Katherine James, Paul Apicella, David Weeks, Richard Farmer, Roger Fetherston, Philip Amor, Louise Ellis, Kathy Fairchild, Janet Wood, Andy Lancaster, David Jones, Bob Drew, Paul Bennett, John Hughes a Michael Gallagher.

Diolch hefyd i Ann Hayes, Pauline Jones ac Omar Farooque am eu cymorth a'u cefnogaeth amhrisiadwy.

Ymdrechwyd i gysylltu â pherchnogion hawlfreintiau, ond byddai'r cyhoeddwyr yn falch o glywed gan unrhyw un y mae yn ddiarwybod wedi methu â chydnabod ei hawliau.

Llun y clawr: Getty Images a Hemera.

Sicrhawyd caniatâd i atgynhyrchu yr holl ddeunydd hawlfraint uchod yn addasiad Cymraeg y gyfrol gan Zooid Pictures Cyf.

Argraffwyd gan Wasg Gomer, Llandysul.

Cynnwys

1 Cyflwyno daearyddiaeth 4
1.1 Beth yw daearyddiaeth? 6

2 Gwneud a mapio cysylltiadau 8
2.1 Gwneud cysylltiadau 10
2.2 Cynlluniau a graddfeydd 12
2.3 Mapiau a chyfeirnodau grid 14
2.4 Pa mor bell? 16
2.5 Pa gyfeiriad? 18
2.6 Llunio llinfap 20
2.7 Mapiau ordnans 22
2.8 Pa mor uchel? 24

3 Aneddiadau 26
3.1 Codi cartref 28
3.2 Enghraifft: ymgartrefu yn Aylesbury 30
3.3 Sut mae aneddiadau'n tyfu? 32
3.4 Hierarchaeth aneddiadau 34
3.5 Patrymau defnydd tir mewn trefi a dinasoedd 36
3.6 Byddwch yn dditectif defnydd tir! 38
3.7 Newidiadau yn y dref: Penrhyn Greenwich 40
3.8 Ai dyma'r dyfodol? 42
3.9 Help! Mae angen rhagor o gartrefi arnom 44

4 Newid y ffordd y byddwn yn siopa 46
4.1 Siopa hwnt ac yma 48
4.2 Siopa y tu allan i'r dref: Bluewater 50
4.3 Siopa ar y rhyngrwyd 52

5 Edrych ar Brydain 54
5.1 Yr ynysoedd sy'n gartref ichi 56
5.2 Dyna jig-so! 58
5.3 Pa fath o hinsawdd sydd gennym? 60
5.4 Pwy ydym ni? 62
5.5 Ble rydym ni'n byw? 64
5.6 Pa fath o waith rydym ni'n ei wneud? 66
5.7 Cyfoethocach? Tlotach? 68

6 Afonydd 70
6.1 Y gylchred ddŵr 72
6.2 Taith afon 74
6.3 Hindreulio sy'n helpu'r afon 76
6.4 Afonydd wrth eu gwaith 78
6.5 Y tirffurfiau bydd afon yn eu creu 80

7 Ymdopi â llifogydd 82
7.1 Rhybudd llifogydd! 84
7.2 Llifogydd yn y DU, 2000 86
7.3 Llifogydd yn Bangladesh, 2004 88
7.4 Ymdopi â llifogydd 90
7.5 Rheoli llifogydd 92

8 Pêl-droed! 94
8.1 Ymchwilio i lwyddiant mewn pêl-droed 96
8.2 Ennill bywoliaeth o bêl-droed 98
8.3 Y busnes pêl-droed 100
8.4 Arsenal yn symud 102
8.5 Pwy sy'n colli? 104

9 Platiau, daeargrynfeydd a llosgfynyddoedd 106
9.1 Trawstoriad o'r Ddaear 108
9.2 Daeargrynfeydd, llosgfynyddoedd a phlatiau 110
9.3 Symudiadau'r platiau 112
9.4 Daeargrynfeydd 114
9.5 Daeargryn yn Iran 116
9.6 Llosgfynyddoedd 118
9.7 Montserrat: llosgfynydd yn deffro 120
9.8 Ymdopi â daeargrynfeydd ac echdoriadau 122
9.9 Pam byw mewn lle peryglus? 124

Allwedd ar gyfer mapiau ordnans 126

Map o Ynysoedd Prydain 127

Map o'r byd 128

Geirfa 130

Mynegai 132

1 Cyflwyno daearyddiaeth

Cyflwyno daearyddiaeth

CYFLWYNO DAEARYDDIAETH

Y darlun mawr

Croeso i *daear.1*, y llyfr cyntaf yng nghwrs *daear.123*.

Cwrs am y Ddaear, ein planed ni, yw hwn a sut a ble'r ydym ni'n byw arni. Dyma brif syniadau'r cwrs:

- Am gyfnod byr iawn y mae pobl fel ni wedi bod yma, o'n cymharu â'r Ddaear. (Am ryw 200,000 o flynyddoedd, o'i gymharu â 4.6 biliwn!)
- Rydym wedi ymledu dros y rhan fwyaf o'r Ddaear, gan ei ffermio, ei mwyngloddio, adeiladu arni a chreu dros 200 o wledydd arni.
- Rydym wedi newid y Ddaear wrth i ni ymledu drosti – ac wedi difetha llawer o'r lleoedd arni.
- Erbyn hyn, rydym yn dysgu bod rhaid i ni ofalu amdani'n iawn.
- Mae llawer o beryglon ar y Ddaear i ni o hyd, e.e. llifogydd a daeargrynfeydd. Ceisiwn ein diogelu'n hunain rhagddynt.

Erbyn diwedd y cwrs hwn . . .

Erbyn diwedd y cwrs hwn rydym yn gobeithio y byddwch chi'n ddaearyddwr da! A bydd hynny'n golygu y byddwch chi:

- â diddordeb yn y byd o'ch cwmpas.
- yn deall bod llawer o brosesau naturiol a dynol yn siapio ac yn newid y Ddaear.
- yn gwybod pa fathau o gwestiynau i'w gofyn er mwyn cael gwybod am wledydd a lleoedd a phobl.
- yn gallu gwneud ymholiadau er mwyn dod o hyd i atebion i'ch cwestiynau.
- wedi dysgu'r sgiliau allweddol eraill (fel darllen mapiau) y mae eu hangen ar ddaearyddwr. Bydd eich athro neu'ch athrawes yn dweud wrthych pa sgiliau yw'r rheiny.
- yn meddwl bod daearyddiaeth yn wych!

Wyddech chi?
- Mae'r Ddaear wedi bod yma ryw 23 000 o weithiau'n hirach na phobl.

Wyddech chi?
- Bu dinosoriaid yn byw yma am ryw 165 o filiynau o flynyddoedd.
- Sef dros 800 gwaith yn hirach na phobl!

Wyddech chi?
Barn y mwyafrif o arbenigwyr yw:
- mai yn Nwyrain Affrica y gwelwyd pobl fel ni gyntaf ...
- ... a'n bod wedi ymledu o'r fan honno.

Eich man cychwyn

Ar dudalen 4 fe welwch chi blaned. Pa un?

Ble mae hi yn y gofod?

Beth sy'n ei chadw hi yno?

Pwy sy'n byw arni?

Beth maent yn ei wneud?

Hi yw'r drydedd blaned o'r haul.

1.1 Beth yw daearyddiaeth?

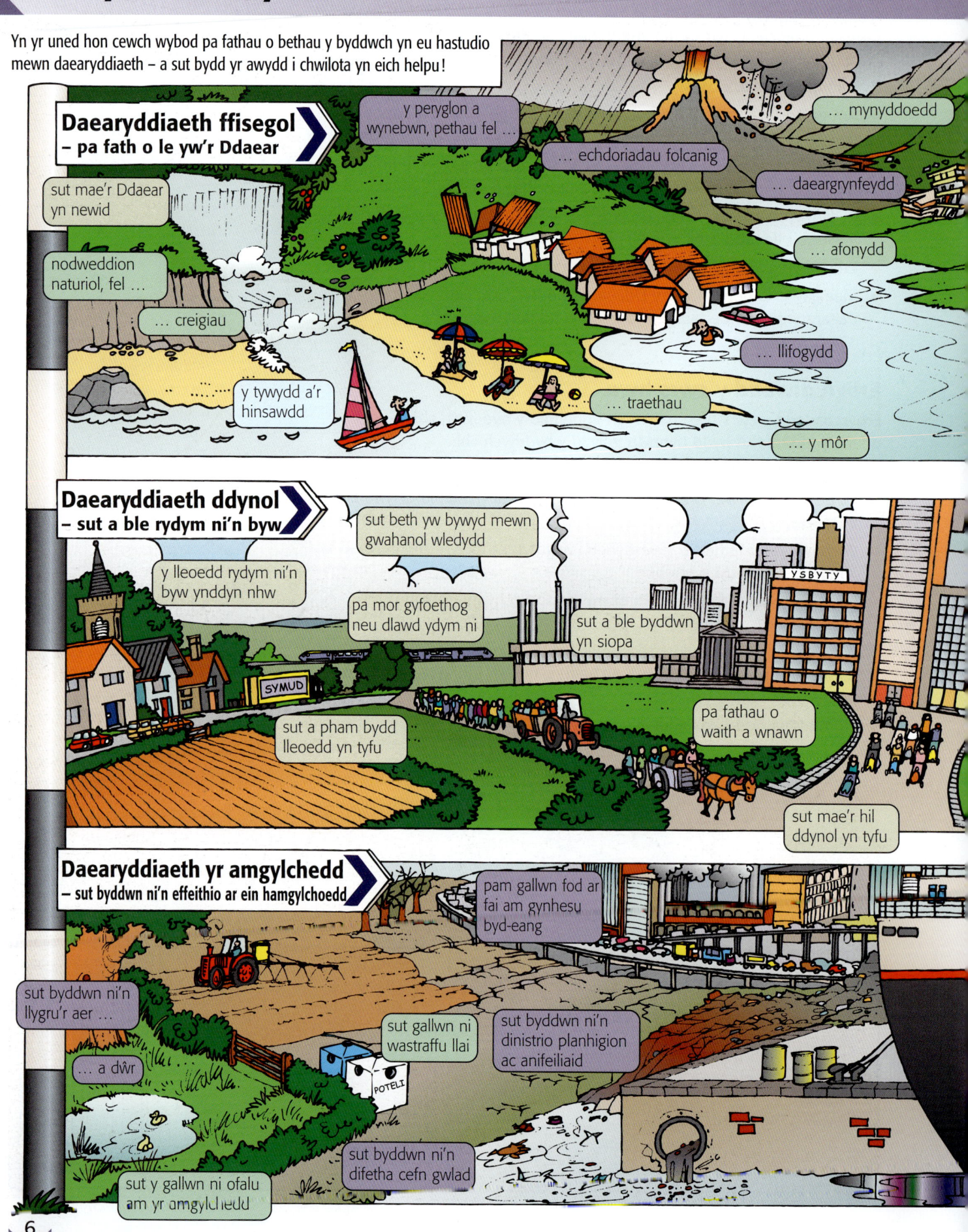

Yn yr uned hon cewch wybod pa fathau o bethau y byddwch yn eu hastudio mewn daearyddiaeth – a sut bydd yr awydd i chwilota yn eich helpu!

Daearyddiaeth ffisegol
– pa fath o le yw'r Ddaear

- y peryglon a wynebwn, pethau fel …
- … mynyddoedd
- … echdoriadau folcanig
- … daeargrynfeydd
- sut mae'r Ddaear yn newid
- … afonydd
- nodweddion naturiol, fel …
- … creigiau
- … llifogydd
- y tywydd a'r hinsawdd
- … traethau
- … y môr

Daearyddiaeth ddynol
– sut a ble rydym ni'n byw

- sut beth yw bywyd mewn gwahanol wledydd
- y lleoedd rydym ni'n byw ynddyn nhw
- pa mor gyfoethog neu dlawd ydym ni
- sut a ble byddwn yn siopa
- sut a pham bydd lleoedd yn tyfu
- pa fathau o waith a wnawn
- sut mae'r hil ddynol yn tyfu

Daearyddiaeth yr amgylchedd
– sut byddwn ni'n effeithio ar ein hamgylchoedd

- pam gallwn fod ar fai am gynhesu byd-eang
- sut byddwn ni'n llygru'r aer …
- sut gallwn ni wastraffu llai
- sut byddwn ni'n dinistrio planhigion ac anifeiliaid
- … a dŵr
- sut byddwn ni'n difetha cefn gwlad
- sut y gallwn ni ofalu am yr amgylchedd

CYFLWYNO DAEARYDDIAETH

Byddwch yn ddaearyddwr da!

Daearyddiaeth yw astudio'r byd o'n cwmpas. A'r cam cyntaf at wneud hynny yw chwilota!

Felly, defnyddiwch eich llygaid! Chwiliwch am gliwiau. Gofynnwch gwestiynau sy'n dechrau â geiriau fel *Pwy, Beth, Ble, Sut, Pam, Pryd* …

Sut mae'n newid?
Ble mae'r lle hwn?
Ar bwy fydd y newidiadau'n effeithio?
Pa fath o le yw hwn?
Sut maen nhw'n teimlo am hyn?
Pam mae pethau fel hyn?
Sut rydw i'n teimlo am hyn?

Eich tro chi

1 Copïwch a chwblhewch yn eich geiriau eich hun:
Mae daearyddiaeth ffisegol yn trafod …
Mae daearyddiaeth ddynol yn trafod …
Mae daearyddiaeth yr amgylchedd yn trafod …

2 Pa fath o ddaearyddiaeth sy'n trafod hyn?
   a sut mae cymylau'n ymffurfio
   b chwilio am waith
   c gwarchod pandas
   ch lle caiff esgidiau rhedeg eu gwneud
   d ogofâu
   dd glaw asid

3 Mae ffotograff A isod yn dangos pobl ar eu gwyliau.
   a Pam, dybiwch chi, y dewison nhw'r lle hwn? Rhowch gymaint o resymau ag y gallwch.
   b Ar ôl pob rheswm, rhowch (*Ff*) os yw'n fater o ddaearyddiaeth ffisegol, (*D*) os yw'n fater o ddaearyddiaeth ddynol, neu (*A*) os yw'n fater o ddaearyddiaeth yr amgylchedd.

4 Mae'n bryd chwilota! Chwiliwch am gliwiau yn ffotograff B. Yna atebwch y cwestiynau hyn:
   a Beth sy'n digwydd yn y ffotograff?
   b Beth sydd wedi achosi hyn?
   c Pwy, yn eich barn chi, sy'n gyfrifol?

5 a Lluniwch dri chwestiwn newydd am ffotograff B, a'r hyn sy'n digwydd ynddo. Dim cwestiynau dwl! (Gair i gall: *Pwy? Beth? Ble? Sut? Pam? Pryd?*)
   b Gofynnwch i'ch partner geisio'u hateb.

6 Cymharwch y ddau ffotograff.
   a Welwch chi unrhyw beth sy'n debyg ynddyn nhw?
   b Ydych chi'n meddwl bod unrhyw gysylltiad rhwng y ddwy olygfa?

A

B

7

Gwneud a mapio cysylltiadau

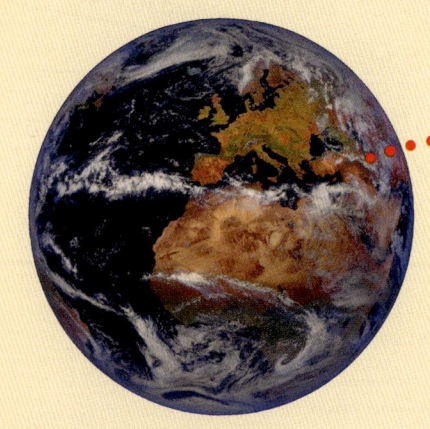

Ble mae Walter?

Mae ef ar blaned y Ddaear, planed ac arni fwy na 6.4 biliwn (sef 6 400 000 000) o fodau dynol eraill, gan eich cynnwys chi …

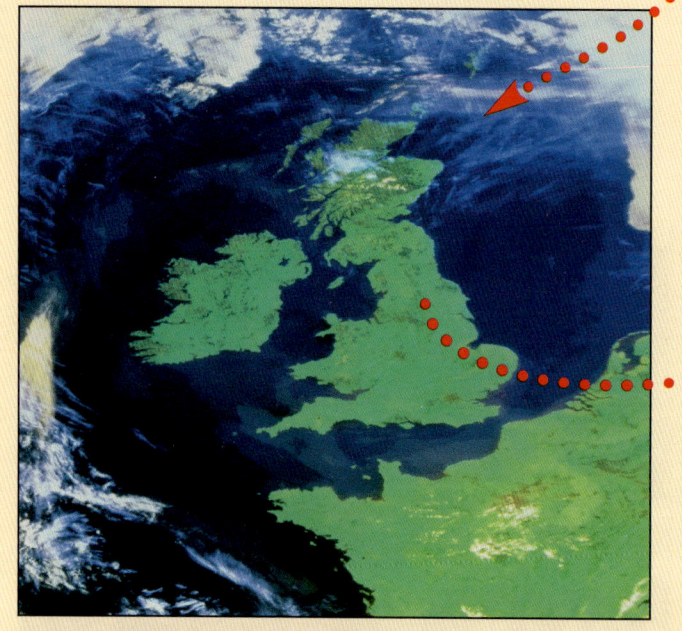

… yn Ewrop, ef a 730 o filiynau (sef 730 000 000) o fodau dynol eraill …

Clwb Pêl-droed Lerpwl

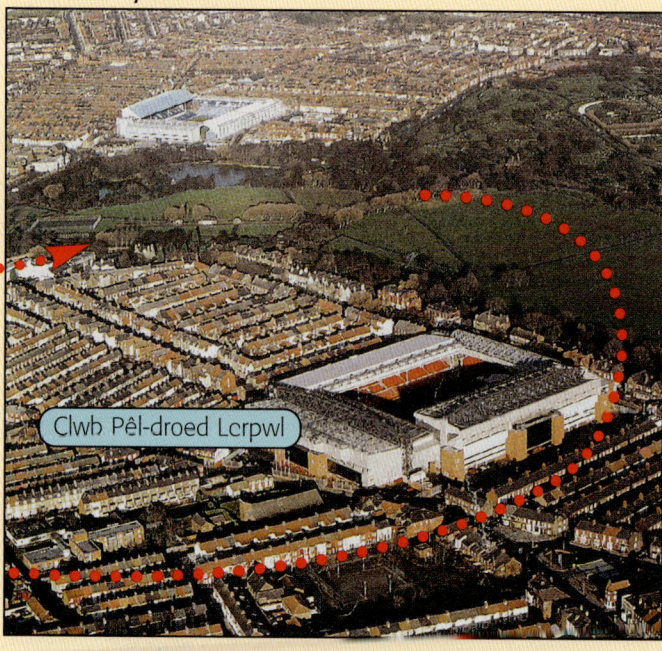

… yn Ynysoedd Prydain, gyda 63 miliwn o fodau dynol eraill …

… yn Lerpwl, gyda 440 000 o fodau dynol eraill …

… yn rhif 181 Anfield Road, gyda 4 o bobl eraill …

… yn yr ystafell hon, ar ei ben ei hun.

8

GWNEUD A MAPIO CYSYLLTIADAU

Y darlun mawr

Mae'r bennod hon yn sôn am fapiau, a sut mae eu defnyddio. Dyma brif syniadau'r bennod:

- Er ein bod ni, fodau dynol, wedi ein gwasgaru dros y byd i gyd, rydym yn dal i fod wedi'n cysylltu â'n gilydd mewn llawer o wahanol ffyrdd.
- Byddwn ni'n defnyddio mapiau i ddangos ble'r ydym yn byw ar y Ddaear, a sut leoedd sydd yma.
- Mae llawer o fathau gwahanol o fapiau.
- Mae defnyddio mapiau'n sgìl allweddol i ddaearyddwr da. (Chi!)

Erbyn diwedd y bennod hon …

Erbyn diwedd y bennod hon dylech allu ateb y cwestiynau hyn:

- Ym mha ffyrdd rwyf fi wedi fy nghysylltu â phobl a lleoedd ar hyd a lled y byd?
- Beth mae'r raddfa ar fap neu gynllun yn ei ddweud wrthyf?
- Beth yw cyfeirnodau grid ar fapiau, a sut mae eu defnyddio i ddod o hyd i leoedd?
- Sut mae mesur pellter ar fap?
- Beth yw pwyntiau cwmpawd, a sut mae eu defnyddio i roi, a dilyn, cyfarwyddiadau?
- Beth yw'r gwahaniaeth rhwng llinfap a mathau eraill o fap?
- Beth yw mapiau ordnans a pha fath o bethau a gaiff eu dangos arnynt?
- Sut mae map ordnans yn dangos uchder tir? (Dwy ffordd!)

Felly …

Pan orffennwch chi'r bennod, dewch yn ôl i'r dudalen hon i weld a ydych wedi ateb y cwestiynau uchod!

Wyddech chi?
- 500 o flynyddoedd yn ôl roedd rhai'n credu bod y Ddaear yn wastad – ac y gallech gwympo oddi arni.

Wyddech chi?
- Yn Iraq y cafwyd hyd i'r mapiau hynaf y gwyddom ni amdanynt.
- Cawsant eu tynnu ar dabledi o glai dros 4500 o flynyddoedd yn ôl.

Wyddech chi?
- Heddiw, bydd gwneuthurwyr mapiau yn defnyddio lluniau o loerennau ac awyrennau i'w helpu i fapio'r byd.
- 200 mlynedd yn ôl, byddent yn defnyddio safleoedd yr haul a'r sêr.

Eich man cychwyn

Rydych chi'n hedfan yn ôl i'r Ddaear i ddod o hyd i Walter.

Mae gennych ei gyfeiriad – ond does arnoch chi ddim eisiau gofyn am gyfarwyddiadau.

A fyddai'r lluniau ar dudalen 8 yn eich helpu i ddod o hyd iddo? Rhowch eich rhesymau.

Gallai diagramau arbennig roi llawer mwy o help i chi. Mae daearyddwyr wrth eu boddau â nhw. Beth yw eu henw?

Ble'r wyt ti wedi bod?

2.1 Gwneud cysylltiadau

Yn yr uned hon, byddwch yn gweld sut rydym ni wedi'n cysylltu â phobl a lleoedd ar hyd a lled y byd – a sut mae defnyddio mapiau i ddangos hynny.

Cysylltiadau Walter

Walter. Ar ei ben ei hun yn ei ystafell yn Lerpwl – ond wedi'i gysylltu â phobl a lleoedd ym mhobman.

Kim, ei gyfnither arall, sy'n byw yn Surrey.

Cerdyn post o Warkworth yn Northumberland, lle mae ei gyfnither, Violet, yn byw.

Yn y bocs bach gwyn hwn ... dant a ddaeth allan pan oedd Walter yn 8 oed ac ar ymweliad â'i ewythr yng Nghernyw.)

Ei sbectol haul. Wedi'i gwneud o olew a arferai fod o dan y ddaear yn Nigeria.

Caiff negeseuon e-bost bob wythnos oddi wrth ei gyfeillion yn Hong Kong a Kenya.

Cryno-ddisg o gerddoriaeth y gwnaeth ei llwytho i lawr o wefan yn Los Angeles. Alwminiwm o Jamaica yw'r haen 'arian' sydd arni.

Cafodd ei grys ei wnïo yn China fis yn ôl, gan ferch o'r enw Lily. Prynodd y crys yn Kirkdale, lle sy'n agos at ei gartref.

Ei hoff dîm pêl-droed yw Lerpwl. Mae'n lwcus. Mae'n byw yn Anfield, yn ymyl eu stadiwm.

Barcut a gafodd yr haf diwethaf yn Redwood Village, gwersyll gwyliau ar Ynys Manaw.

Ei hoff lyfr. Anrheg oddi wrth ei fam-gu sy'n byw yn Amwythig.

Ei hen Walkman – cafodd ei ddyfeisio yn Japan.

10

GWNEUD A MAPIO CYSYLLTIADAU

Mapio cysylltiadau

Prydain Fawr

Y byd

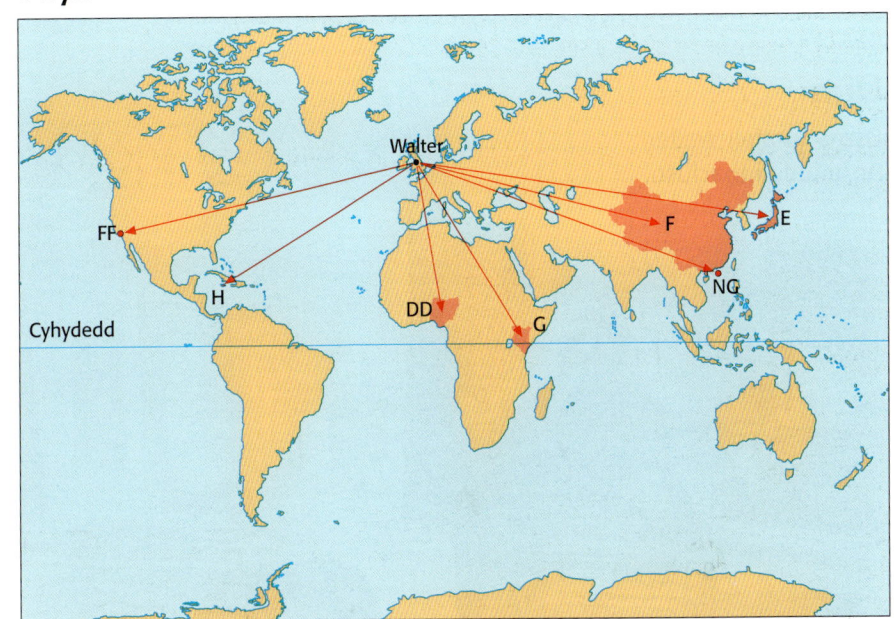

Ar dudalen 8 fe welsoch luniau o'r byd ac Ewrop, ac o'r ynys y mae Walter yn byw arni (Prydain Fawr). Uchod, fe welwch fapiau o'r mannau hynny.

O gael mapiau, mae'n haws gweld ble mae lleoedd, a dangos y cysylltiadau rhyngddynt.

Mae'r mapiau uchod yn dangos cysylltiadau Walter o dudalen 10 – ond dechrau yn unig yw hynny! Ar hyd y dydd, mae ef wedi'i gysylltu â *channoedd* o bobl a lleoedd – drwy'r ysgol, y teledu, y rhyngrwyd, y pethau y mae'n berchen arnynt a'r bwyd y mae'n ei fwyta.

Mae'r un peth yn wir amdanoch chi.

▶ *Lily yn China, a wnïodd grys Walter.*

Wyddech chi?
♦ Erbyn Ionawr 2005, roedd rhyw 1.1 biliwn o bobl wedi'u cysylltu â'i gilydd drwy'r rhyngrwyd!

Eich tro chi

1 Cysylltwch bob llythyren ar y mapiau uchod ag un o'r lleoedd sydd wedi'u henwi ar dudalen 10. Dechreuwch fel hyn: A = (Peidiwch ag edrych ar y mapiau yng nghefn y llyfr hwn!) Yna, rhowch eich atebion i bartner i'w gwirio.

2 Mae Walter wedi'i gysylltu â Jamaica drwy ei gryno-ddisgiau. Cysylltiad *rhyngwladol* yw hwnnw. Ewch ati i nodi:
   a dau gysylltiad rhyngwladol arall iddo
   b dau gysylltiad lleol
   c dau gysylltiad lleol
   (Chwiliwch yn yr eirfa?)

3 Rydych chithau, hefyd, wedi eich cysylltu â channoedd o leoedd.
   a Gwnewch dabl mawr fel yr un a gychwynnwyd ar y dde.
   b Gadewch dri lle, ar gyfer pob cysylltiad. Ychwanegwch fathau eraill o gysylltiad. (Cerddoriaeth, teledu, dillad?)
   c Ewch ati i lenwi'r tabl ar eich cyfer chi.

4 Dychmygwch fod y DU wedi colli pob cysylltiad â gweddill y byd. Does dim modd cael newyddion, post, teledu, galwadau ffôn, bwyd na nwyddau eraill o'r tu allan i'r DU.
   a Rhestrwch bopeth y byddai'n rhaid i chi wneud hebddo.
   b Pa dri pheth y gwelech chi eu colli fwyaf?

Lleoedd mae gen i gysylltiad â nhw

Lle	Cysylltiad
Llundain	Rwyf wedi bod yno
... ...	Mae cyfeillion / perthnasau i mi'n byw yno
... ...	Byddaf yn bwyta bwyd a gafodd ei dyfu yno

2.2 Cynlluniau a graddfeydd

Yn yr uned hon byddwch yn dysgu beth yw cynllun, a beth mae graddfa'r cynllun yn ei ddweud wrthych.

Llun
Dyma ystafell Walter.
Ar ôl iddo'i thacluso.

Cynllun
Dyma **gynllun** o ystafell Walter – lluniad o'r hyn a welech chi o edrych i lawr o'r nenfwd arni.

Mewn gwirionedd, map o le bach – er enghraifft, ystafell, neu dŷ neu'ch ysgol – yw cynllun.

Y raddfa
Mae 1 cm ar y cynllun yn cynrychioli 30 cm yn yr ystafell. Dyna **raddfa'r** cynllun. Gallwch ei dangos mewn tair ffordd:

1. Mewn geiriau. **1 cm i 30 cm**
2. Fel cymhareb: **1 : 30** (dywedwch *1 i 30*)
3. Fel llinell wedi'i rhannu'n gentimetrau:

   0   30   60   90   120 cm

Caiff y raddfa ei dangos ar gynllun er mwyn i bobl allu dweud beth yw'r maint mewn gwirionedd.

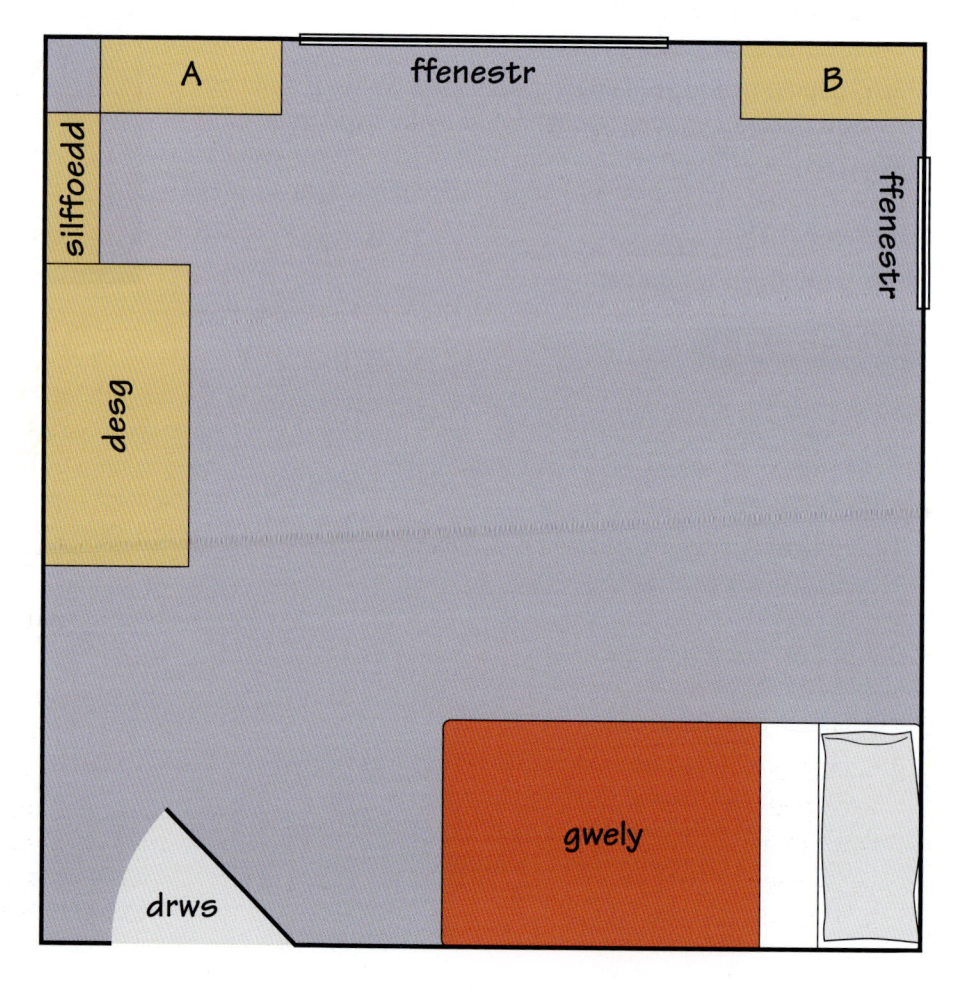

12

GWNEUD A MAPIO CYSYLLTIADAU

Gweithredu graddfa

Dyma gynllun o fwrdd yng nghegin Walter. Ar y cynllun, mae'r bwrdd yn 8 cm o hyd. Mae'n 160 cm o hyd mewn gwirionedd.

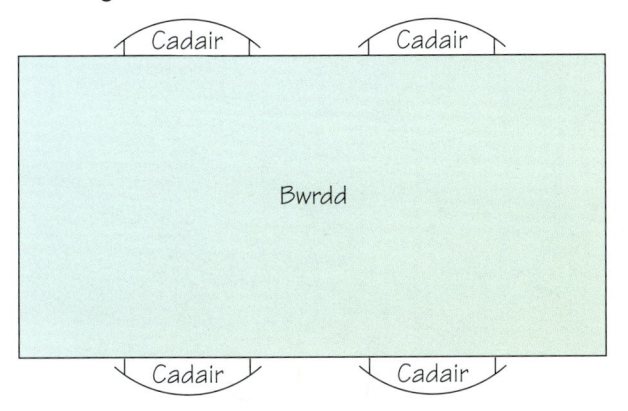

Byddwch yn ofalus wrth drin unedau!
Edrychwch ar y raddfa hon.

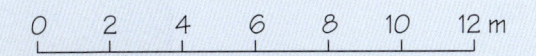

0 2 4 6 8 10 12 m

Yma, mae 1 cm yn cynrychioli 2 fetr. Gallwch ysgrifennu hyn fel **1:200**.

Mae'r 2 fetr wedi'i newid yn gentimetrau am fod *rhaid i chi ddefnyddio'r un unedau bob ochr i'r ':'*

Ystyr **1:200** yw **1 cm i 200 cm** neu **1 cm i 2 m**.

- Mae 8 cm ar y cynllun yn cynrychioli 160 cm mewn gwirionedd.
- Felly, mae 1 cm ar y cynllun yn cynrychioli 20 cm mewn gwirionedd.
- Felly, gallwch ysgrifennu'r raddfa fel hyn:
  1:20   neu   1 cm i 20 cm   neu   0 20 40 cm

Eich tro chi

1. Edrychwch ar y cynllun o ystafell Walter. Beth mae A a B yn ei gynrychioli?

2. Ar gynllun, caiff wal ystafell ei dangos fel hyn:
   ────────────
   Graddfa'r cynllun yw 1 cm i 60 cm.
   Beth yw hyd y wal mewn gwirionedd?

3. Isod, fe welwch waliau o gynllun arall. 1:50 yw'r raddfa y tro hwn. Pa mor hir yw pob wal mewn gwirionedd?
   a ──────────────
   b ──────────

4. Gan ddefnyddio graddfa o 1 cm i 20 cm, tynnwch linell i gynrychioli:
   a 40 cm   b 80 cm   c 2 fetr
   Ysgrifennwch y raddfa wrth ochr eich llinellau.

5. Os 1:300 yw'r raddfa, pa hyd y mae pob llinell yn ei gynrychioli? Rhowch eich atebion mewn metrau.
   a ──────
   b ───────────
   c ─────

6. Tynnwch linell i gynrychioli cilometr gan ddefnyddio pob un o'r graddfeydd hyn yn ei thro:
   1 cm i 1 km   1 cm i 50 m   1 cm i 100 m
   Ysgrifennwch y raddfa wrth ochr eich llinell yn unrhyw un o'r tair ffurf, fel y dymunwch.

7. Gwnewch siart fel hyn a llenwch ef ar gyfer ystafell Walter.

Ystafell Walter	Ar y cynllun	Mewn gwirionedd
Pa mor llydan yw hi?		
Mesurwch y wal wrth y ddesg.		
Pa mor hir?		
Pa mor hir yw'r gwely?		
Pa mor llydan yw'r ffenestr fawr?		
Pa mor llydan yw'r drws?		

8. Mae Walter ar fin cael cist ddillad newydd i'w ystafell:

   60 cm   70 cm   45 cm

   a I luniadu cynllun ohoni, pa arwyneb a ddefnyddiwch chi?
      y top   yr ochr   y tu blaen
   b Lluniadwch y cynllun ar yr un raddfa ag ystafell Walter.
   c A aiff y gist ddillad drwy'r drws?
   ch Ble fyddech chi'n ei rhoi hi yn yr ystafell?

9. Cymharwch y llun â'r cynllun o ystafell Walter.
   a Enwch dri pheth yn y llun sydd heb fod ar y cynllun, ac awgrymwch resymau pam nad ydynt yno.
   b A fyddech chi'n dangos unrhyw beth arall ar y cynllun?

2.3 Mapiau a chyfeirnodau grid

Yn yr uned hon byddwch yn dysgu defnyddio cyfeirnodau grid i ddod o hyd i leoedd ar fap.

Awyrlun

Awyrlun yw hwn – llun sydd wedi'i dynnu o'r awyr.

Mae'n dangos rhan o ddyffryn Afon Mole yn Surrey. Ar y dde uchaf yn y llun mae pentref Mickleham.

Aeth Walter i bysgota yma pan ymwelodd â Kim, ei gyfnither. (Diflannu wnaeth y pysgod.)

Wyddech chi?
◆ Tynnwyd yr awyrlun cyntaf erioed o falŵn yn Ffrainc ym 1785!

Map

Dyma **fap** o'r un lle. Cymharwch y map â'r llun.

Sylwch fod gan y map y canlynol:
◆ teitl
◆ ffrâm o'i amgylch
◆ saeth i ddangos y gogledd
◆ graddfa
◆ allwedd.

Dylai pob un o'r pump hynny fod ar fap da.

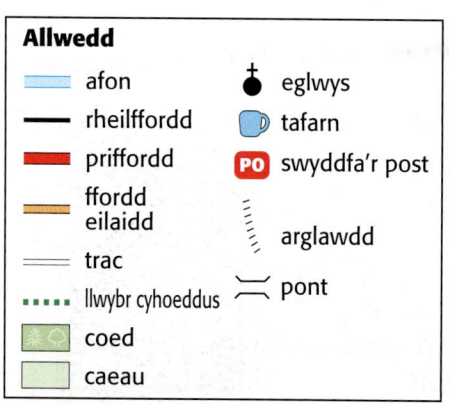

Dyffryn Afon Mole ger Mickleham

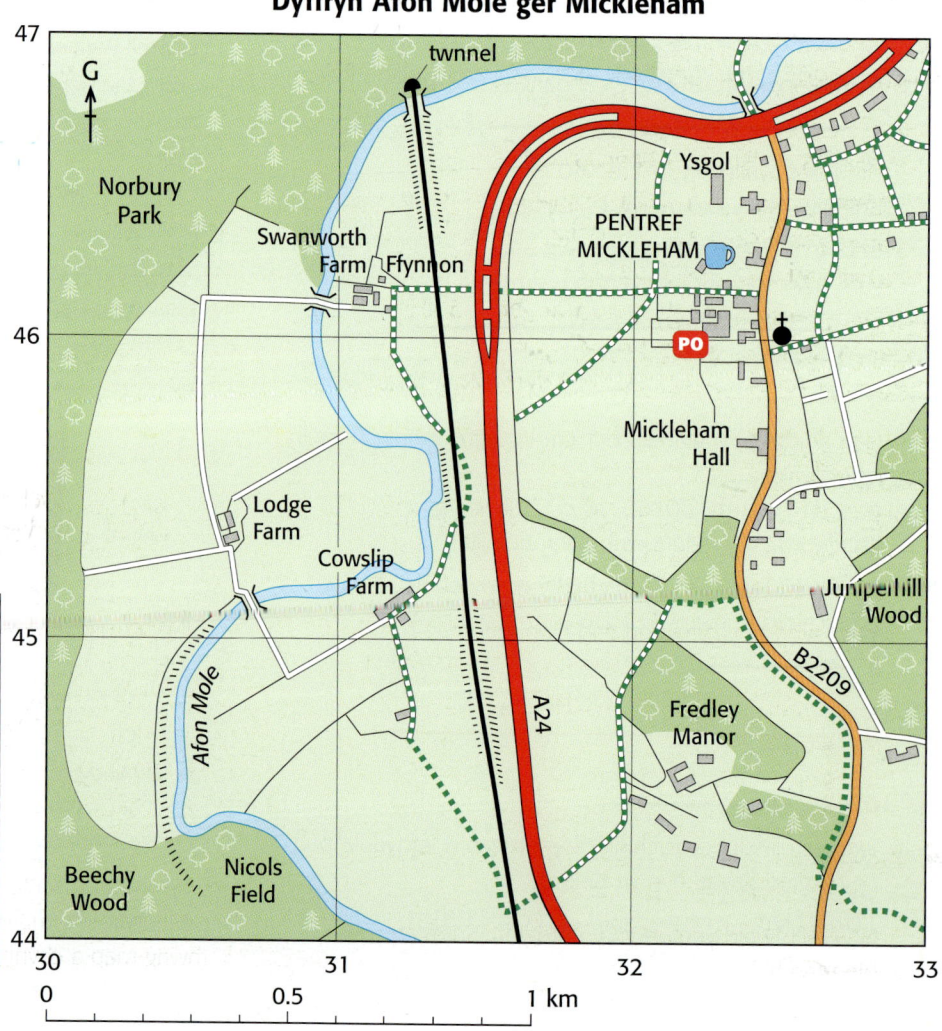

Allwedd
- afon
- rheilffordd
- priffordd
- ffordd eilaidd
- trac
- llwybr cyhoeddus
- coed
- caeau
- eglwys
- tafarn
- PO swyddfa'r post
- arglawdd
- pont

14

Defnyddio llinellau grid

Ar y map ar dudalen 14 mae **llinellau grid** â rhifau wrthynt. Gallant eich helpu i ddod o hyd i le'n gyflym. I ddod o hyd i'r ysgol yn y sgwâr â'r **cyfeirnod grid** 3246:

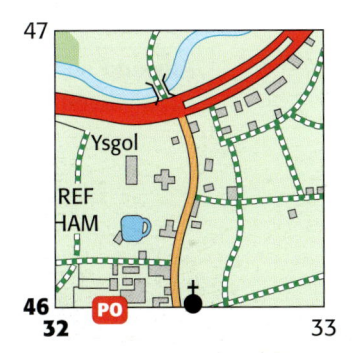

Chwiliwch am y sgwâr lle mae llinellau 32 a 46 yn cyfarfod yn y gornel isaf ar y chwith – ac yna chwiliwch am yr ysgol.

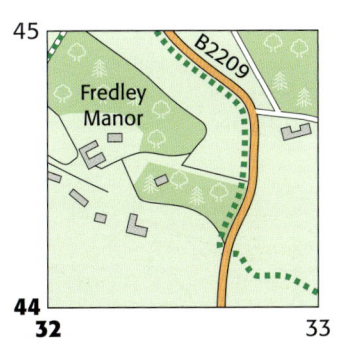

Yn yr un ffordd, mae Fredley Manor yn y sgwâr sydd â'r cyfeirnod grid 3244. Mae llinellau 32 a 44 yn cyfarfod yn y gornel isaf ar y chwith.

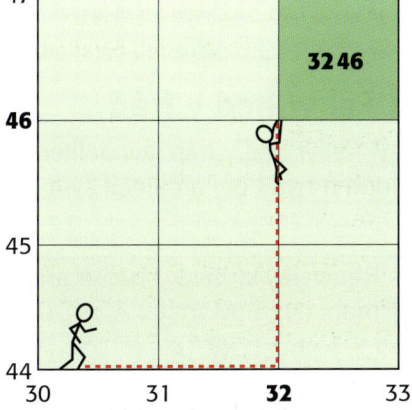

Mae cyfeirnod grid yn rhoi'r rhif ar hyd y gwaelod yn gyntaf. Mae hyn yn dangos sut mae dod o hyd i sgwâr 3246. *Rhaid cerdded cyn dringo!*

Gelwir y cyfeirnodau grid hyn yn rhai **pedwar-ffigur**. Pam?

Cyfeirnodau grid chwe-ffigur

Yn sgwâr 3246 uchod mae ysgol *ac* eglwys.

Gallwch nodi ble'n union y mae'r naill a'r llall yn y sgwâr gan ddefnyddio rhif chwe-ffigur. Gwnewch hyn:

◆ Yn eich meddwl, rhannwch ochrau'r sgwâr yn ddeg rhan, fel sy'n cael ei ddangos ar y dde.
◆ Cyfrifwch sawl rhan y mae'n rhaid i chi gerdded ar ei hyd cyn i chi gyrraedd yr adeilad, a sawl rhan y mae'n rhaid i chi ei dringo.

I gyrraedd yr ysgol, ewch 3 rhan ar hyd a 5 rhan i fyny. Felly, ei **chyfeirnod grid chwe-ffigur** yw 32**3**46**5**. Cyfeirnod yr eglwys yw 32**5**46**0**. Ydych chi'n cytuno?

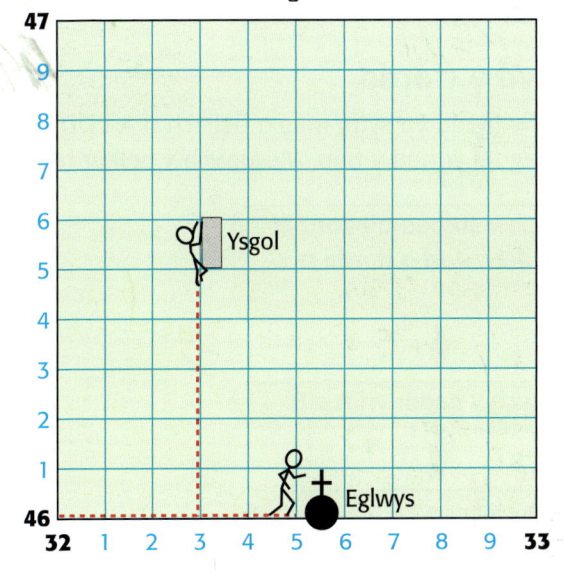

Eich tro chi

1. Ewch yn ôl i'r map ar dudalen 14. Rhowch gyfeirnod grid pedwar-ffigur ar gyfer:
   a Mickleham Hall   b Cowslip Farm   c Nicols Field
2. Beth sydd ar y cyfeirnod grid hwn ar y map?
   a 312468   b 308448   c 309461
3. Rhowch gyfeirnod grid chwe-ffigur ar gyfer:
   a Mickleham Hall
   b y swyddfa bost
   c y dafarn
4. Mae rhywbeth yn 312463 na allwch chi ei weld yn iawn yn y ffotograff. Beth ydyw?
5. Ni allwch weld yr afon yn y ffotograff. Sut mae dweud ble mae hi?
6. Disgrifiwch beth welwch chi os sefwch yn 313453 gan wynebu tua'r de. (Â'ch cefn at y gogledd!)
7. Pa mor bell yw hi o Lodge Farm i Cowslip Farm ar hyd y llwybr? (Meddyliwch am ffordd o'i fesur gan ddefnyddio'r raddfa.)
8. Dyma arwyddbost yn yr ardal. Ble, yn eich barn chi, y mae'n perthyn ar y map? Ysgrifennwch gyfeirnod grid chwe-ffigur.
9. Ewch ati i gymharu'r map ar dudalen 14 â'r cynllun ar dudalen 12. Beth, dybiwch chi, yw'r gwahaniaethau rhwng map a chynllun?

2.4 Pa mor bell?

Yn yr uned hon byddwch yn dysgu dod o hyd i'r pellter rhwng dau le ar fap.
Bydd arnoch angen stribed o bapur ac ymyl syth iddo.

1 Fel yr hed y frân

Ystyr 'fel yr hed y frân' yw pellter llinell syth rhwng dau le.
I ddod o hyd i bellter llinell syth o A i DD, gwnewch hyn:

Allwedd
— ffordd

1. Rhowch y stribed o bapur ar y map, i uno pwyntiau A ac DD.
2. Marciwch y papur yn A ac DD.
3. Rhowch y papur ar hyd llinell y raddfa i ddod hyd i'r pellter o A i DD.

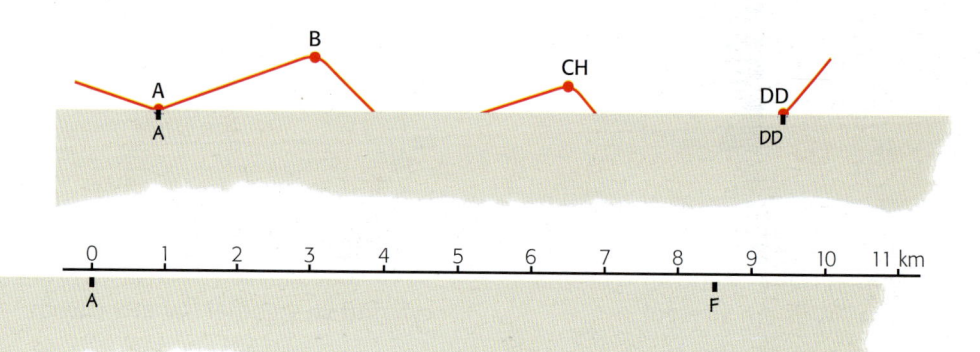

Fel yr hed y frân, y pellter o A i DD yw 8.5 km

2 Ar hyd y ffordd

Gan nad yw ffyrdd yn syth, mae'n bellach o A i DD ar hyd y ffordd nag fel yr hed y frân. Mesurwch y pellter fel hyn:

1. Rhowch y stribed o bapur ar hyd y darn syth o ffordd o A i B.
2. Marciwch y papur yn A a B.
3. Trowch y papur yn B nes ei fod yn gorwedd ar hyd y darn syth nesaf, B i C. Marciwch y papur yn C.
4. Trowch y papur yn C er mwyn iddo orwedd ar hyd y darn syth nesaf, C i CH. Marciwch ef yn CH.
5. Symudwch ar hyd y ffordd fel hyn, fesul darn, nes cyrraedd DD.
6. Rhowch y papur ar hyd llinell y raddfa i ddod o hyd i'r pellter o A i DD.

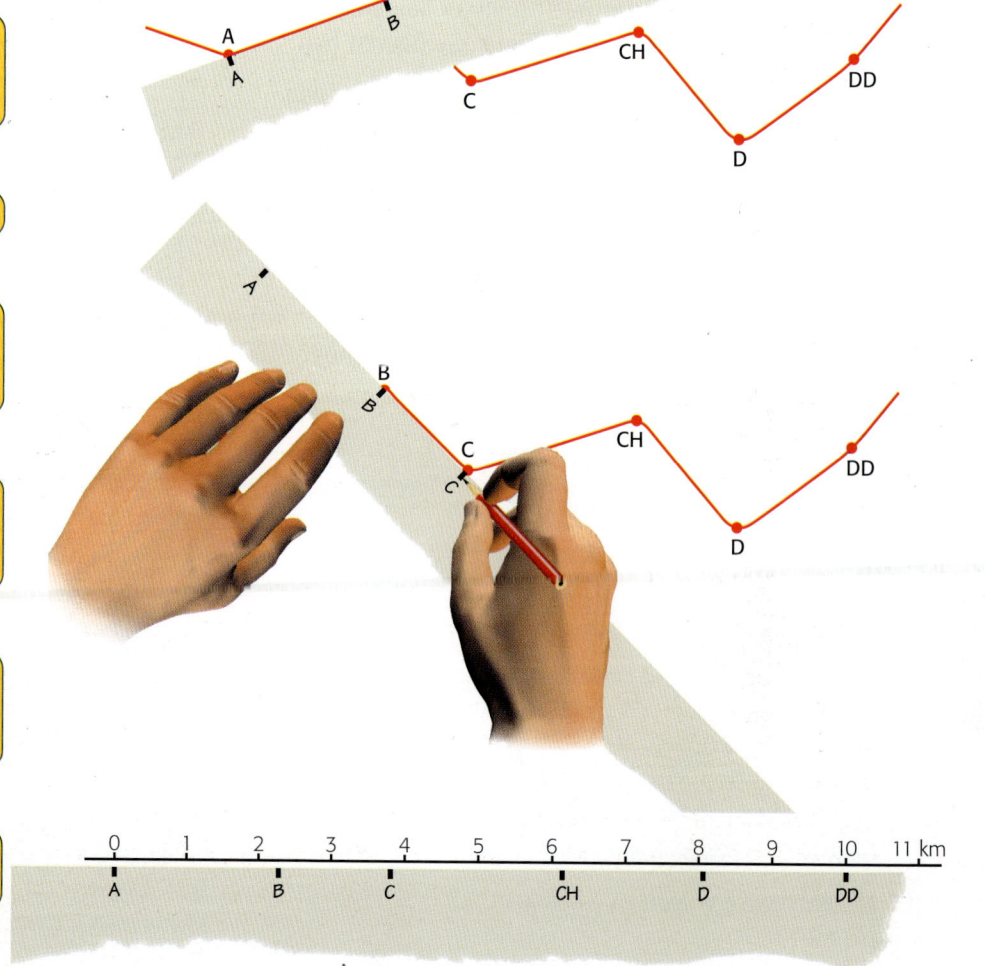

Ar y ffordd, y pellter o A i DD yw 10 km

16

GWNEUD A MAPIO CYSYLLTIADAU

Eich tro chi

Roedd y ffotograff a'r map ar dudalen 14 yn dangos rhan o ddyffryn Afon Mole yn Surrey. Dyma fap sy'n dangos rhagor o'r un ardal. (Beth ydych chi'n sylwi arno ynglŷn â'r raddfa?)

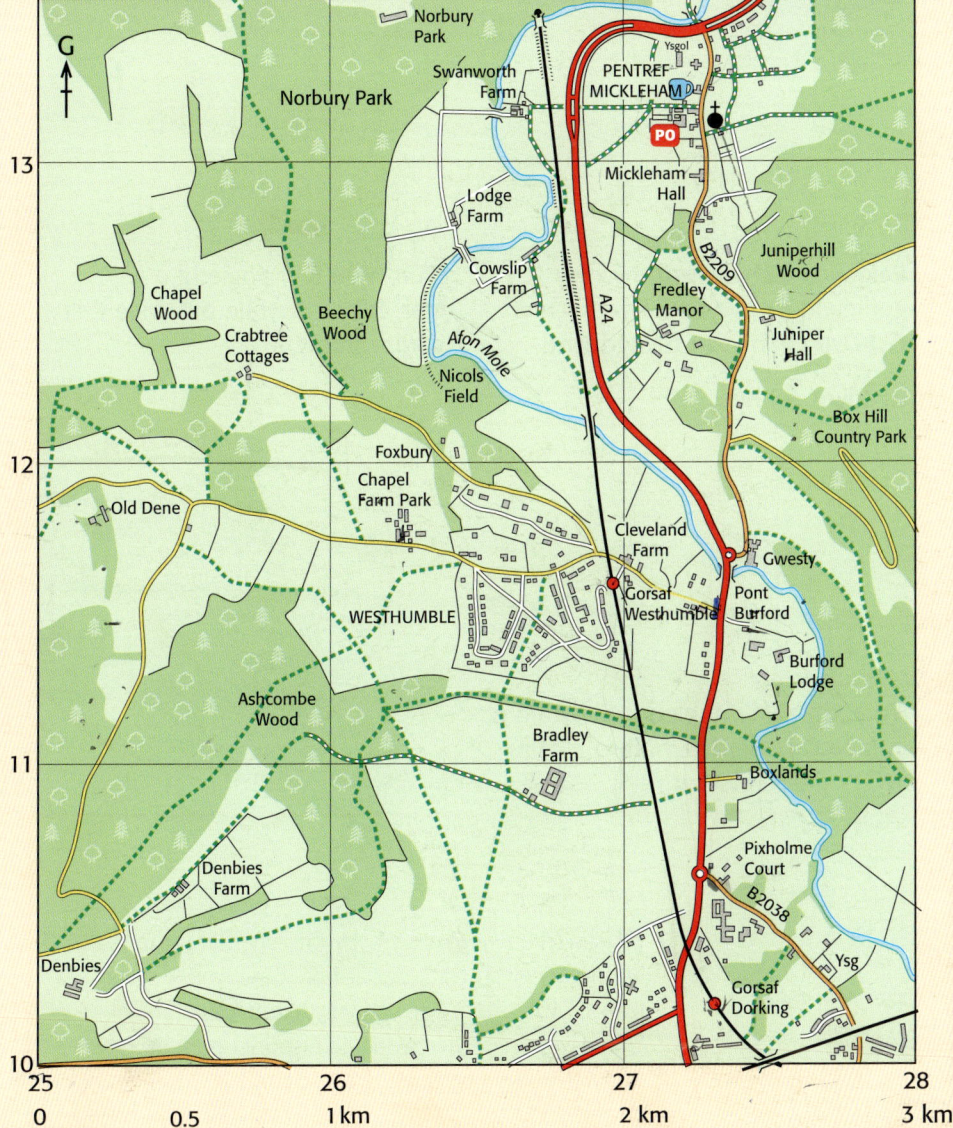

Allwedd
- afon
- rheilffordd
- priffordd
- ffordd eilaidd
- ffordd fach
- llwybr
- llwybr cyhoeddus
- eglwys
- tafarn
- swyddfa bost
- arglawdd
- pont
- gorsaf reilffordd
- coed
- caeau

▲ *Boxlands.*

▲ *Juniper Hall.*

1. Pa mor bell yw hi, fel yr hed y frân, o eglwys Mickleham i orsaf Westhumble?

2. Pa mor bell yw hi ar y rheilffordd o orsaf Westhumble i orsaf Dorking?

3. Pa mor bell yw hi, yn fras, ar hyd y ffordd o Mickleham Hall (273129) i'r gwesty yn 274117?

4. Llogodd Walter feic yng ngorsaf Westhumble. Fe ddilynodd y cyfarwyddiadau hyn:
   Ewch ar hyd y ffordd fer o'r orsaf i'r gyffordd-T wrth Cleveland Farm. Trowch i'r chwith. Wrth y fforch nesaf, cymrwch y ffordd i'r chwith a seiclwch am 0.7 km.
   Ble roedd pen ei daith?

5. Bob dydd, bydd mam Kim yn ei chasglu o'r ysgol yn 276103 ac yn ei gyrru adref fel hyn:
   O'r ysgol, mae'n troi i'r dde ar y B2038.
   Wrth y gylchfan, mae'n cymryd yr A24 tua'r gogledd am 0.9 km.
   Yna mae'n troi i'r chwith i'r ffordd fach ac yn mynd ymlaen am 0.5 km.
   Yna mae'n cymryd y ffordd i'r dde a mynd ymlaen am 1.4 km.
   Ble mae Kim yn byw?

6. Mae ffotograffau o Juniper Hall a Boxlands uchod.
   a Chwiliwch amdanynt ar y map, a rhowch gyfeirnodau chwe-ffigur ar eu cyfer.
   b Ysgrifennwch gyfarwyddiadau i ddweud wrth gyfaill sut mae mynd o Juniper Hall i Boxlands. Cofiwch roi'r pellteroedd!

17

2.5 Pa gyfeiriad?

Yn yr uned hon, byddwch yn dysgu rhoi a dilyn cyfarwyddiadau, gan ddefnyddio G, D, Dn a Gn.

Pwyntiau'r cwmpawd

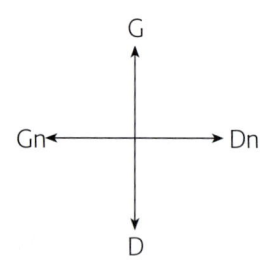

G, D, Dn, Gn yw pedwar pwynt y cwmpawd: gogledd, de, dwyrain a gorllewin.

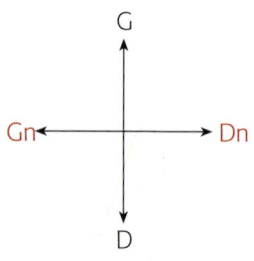

Peidiwch â chymysgu rhwng y gorllewin a'r dwyrain. Byddwch yn **G**yn**D**y**n** i gymysgu rhyngddynt!

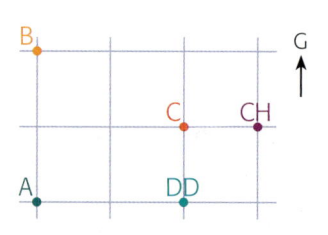

Yma, mae B i'r gogledd o A. Mae DD i'r dwyrain o A. Mae C i'r gorllewin o Ch.

Gallwn ychwanegu cyfeiriadau eraill rhyngddynt, fel hyn:

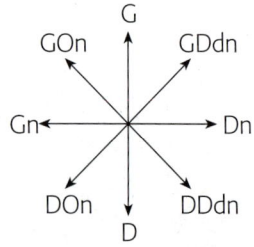

GDdn yw gogledd-ddwyrain (neu i'r gogledd *o'r* dwyrain). Ystyr DOn yw de-orllewin (neu i'r de *o'r* gorllewin).

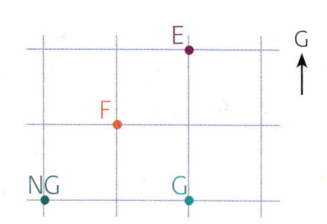

Yma, mae E i'r gogledd-ddwyrain o F. Mae G i'r de-ddwyrain o F. Mae NG i'r de-orllewin o F.

Wyddech chi?
- Gall cwmpawd ddweud wrthych ble mae G.
- Yn China y dyfeisiwyd y cwmpawd.
- Nodwydd haearn yn arnofio mewn powlen o ddŵr oedd y cwmpawd cyntaf.

Eich tro chi

1. Rydych yn sefyll yn C yn y grid cyntaf uchod. I ba gyfeiriad rydych chi'n wynebu pan fyddwch chi'n troi tuag at:
   a DD? **b** CH? **c** A? **ch** B?

2. Mae tudalen 19 yn dangos i ble yr aeth Walter ar ei wyliau. Mae'r ali fowlio yn sgwâr CH5. Beth sydd yn sgwâr:
   a A10? **b** DD6? **c** C4? **ch** DD2?

3. Rydych yn yr hostel. I ba gyfeiriad y mae:
   a y siop llogi beiciau?
   b yr ysgol farchogaeth?

4. I ba gyfeiriad y byddech chi'n mynd i gyrraedd:
   a y llyn hwyaid o'r lle pizza?
   b y gampfa o'r ali fowlio?
   c y siop llogi beiciau o'r siop farcutiaid?

5. Pa mor bell yw hi ar hyd y llwybr troed o ddrws yr hostel i ddrws y siop llogi beiciau?
   Gallwch ddefnyddio eich pren mesur fel graddfa linol.

6. I fynd o'r caffi i'r lle roedd Walter yn aros:
   - O ddrws y caffi, cerddwch 50 m tua'r DDdn, yna 65 m tua'r G.
   - Yna, cerddwch 40 m tua'r Dn, yna 10 m tua'r DDdn, yna 10 m tua'r DOn.

   Ble roedd Walter yn aros?

Helfa drysor

7. Chwiliwch am y ● yn ymyl y brif fynedfa. O'r fan honno, os ewch chi 2 sgwâr tua'r G, ac yna 1 sgwâr tua'r GOn, fe gyrhaeddwch y llythyren **a**.
   Yna, dilynwch y cyfarwyddiadau isod yn eu trefn.
   Ar gyfer pob un, ysgrifennwch y llythyren rydych yn ei chyrraedd.

   Bydd y llythrennau'n ffurfio gair.
   - Dechreuwch yn ●. Ewch 2 sgwâr tua'r Gn.
   - Yna, ewch 8 sgwâr tua'r G ac yna 4 sgwâr tua'r Dn.
   - Yna, ewch 1 sgwâr tua'r G ac 5 sgwâr tua'r Gn.
   - Yna, ewch 2 sgwâr tua'r DDdn ac yna 4 sgwâr tua'r D.
   - Yna, ewch 2 sgwâr tua'r DOn ac 1 sgwâr tua'r DDdn.
   - Yna, ewch 3 sgwâr tua'r GOn ac 4 sgwâr tua'r Dn, yna ewch 3 sgwâr tua'r GDdn ac 2 sgwâr tua'r G.

   Pa air ydych chi wedi ei ffurfio?

8. **a** Dewiswch air sy'n cynnwys o leiaf 5 o'r llythrennau ar y map ond dim mwy nag 8.
   b Ysgrifennwch gyfarwyddiadau ar gyfer gwneud y gair hwnnw, fel y rhai yng nghwestiwn 7. Dechreuwch o'r ●.
   c Gofynnwch i bartner ddilyn y cyfarwyddiadau.

GWNEUD A MAPIO CYSYLLTIADAU

Map o'ch pentref gwyliau

	A	B	C	CH	D	DD	E	F	G
10	ysgol farchogaeth	l	m	lle llogi cychod	w	n	th	d	
9	i		bandstand			p	llyn cychod	o	
8	dd	h	parc picnic						
7		campfa	cyrtiau tennis	pwll nofio â sleidiau dŵr	ng	hostel	1 bythynnod	2	
6		siop chwaraeon	bwyty		ffynnon		4	3	
5	ll		lle pizza	caffi / siop farcutiaid	ali fowlio		maes parcio	g	
4	s	y			ə			ff	
3	e	ch	siop hufen iâ	lle chwarae i blant				b	
2		ph	llafnrolio a throedrolio	r	f	lle llogi beiciau		rh	
1	c		pwll hwyaid	u	t		prif fynedfa	t	
	A	B	C	CH	D	DD	E	F	

Allwedd
- man byw
- bwyd a siopau
- gweithgareddau
- dŵr
- gwair
- coed
- llwybr troed
- llwybr ceir
- llwybr beicio
- llwybr marchogaeth
- sedd
- bwrdd picnic
- mynedfa

Graddfa: 1 cm i 10m

19

2.6 Llunio llinfap

Yn yr uned hon byddwch yn dysgu am y mapiau syml y gallwch eu tynnu drosoch eich hun – llinfapiau.

Beth yw llinfap?

Map syml i wneud gwaith penodol yw llinfap – er enghraifft, i ddangos pa fath o le yw rhywle, neu i ddangos y ffordd o un lle i'r llall.

Gall llinfap fod yn eithaf bras. Ond os yw'n gwneud ei waith, mae'n iawn!

Llinfap o le

Mae'r ffotograff hwn yn dangos Warkworth yn Northumberland lle mae Violet, cyfnither Walter, yn byw.

Olion castell Normanaidd sy'n eich wynebu.

Ac isod mae llinfap, a ddechreuwyd gan Walter, o'r un lle.

(Rhaid i chi lunio un yn nes ymlaen.)

Dylai llinfap fod â'r canlynol:
- teitl, ffrâm ac allwedd
- saeth i ddangos y Gogledd
- labeli ac anodiadau (nodiadau) os byddant o gymorth
- llinellau syml
- digon o fanylion i roi syniad bras. (Peidiwch â dangos pob adeilad, coeden neu graig.)

Ni chaiff llinfapiau eu llunio wrth raddfa. Cewch ychwanegu nodyn i ddweud hynny.

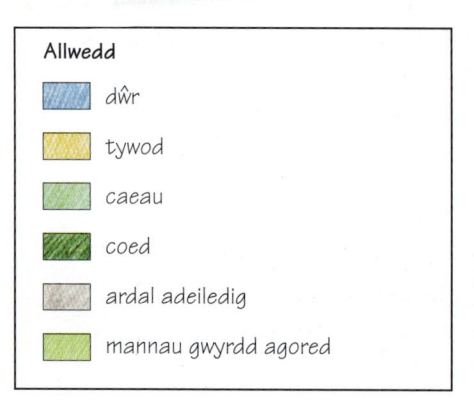

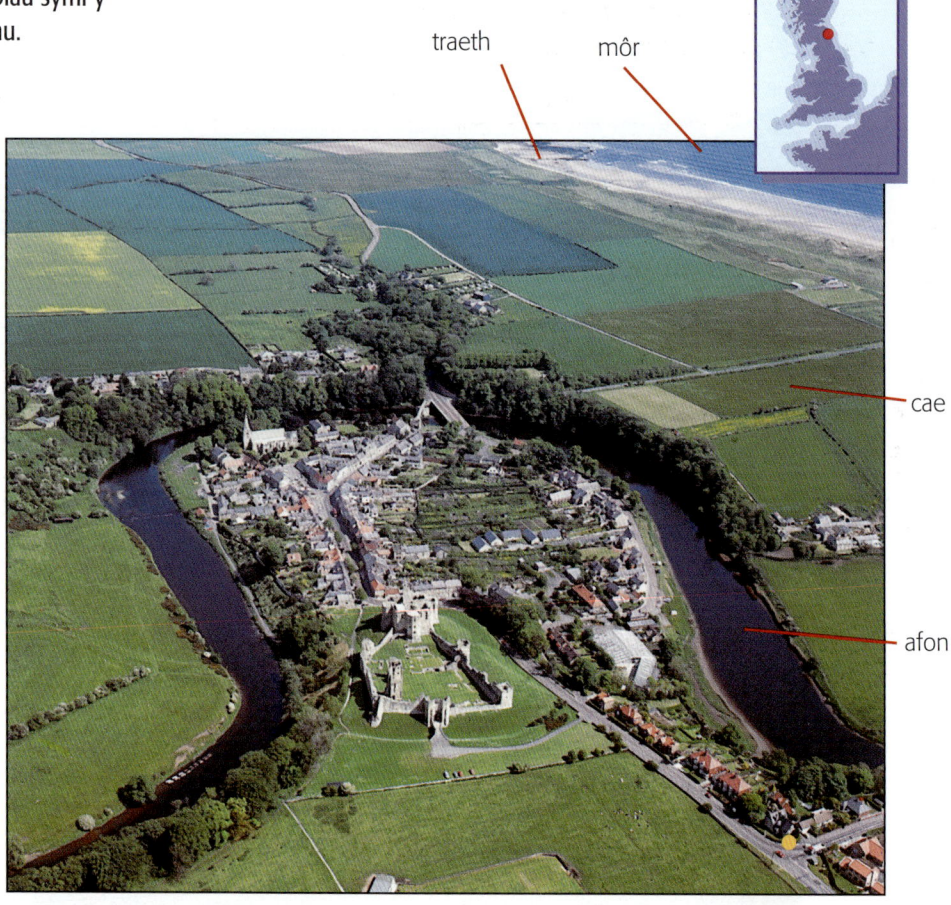

▲ Warkworth, o'r awyr.

Warkworth – lle mae fy nghyfnither Violet yn byw. (Nid yw wrth raddfa.)

Allwedd
- dŵr
- tywod
- caeau
- coed
- ardal adeiledig
- mannau gwyrdd agored

GWNEUD A MAPIO CYSYLLTIADAU

Llinfap i ddangos llwybr

Dyma fap o strydoedd rhan o'r ardal o amgylch cartref Walter yn Lerpwl. Mae'r strydoedd wedi'u llunio wrth raddfa.

▲ *Walter yn mynd ag anrheg i Violet i'r swyddfa bost.*

Map o strydoedd ardal Walter

Mae'r llinfap hwn yn dangos llwybr Walter o'i gartref i'r swyddfa bost. Nid yw wrth raddfa, ond mae arno ddigon o fanylion i fod o gymorth.

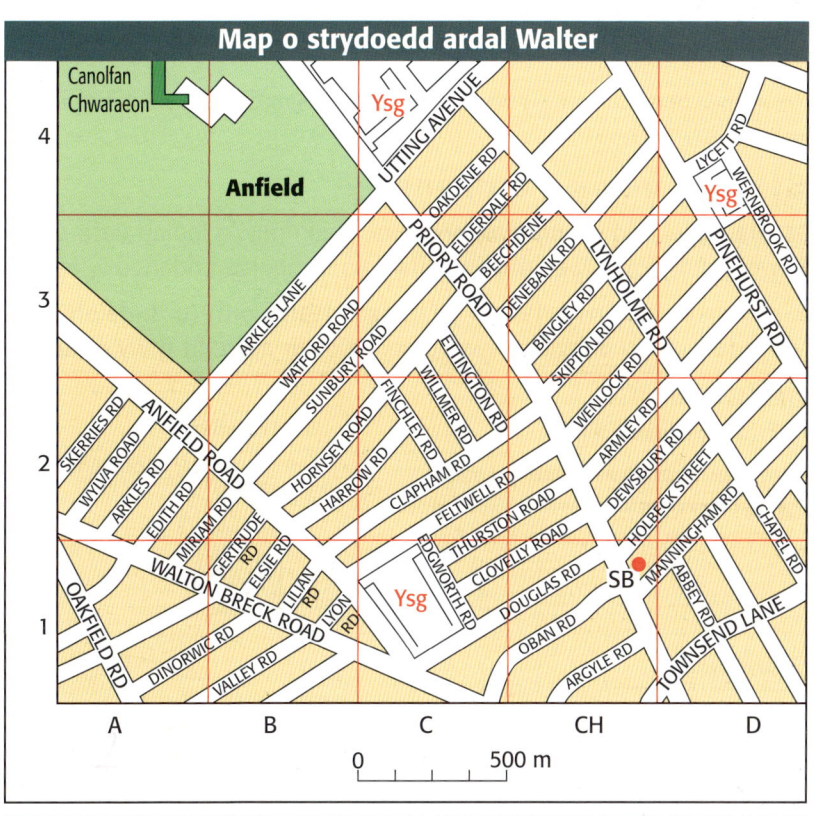

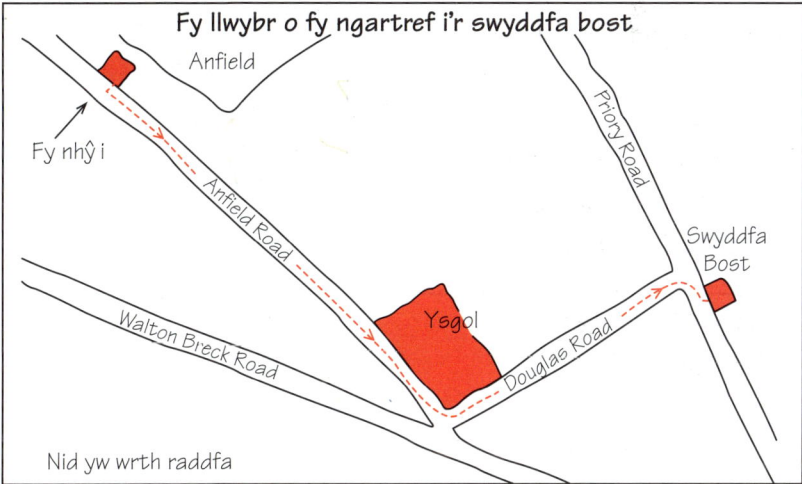

Fy llwybr o fy ngartref i'r swyddfa bost

Wyddech chi?
- Byddai'r fforwyr cynnar yn gwneud llinfapiau o'r lleoedd newydd y daethant o hyd iddynt.
- Aeth llawer ohonynt ag artistiaid gyda nhw i dynnu lluniau.

Eich tro chi

1. Tynnwch linfap (fel yr un y dechreuodd Walter ei wneud) o'r ffotograff ar dudalen 20. Cofiwch gynnwys allwedd!

2. Cymharwch y map o'r strydoedd â'r llinfap uchod.
   a. Nodwch dri gwahaniaeth rhyngddynt.
   b. Pam y cafodd yr ysgol ei marcio ar y llinfap?

3. Edrychwch eto ar y map o'r strydoedd. Mae tŷ Walter ar Anfield Road, yn sgwâr A3.
   a. Dangoswch lwybr hwylus o'i gartref i'r ysgol yn Wernbrook Road (D4).
   b. Tynnwch linfap o'r llwybr. Dangoswch ddigon o fanylion iddo fod yn ddefnyddiol.

4. Dyma lwybr Walter i dŷ Alan, ei ffrind.
   - Allan drwy'r drws ffrynt, troi i'r chwith.
   - Troi i'r seithfed stryd ar y chwith, yna'r gyntaf i'r dde, yna'r gyntaf i'r chwith.
   - Yna'r tro cyntaf i'r dde a'r ail i'r chwith.
   - Mae Alan yn byw yn yr ail dŷ o'r pen ar ochr dde'r ffordd.

   a. Ym mha stryd y mae Alan yn byw?
   b. I ba gyfeiriad y mae tŷ Alan o dŷ Walter?
   c. Pa mor bell yw hi, yn fras, rhwng y ddau dŷ?
   ch. Tynnwch linfap i ddangos ei lwybr.

2.7 Mapiau ordnans

Yn yr uned hon byddwch yn dysgu beth yw mapiau ordnans, beth maen nhw'n ei ddangos, a sut mae eu defnyddio.

Beth yw mapiau ordnans?

Mapiau o leoedd yw **mapiau ordnans**. Maen nhw'n fapiau wrth raddfa ac yn cynnwys llawer o fanylion. Maen nhw'n defnyddio symbolau i ddangos pethau.

Mae'r map ordnans gyferbyn yn dangos Warkworth (o dudalen 20) ac Amble. Mae'r allwedd isod yn dangos y symbolau. (A cheir allwedd mwy o faint ar dudalen 126.)

Wyddech chi?
- Sefydlwyd yr Arolwg Ordnans ym 1791 i wneud mapiau o Brydain i'r fyddin.
- Heddiw, gallwch brynu mapiau ordnans ar gyfer pob rhan o Brydain.

Allwedd

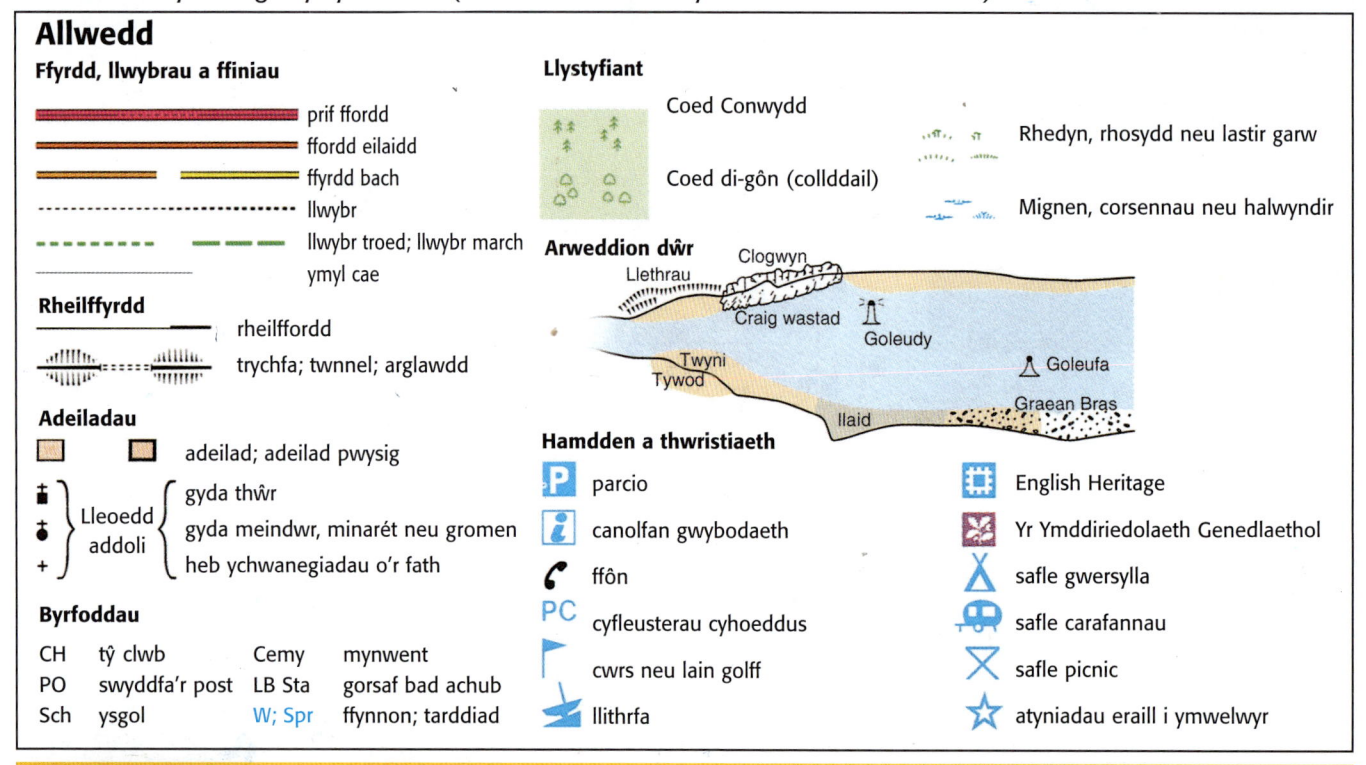

Ffyrdd, llwybrau a ffiniau
- prif ffordd
- ffordd eilaidd
- ffyrdd bach
- llwybr
- llwybr troed; llwybr march
- ymyl cae

Rheilffyrdd
- rheilffordd
- trychfa; twnnel; arglawdd

Adeiladau
- adeilad; adeilad pwysig
- Lleoedd addoli: gyda thŵr / gyda meindwr, minarét neu gromen / heb ychwanegiadau o'r fath

Byrfoddau
- CH tŷ clwb
- PO swyddfa'r post
- Sch ysgol
- Cemy mynwent
- LB Sta gorsaf bad achub
- W; Spr ffynnon; tarddiad

Llystyfiant
- Coed Conwydd
- Coed di-gôn (collddail)
- Rhedyn, rhosydd neu lastir garw
- Mignen, corsennau neu halwyndir

Arweddion dŵr
- Llethrau, Clogwyn, Craig wastad, Goleudy, Twyni Tywod, Llaid, Goleufa, Graean Bras

Hamdden a thwristiaeth
- P parcio
- i canolfan gwybodaeth
- ffôn
- PC cyfleusterau cyhoeddus
- cwrs neu lain golff
- llithrfa
- English Heritage
- Yr Ymddiriedolaeth Genedlaethol
- safle gwersylla
- safle carafannau
- safle picnic
- atyniadau eraill i ymwelwyr

Eich tro chi

1. Edrychwch ar Warkworth ar y map ordnans. Enwch yr afon sy'n llifo drwy'r lle. I ble mae hi'n llifo?

2. Beth yw'r arwyddion bod Warkworth yn lle hanesyddol? Rhestrwch nhw. (Mae tri ohonynt!)

3. Beth sydd ar y cyfeirnodau grid hyn, yn Warkworth?
   a 247057   b 247062
   c 249063   ch 247052

4. Y gogledd sydd ar dop map ordnans bob amser. Trowch yn ôl at y ffotograff o Warkworth ar dudalen 20. Ble mae'r gogledd yn y ffotograff hwnnw?

5. Mae dot melyn bach yng nghornel isaf y ffotograff ar y dde ar dudalen 20. Dyna lle mae Violet, cyfnither Walter yn byw. Chwiliwch am ei thŷ ar y map ordnans ac ysgrifennwch gyfeirnod grid chwe-ffigur ar ei gyfer.

6. Mae gan Warkworth boblogaeth o 1600. Edrychwch nawr ar Amble. Mae ganddi boblogaeth o:
   a 1000   b 2000   c 5600   ch 9300
   Sut y gwnaethoch chi benderfynu?

7. Faint o'r rhain sydd yn Amble?
   a ysgolion   b mannau o addoliad   c mynwentydd

8. Chwiliwch am un o'r rhain ar y map, a rhowch gyfeirnod grid chwe-ffigur ar ei gyfer:
   a swyddfa bost   b tŷ clwb
   c ffôn cyhoeddus   ch mast

9. Pa gliwiau sydd ar y map fod Warkworth ac Amble yn denu llawer o ymwelwyr? Rhowch gymaint ag y gallwch.

10. Beth sydd yna i dwristiaid ei wneud yn ardal Warkworth ac Amble? Gan ddefnyddio'r wybodaeth ar y map, lluniwch restr.

11. Pa gliwiau ar y map sydd yn awgrymu y gallai'r arfordir a'r môr o amgylch Amble fod yn beryglus?

12. Arferai Violet fynd i'r ysgol yn sgwâr 2303.
    a Pa mor bell yw'r ysgol o'i chartref? (Defnyddiwch y raddfa.)
    b Cymerwch arnoch mai chi yw Violet. Tynnwch linfap o'ch llwybr i'r ysgol. Marciwch beth, yn eich barn chi, yw'r pethau allweddol a welwch chi ar y ffordd.

Map ordnans o Warkworth ac Amble

GWNEUD A MAPIO CYSYLLTIADAU

Graddfa 1: 25 000

23

2.8 Pa mor uchel?

Yn yr uned hon byddwch yn dysgu sut y caiff uchder ei ddangos ar fap ordnans.

Dangos uchder

Dyma'r ardal yng Nghernyw lle mae ewythr Walter yn byw. Mae tipyn o fryniau yma.

Caiff yr un lle ei ddangos yn y petryal coch ar y map ordnans isod.

Sut mae dangos ar fap fod ardal yn llawn bryniau? A sut mae dangos pa mor uchel yw hi? Mae'r map ordnans yn datrys y broblem mewn dwy ffordd …

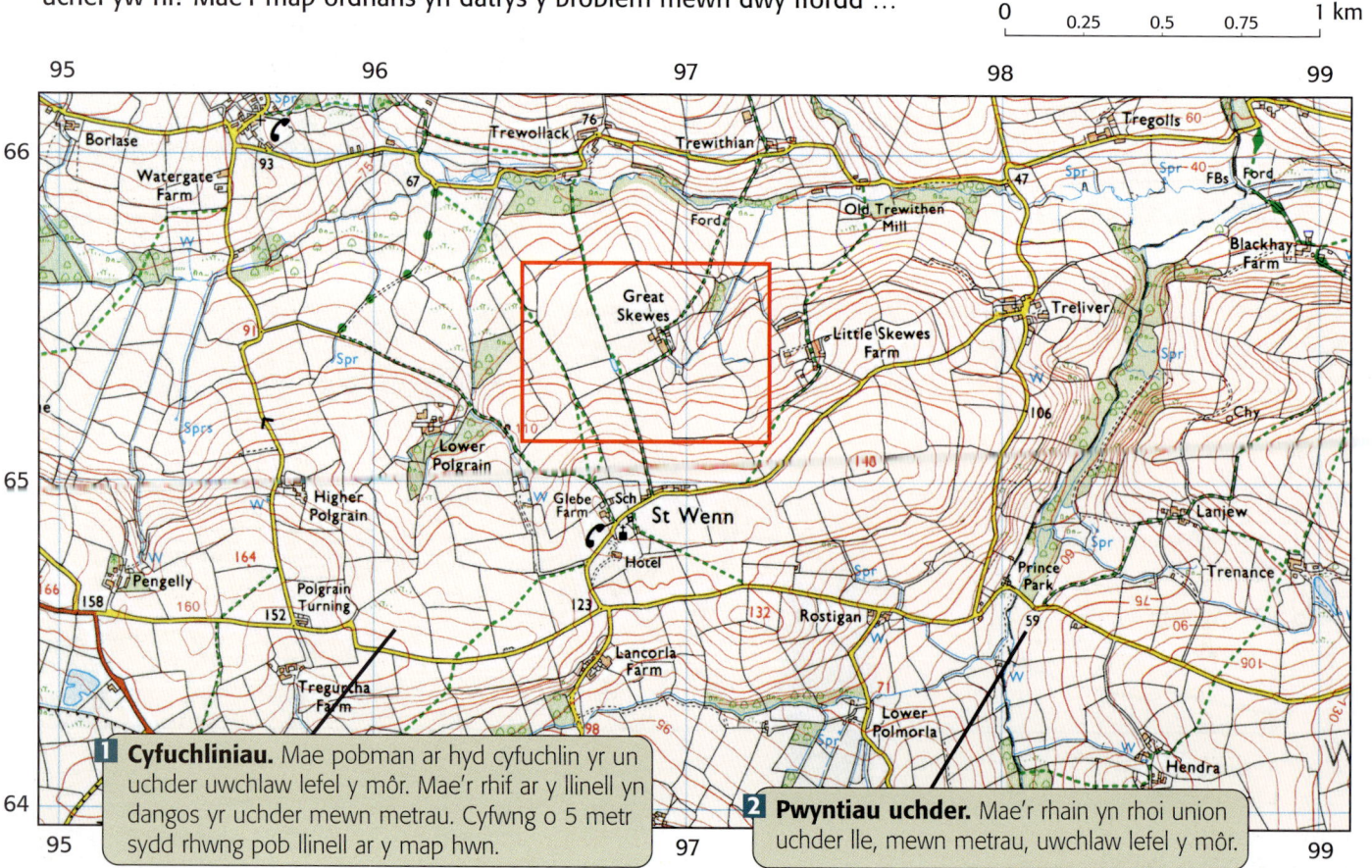

1 Cyfuchliniau. Mae pobman ar hyd cyfuchlin yr un uchder uwchlaw lefel y môr. Mae'r rhif ar y llinell yn dangos yr uchder mewn metrau. Cyfwng o 5 metr sydd rhwng pob llinell ar y map hwn.

2 Pwyntiau uchder. Mae'r rhain yn rhoi union uchder lle, mewn metrau, uwchlaw lefel y môr.

GWNEUD A MAPIO CYSYLLTIADAU

Rhagor am gyfuchliniau

Mae cyfyngau o 10 metr rhwng y cyfuchliniau sydd wedi'u marcio ar y bryn hwn. Ar fap byddwch yn eu gweld oddi uchod … … fel hyn. Maen nhw'n agos i'w gilydd lle mae'r llethr yn serth, ac ymhellach oddi wrth ei gilydd lle mae'n llai serth.

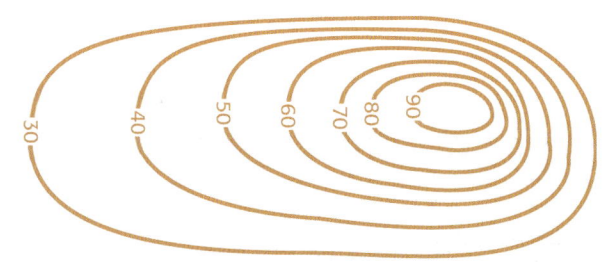

Cofiwch:
- os yw'r cyfuchliniau ymhell oddi wrth ei gilydd, mae'r tir yn wastad.
- os ydynt yn agos iawn at ei gilydd, mae'r llethr yn serth.

Wyddech chi?
- Y lle uchaf ym Mhrydain yw Ben Nevis yn yr Alban.
- Mae rhai lleoedd ym Mhrydain o dan lefel y môr! (Edrychwch ar y map ar dudalen 127.)

Eich tro chi

1. Cysylltwch y lluniadau â'r cyfuchliniau. Dechreuwch eich ateb fel hyn: A =

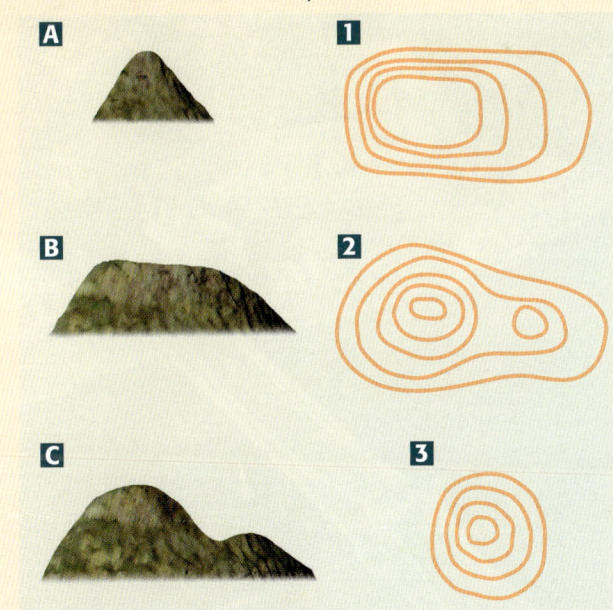

   A, **B**, **C** / **1**, **2**, **3**

   Mae'r cwestiynau isod yn cyfeirio at y map ar dudalen 24.

2. Yn gyntaf, mae gan y map lawer o linellau bach du cam ym mhobman. Beth, dybiwch chi, maen nhw'n ei ddangos?

3. Chwiliwch am y gyfuchlin yn y gornel waelod ar y dde.
   a. 130 yw'r ffigur arni. Beth yw ystyr hynny?
   b. Pa uchder mae'r llinell wrth ei hochr yn ei gynrychioli?

4. Beth, yn fras, yw uchder y rhain uwchlaw lefel y môr:
   a. Lancorla Farm (9664)?
   b. Polgrain Turning (9564)?
   c. Little Skewes Farm (9765)?
   ch. Lanjew (9864)?

5. a. Pa sgwâr sydd â'r tir serthaf? Sut gwyddoch chi?
   b. Pa sgwâr sydd â'r mwyaf o dir gwastad? Gawsoch chi unrhyw drafferth penderfynu?

6. Chwiliwch am y pwynt uchaf ar y map a rhowch gyfeirnod grid chwe-ffigur ar ei gyfer.

7. Wrth fynd ar hyd ffordd neu lwybr, dywedwch a yw'n codi, yn disgyn neu'n croesi tir gwastad:
   a. o Hendra (984642) i'r gyffordd yn 983645.
   b. o Lancorla Farm (967644) i St Wenn (967648)
   c. o Treliver (981655) i Little Skewes Farm (974654)
   ch. o Treliver (981655) i Old Trewithen Mill (975658)

8. Rydych chi'n arweinydd clwb cerdded. Eich tasg yw cynllunio taith gerdded ddiddorol yn yr ardal ar y map.
   - Rhaid iddi fod *o leiaf* 5 km o hyd. (Nodwch yr hyd.)
   - Rhaid i chi gadw at y ffyrdd, y llwybrau a'r llwybrau troed.
   - Rhaid iddi gynnwys amrywiaeth!

   a. Cynlluniwch eich taith a thynnwch linfap ohoni. Nodwch arno nodweddion fel ffermydd, coed a nentydd ar hyd y ffordd.
   b. Ar gyfer pob rhan o'r daith, marciwch ar eich map a yw'n codi, yn disgyn neu'n croesi tir gwastad. (Gallech ddangos hynny drwy ddefnyddio lliwiau gwahanol.)
   c. Ychwanegwch unrhyw bwyntiau uchder ar gyfer eich llwybr.
   ch. Rhowch deitl a saeth y gogledd ar eich map, a nodwch a yw wrth raddfa neu beidio.

3 ANEDDIADAU

Y darlun mawr

Pennod am aneddiadau yw hon – y pentrefi a'r trefi a'r dinasoedd rydym yn byw ynddyn nhw.

Dyma brif syniadau'r bennod:

◆ Ryw 200 000 o flynyddoedd yn ôl fe ymddangosodd pobl fel ni gyntaf ar y Ddaear, a dechrau lledu drosti i gyd.

◆ Wrth iddynt grwydro, daethant o hyd i leoedd braf i ymgartrefu ynddynt.

◆ Y cam cyntaf oedd codi llochesau. Ymhen amser, tyfodd y rheiny'n bentrefi, yn drefi ac yn ddinasoedd.

◆ Heddiw, mae llawer o'n haneddiadau'n dal i dyfu – ac rydym ni'n dal i godi llochesau. ('Tai' y byddwn ni'n eu galw nhw!)

Erbyn diwedd y bennod hon …

Erbyn diwedd y bennod hon dylech allu ateb y cwestiynau hyn:

- Pa ffactorau oedd ym meddwl ein cyndadau wrth ddewis lle i ymgartrefu ynddo?
- Beth yw ystyr y termau hyn?
  anheddiad   safle   sefyllfa
- Pa fath o bethau sy'n gwneud i anheddiad dyfu?
- Beth yw hierarchaeth anheddu, a sut olwg sydd ar ddiagram ohoni?
- Pa batrymau o ddefnydd tir rwyf fi'n debyg o ddod o hyd iddynt mewn tref neu ddinas ym Mhrydain? Sut datblygodd y patrymau hynny?
- Beth y gall map ordnans ddweud wrthyf am ddefnydd tir mewn tref neu ddinas?
- Beth yw ystyr y termau hyn?
  ardal drefol   ardal wledig   ailddatblygu
  adfywio trefol   tir glas   tir llwyd
- Ym mha ffyrdd y gallai defnydd tir newid dros amser?
- Beth yw ystyr *ffordd gynaliadwy o fyw* a pha enghreifftiau y gallaf eu rhoi?
- Pam y mae ar y DU angen rhagor o dai, a pha fathau o wrthdaro y mae hynny'n ei achosi?

Felly …

Pan orffennwch chi'r bennod, dewch yn ôl i'r dudalen hon i weld a ydych wedi ateb y cwestiynau uchod!

Wyddech chi?

◆ Yn Northumberland cafwyd hyd i olion tŷ a oedd bron yn 10 000 oed.
◆ Pwll bas ydyw, ac ynddo roedd olion hen brydau bwyd (gan gynnwys plisgyn cnau)!

Wyddech chi?

◆ Erbyn 2004, roedd gan 24 o ddinasoedd y byd dros 10 miliwn o bobl yr un!

Wyddech chi?

◆ Y Rhufeiniaid, tua 50 OC, a ddechreuodd godi'r anheddiad o'r enw Llundain.
◆ Credwn mai ystyr yr enw yw 'yr anheddiad ar yr afon lydan'

Eich man cychwyn

Ar dudalen 26 fe welwch anheddiad.

Beth yw anheddiad?

Rhestrwch bum peth allweddol y sylwch chi arnyn nhw am yr anheddiad hwn.

Yn eich barn chi, ai golwg fel hyn sydd wedi bod ar yr anheddiad hwn bob amser? Rhowch eich rhesymau.

Ym mha ffyrdd y mae'ch anheddiad chi yn debyg i hwn? Ym mha ffyrdd y mae'n wahanol?

Ewch adref!

3.1 Codi Cartref

Yn yr uned hon cewch wybod beth roeddem ni fel pobl yn chwilio amdano wrth ddewis lle i godi cartref ynddo.

Un tro …

Bu'r Ddaear yn wag am rai biliynau o flynyddoedd. Ond fe esblygodd bywyd. A rhyw 200 000 o flynyddoedd yn ôl …

Dyma rywbeth i'w fwyta!
Dyma rywbeth i'w fwyta!

… daeth y bodau dynol cyntaf i'r golwg. Gan eu bod yn byw drwy fwyta ffrwythau ac aeron, a hela …

Dyna nhw wrthi eto.
O na. Dim rhagor o gig mamoth!

… bydden nhw bron bob amser yn symud o le i le i ddal eu cinio.

Weli di beth wela i?
Beth?

Ond un diwrnod fe sylwon nhw ar beth rhyfedd: lle bydden nhw'n gollwng hadau, byddai planhigion yn tyfu!

Dyma fywyd braf!
Ie, wir.

Felly dyma nhw'n aros mewn un lle a thyfu eu bwyd. Nhw oedd y ffermwyr cyntaf.

Dyma ddewis lle neu **safle** lle'r oedd digon o dir gwastad … dŵr … pren i'w losgi …

Diwrnod braf!
Rhaid i rai ohonon ni weithio.

… cysgod rhag y gwynt a'r glaw … defnyddiau i wneud pethau (clai, tywod, mwyn haearn, tun …) …

FFOR' HYN

… a lle'r oedd hi'n hawdd cyrraedd lleoedd eraill i fasnachu … a lle diogel rhag eu gelynion.

Beth wyt ti'n feddwl?
Beth yw hwn'na?
Tŷ Bach Twt

Dyma glirio'r tir, plannu cnydau a chodi anheddau. Y canlyniad – **anheddiad**.

Aeth blynyddoedd heibio. Roedd mwy a mwy o fodau dynol. A mwy a mwy o aneddiadau.

Beth sy'n bod arnon ni?

Tyfodd rhai ohonyn nhw'n fwy … ac yn fwy … ac erbyn hyn …

Croeso i'r Ddaear Poblogaeth: 6.4 biliwn

… mae dros 6 biliwn o bobl ac mae ein hanner ni'n byw mewn dinasoedd.

Eich tro chi

1 Mae'n 5000 CC. Rydych chi'n arwain eich llwyth i chwilio am le i godi cartref. Tynnwch fap corryn i ddangos pethau i'w hystyried wrth ddewis safle – fel hyn:

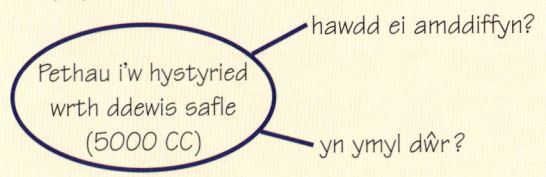

Pethau i'w hystyried wrth ddewis safle (5000 CC)
— hawdd ei amddiffyn?
— yn ymyl dŵr?

2 Copïwch a chwblhewch yn eich geiriau eich hun:
   a … yw anheddiad
   b … yw safle
   c Mae *sefyllfa* anheddiad yn golygu …
   Efallai y gall yr eirfa eich helpu.

3 Edrychwch ar ffotograffau A – D. A yw pob ffotograff yn dangos anheddiad? Rhowch eich rhesymau.

4 Yn achos pob *anheddiad* yn y lluniau, awgrymwch resymau dros ddewis y safle hwnnw. (Ceisiwch roi o leiaf ddau reswm dros bob un.)

5 Tynnwyd y pum ffotograff yn y gwledydd isod. Allwch chi gysylltu pob ffotograff â'r wlad gywir.
Y Swistir   Moroco   Pilipinas
Ffrainc   Canada

6 Hoffai'r llywodraeth godi tref newydd yn y DU gan gychwyn y flwyddyn nesaf.
   a Yn eich barn chi, pa bethau fydd yn bwysig wrth ddewis safle ar ei chyfer? Rhestrwch nhw, a dywedwch pam y maen nhw'n bwysig.
   b Tanlinellwch unrhyw bethau nad oedden nhw'n bwysig ym 5000 CC.

3.2 Enghraifft: ymgartrefu yn Aylesbury

Yn yr uned hon byddwch yn darganfod pwy ymgartrefodd gyntaf yn Aylesbury – a pham.

Un tro …

7000 o flynyddoedd yn ôl, roedd Prydain yn goedwig i gyd. Grwpiau bach o helwyr oedd yr unig bobl oedd yn byw yma.

Yna, ryw 6000 o flynyddoedd yn ôl, daeth ffermwyr ag anifeiliaid, hadau ac erydr yma o dir mawr Ewrop. Dechreuon nhw glirio'r tir a'i ffermio.

Ymhen amser, daeth grwpiau eraill o bobl draw hefyd. Edrychwch ar y tabl ar y dde.

Y newydd-ddyfodiaid

Pwy?	Tua phryd?	O ble?
Ffermwyr cynnar	4000 CC	Y cyfandir
Celtiaid	800 CC	Canol Ewrop
Rhufeiniaid	40 OC	Yr Eidal
Sacsoniaid	500 OC	Yr Almaen
Llychlynwyr	850 OC	Norwy, Denmarc
Normaniaid	1066 OC	Ffrainc

Pwy ymgartrefodd yn Aylesbury?

Tref rhyw 55 km o Lundain yw Aylesbury. Mae'n dref ar ganol Dyffryn Aylesbury, ac mae llawer iawn o dir ffermio da yno.

Gwyddom fod y Celtiaid a'r Rhufeiniaid wedi treulio peth amser yma. Ond y bobl gyntaf i ymgartrefu'n iawn yma oedd y Sacsoniaid.

Mae'r llinfap yn dangos beth oedd yno pan gyrhaeddodd y Sacsoniaid ryw 1500 o flynyddoedd yn ôl.

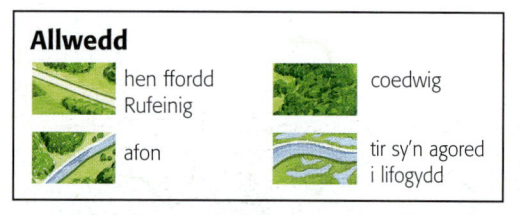

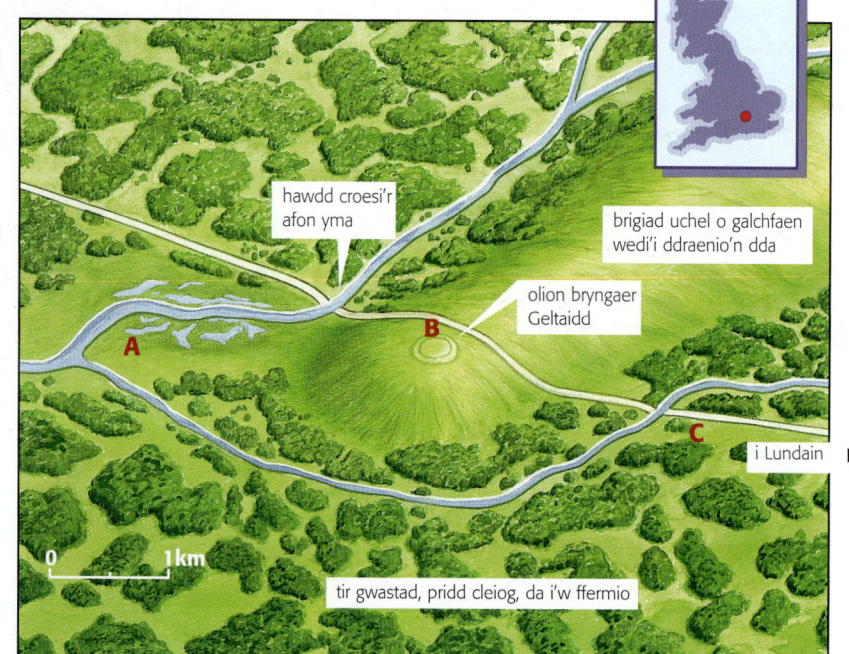

Allwedd
- hen ffordd Rufeinig
- coedwig
- afon
- tir sy'n agored i lifogydd

Labeli ar y llinfap:
- A – hawdd croesi'r afon yma
- B – olion bryngaer Geltaidd
- brigiad uchel o galchfaen wedi'i ddraenio'n dda
- C – i Lundain
- tir gwastad, pridd cleiog, da i'w ffermio

Creu anheddiad

Cododd y Sacsoniaid grwpiau o gytiau. Ym mhob grŵp o gytiau roedd teulu estynedig (mam-gu, ewythrod, cefndryd …). Yn aml, byddent yn codi cwt mwy yn y canol lle câi'r teulu gyfarfod i fwyta a siarad.

Ymhen tipyn, trodd y Sacsoniaid yn Gristnogion a chodi eglwysi hefyd.

▲ Cartrefi Sacsonaidd – wedi'u hail-lunio ym mhentref Eingl-Sacsonaidd West Stow yn Suffolk.

Ddoe a heddiw

Tua'r flwyddyn 700, efallai y byddai map o Aylesbury wedi edrych fel hyn oddi uchod.

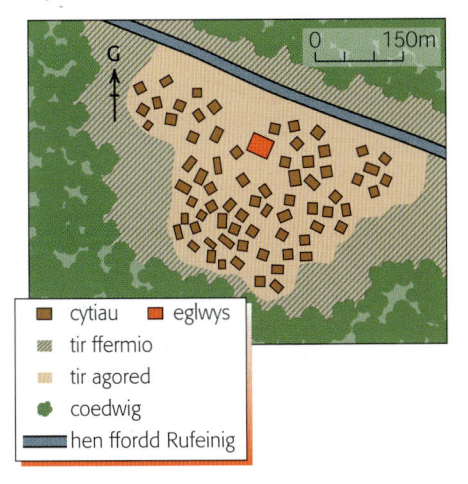

- ■ cytiau
- ■ eglwys
- ▨ tir ffermio
- ▨ tir agored
- ● coedwig
- ▬ hen ffordd Rufeinig

Cafodd yr eglwys hon ei chodi yn y drydedd ganrif ar ddeg ar safle eglwys Sacsonaidd gynharach ... ... ac roedd honno yn ei thro wedi'i chodi ar safle'r fryngaer Geltaidd.

Erbyn hyn, y ffordd Rufeinig i Lundain yw'r A41.

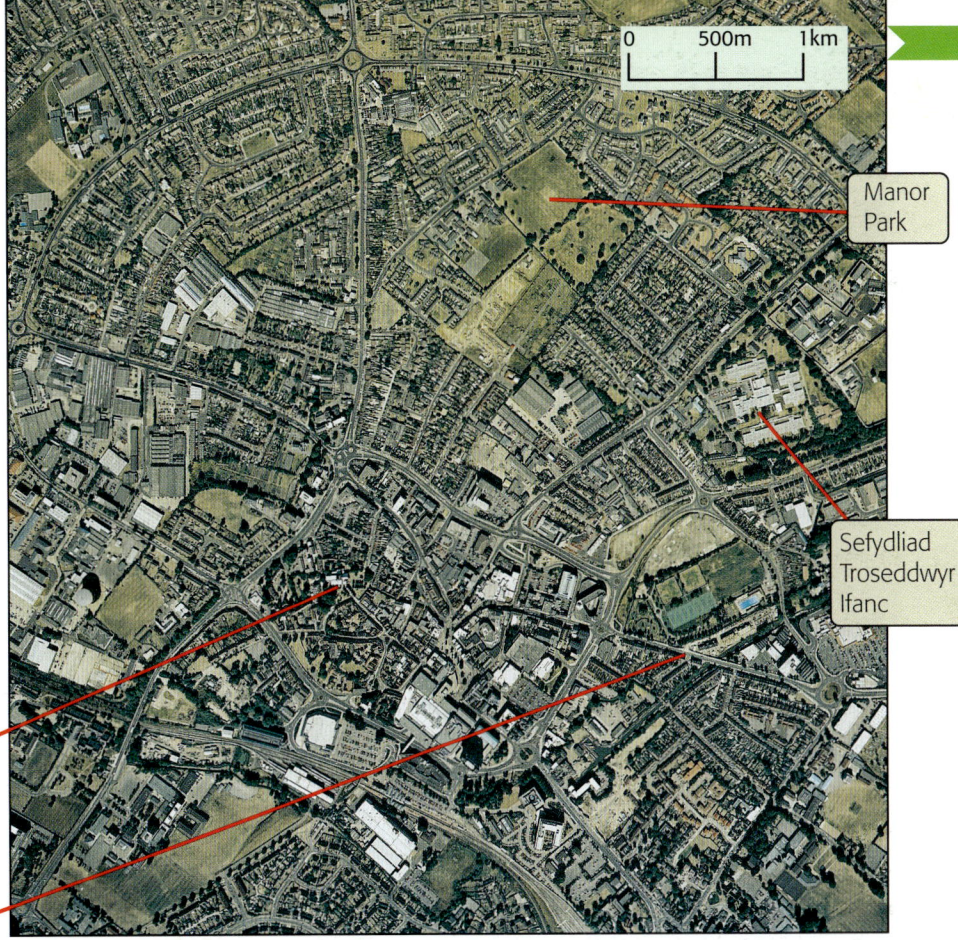

Manor Park

Sefydliad Troseddwyr Ifanc

Dyma ddangos *rhan* yn unig o dref Aylesbury heddiw. Mae hi wedi tyfu cryn dipyn! Edrychwch ar y map ordnans ar dudalen 35, a gwiriwch y pethau sydd wedi'u nodi uchod.

Eich tro chi

1 Sacson ydych chi. Bydd eich grŵp yn dechrau codi cartref yn **A**, **B**, neu **C** ar y map ar dudalen 30. Mae'n bryd dewis!
 a Yn gyntaf, gwnewch dabl fel hwn.

Pethau i'w hystyried	Safle A	Safle B	Safle C
dŵr gerllaw			
coed gerllaw			
tir ffermio gerllaw			
mannau eraill gerllaw			
hawdd ei amddiffyn			
diogel rhag llifogydd			
Cyfanswm y sgôr			

 b Rhowch sgôr o 1 – 5 am bob peth i bob safle. (1 = gwael, 5 = rhagorol.)
 c Adiwch gyfanswm y sgorau ar gyfer pob safle.
 ch I bob golwg, pa un yw'r safle gorau i chi?
2 Mae'ch arweinydd yn penderfynu mai safle **A** yw'r un orau. Beth, yn eich barn chi, yw ei brif bryder ynghylch bywyd ym Mhrydain?
3 Roedd **A** yn ddewis da, ac fe dyfodd Aylesbury lawer iawn. Mae'r map ordnans ar dudalen 35 yn dangos y dref heddiw. Pa rai o'r pethau uchod a allai ddal i fod yn bwysig i'r bobl sy'n byw yno heddiw? Rhowch resymau.

4 Mae siâp gwahanol i bob anheddiad. Edrychwch ar y rhain:

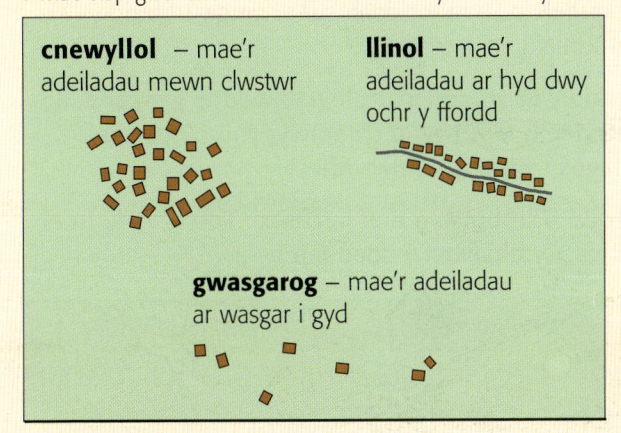

cnewyllol – mae'r adeiladau mewn clwstwr

llinol – mae'r adeiladau ar hyd dwy ochr y ffordd

gwasgarog – mae'r adeiladau ar wasgar i gyd

 a Beth yw siâp yr anheddiad Sacsonaidd cynnar ar dop y ddalen hon?
 b Pa derm fyddai'n disgrifio Aylesbury heddiw?
5 Edrychwch eto ar y map ordnans ar dudalen 35. Pa un o'r termau uchod sy'n disgrifio:
 a Weston Turville (8510)? b Bishopstone (8010)?
 c Kimble Wick (8007)? ch Halton (8710)?
6 Sialens i gloi. Ceisiwch egluro *pam* yr oedd y siapiau gwahanol uchod i'r aneddiadau.

3.3 Sut mae aneddiadau'n tyfu?

Yn yr uned hon byddwch yn dysgu sut a pham y bydd rhai aneddiadau'n tyfu.

Dewis da?

Yn y ddwy uned ddiwethaf, fe welsoch sut y dewisodd newydd-ddyfodiaid le i godi cartref ynddo. Os yw'r safle'n un da, bydd yr anheddiad yn tyfu. Fel hyn …

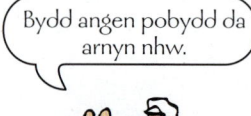

Wyddech chi?
- Mae bron 10 gwaith yn fwy o bobl ym Mhrydain heddiw nag oedd 300 mlynedd yn ôl.

Bydd angen pobydd da arnyn nhw.

O ble ddaeth y rhain?!

Ac yna rwy'n mynd i godi ffatri o'i amgylch.

Ond dim ond stêm yw e, Silas!

Gawn ni ginio ganddyn nhw?

Bydd pobl yn clywed ei fod yn lle da, ac yn dod i chwilio am waith – fel pobyddion a seiri, er enghraifft.

Bydd y boblogaeth hefyd yn tyfu'n naturiol – ond yn eithaf araf – oherwydd geni plant.

Ond tua 1750 daw'r Chwyldro Diwydiannol. O hynny ymlaen, mae llawer o aneddiadau …

… yn tyfu'n gyflym am fod pobl yn heidio iddynt o'r wlad i weithio yn y ffatrïoedd newydd.

600 OC **1000** **1800**

Dyna sut y tyfodd yr aneddiadau bach yn bentrefi, yn drefi ac yna'n ddinasoedd. Wrth iddynt dyfu, fe lyncon nhw'r tir neu'r **ardaloedd gwledig** o'u cwmpas. Enw'r broses honno yw **trefoli**. (Ystyr **trefol** yw bod llawer o adeiladau yno.)

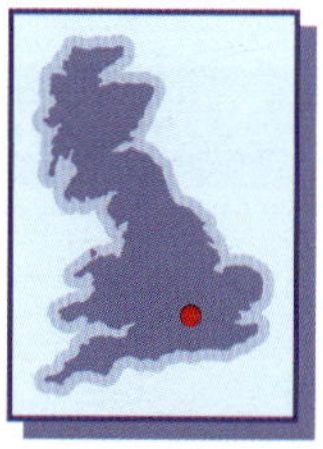

Enghraifft: Aylesbury

Ar dudalen 30 fe welsoch sut yr ymgartrefodd y Sacsoniaid yn Aylesbury.

Roedd y tir yn dda a'r safle'n hawdd ei gyrraedd, ac felly daeth ffermwyr a chrefftwyr yno o'r pentrefi cyfagos i werthu eu nwyddau.

Tyfodd Aylesbury yn dref farchnad. Tyfu a thyfu fu ei hanes. Cymharwch y ddau fap hyn:

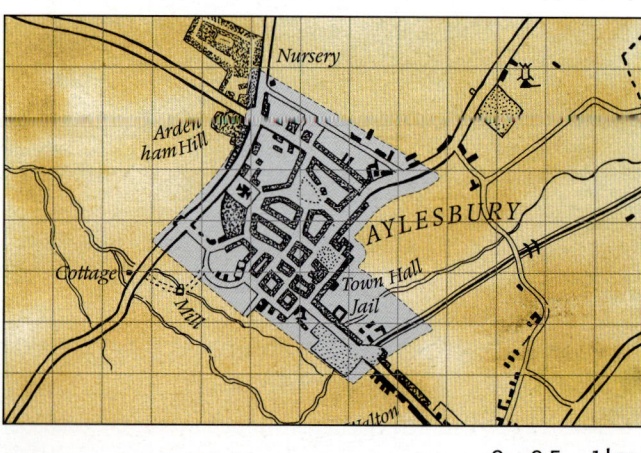

▲ *Map o Aylesbury, 1830.*

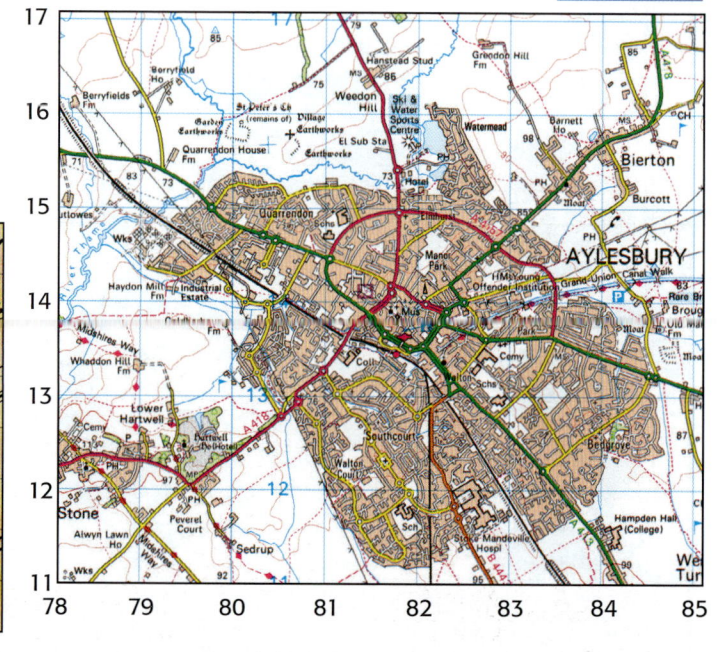

▲ *Map o Aylesbury, 2002.*

32

ANEDDIADAU

Aylesbury er 1810

Mae Aylesbury yn dal i fod yn dref farchnad, ond mae llu o fusnesau ynddi erbyn hyn.
Mae Tabl 1 yn dangos sut mae'r boblogaeth wedi tyfu er 1810.
Mae Tabl 2 yn dangos y digwyddiadau sydd wedi helpu Aylesbury i dyfu.

Tabl 1 Faint o bobl sy'n byw yn Aylesbury?

Blwyddyn	Poblogaeth
1810	3400
1830	5000
1850	6000
1870	6900
1890	8900
1910	11 000
1930	14 400
1950	21 200
1970	40 500
1990	51 000
2005	65 200
2010	?

Tabl 2 Rhai digwyddiadau sydd wedi helpu Aylesbury i dyfu

Blwyddyn	Digwyddiad
1814	Camlas y Grand Union yn cysylltu Aylesbury â Llundain a lleoedd eraill.
1839	Rheilffordd Birmingham yn cysylltu'r dref â Birmingham.
1865	Hazel, Watson a Vine, argraffwyr o Lundain, yn sefydlu ffatri.
1870	Cwmni Aylesbury Condensed Milk yn cychwyn, sef Nestles erbyn hyn.
1892	Y Metropolitan Railway yn cysylltu Aylesbury â Llundain.
1960	Codi tai cyngor newydd i gymryd gorlif o Lundain.
1988	Sony Music yn codi ffatri.
1991	Agor canolfan siopa newydd o'r enw Friar's Square.

Eich tro chi

1
 a Tynnwyd y ffotograff hwn yn Aylesbury. Beth sy'n digwydd?
 b Sut a phryd, yn eich barn chi, y dechreuodd y traddodiad hwnnw?
 c Sut, dybiwch chi, mae hyn wedi newid dros y blynyddoedd?
 ch A allwch chi ddod o hyd i'r safle ar y map ar dudalen 35, a rhoi cyfeirnod grid 6-ffigur. (Y meindwr?)

2 Edrychwch ar y map o Aylesbury ym 1830. Mae pob sgwâr yn cynrychioli 0.25 cilometr sgwâr. Gallwch gyfrifo'r arwynebedd yn fras drwy gyfrif sgwariau fel hyn:

Llawn = 1. Hanner llawn o leiaf = 1. Llai na hanner llawn = 0.
Tua faint oedd arwynebedd Aylesbury ym 1830?

3 Edrychwch ar y map ar gyfer 2002. Yma, mae pob sgwâr yn cynrychioli 1 cilometr sgwâr.
 a Tua faint oedd arwynebedd Aylesbury yn 2002?
 b Faint o weithiau roedd hi'n fwy yn 2002 nag ym 1830? (Rhannwch yr arwynebedd yn 2002 â'r arwynebedd ym 1830.)

4 a Beth oedd poblogaeth Aylesbury ym 1830?
  b Faint o weithiau'n fwy oedd hi erbyn 2005?

5 Bydd graff yn eich helpu i weld pa mor gyflym y mae poblogaeth Aylesbury wedi tyfu.

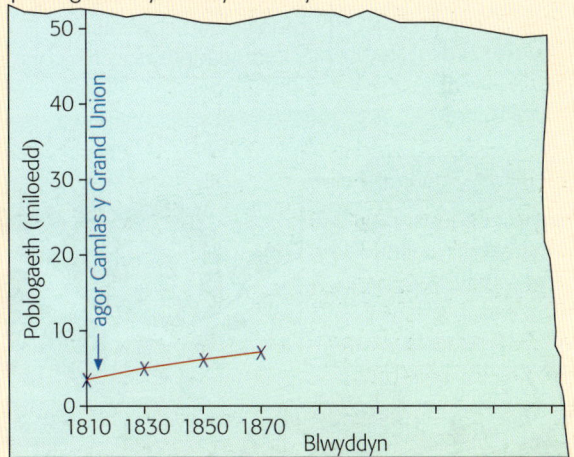

 a Tynnwch graff fel yr un a ddechreuwyd yma ar gyfer Tabl 1. Defnyddiwch dudalen gyfan a chwblhewch y ddwy echelin.
 b Os bydd y boblogaeth yn dal i dyfu fel hyn, faint fydd hi yn 2010? Dangoswch hynny ar eich graff.
 c Marciwch arno'r holl ddigwyddiadau o Dabl 2.

6 Awgrymwch reswm sy'n egluro hyn:
 a bu'r gamlas yn help i Aylesbury dyfu
 b cafodd llaeth cyddwysedig ei gynhyrchu yn Aylesbury
 c mae'r rheilffordd i Lundain wedi helpu Aylesbury i dyfu
 ch bydd canolfan siopa Friar's Square yn ei helpu i dyfu.

7 Tynnwch fap corryn i ddangos beth sy'n helpu trefi i dyfu. Meddyliwch am gymaint o bethau ag y gallwch (nid yn unig y rhai y mae'r uned hon yn sôn amdanynt).

Ffactorau sy'n helpu trefi i dyfu — Cysylltiadau ffyrdd a rheilffyrdd da — Siopau da

33

3.4 Hierarchaeth aneddiadau

Yn yr uned hon byddwch yn dysgu gosod aneddiadau yn nhrefn eu maint a'u pwysigrwydd.

Tyfu mwy a mwy

Mae rhai aneddiadau'n fach iawn iawn. Mae rhai'n fawr a bywiog ac yn cynnig pob math o wasanaethau. Astudiwch yr enghreifftiau hyn:

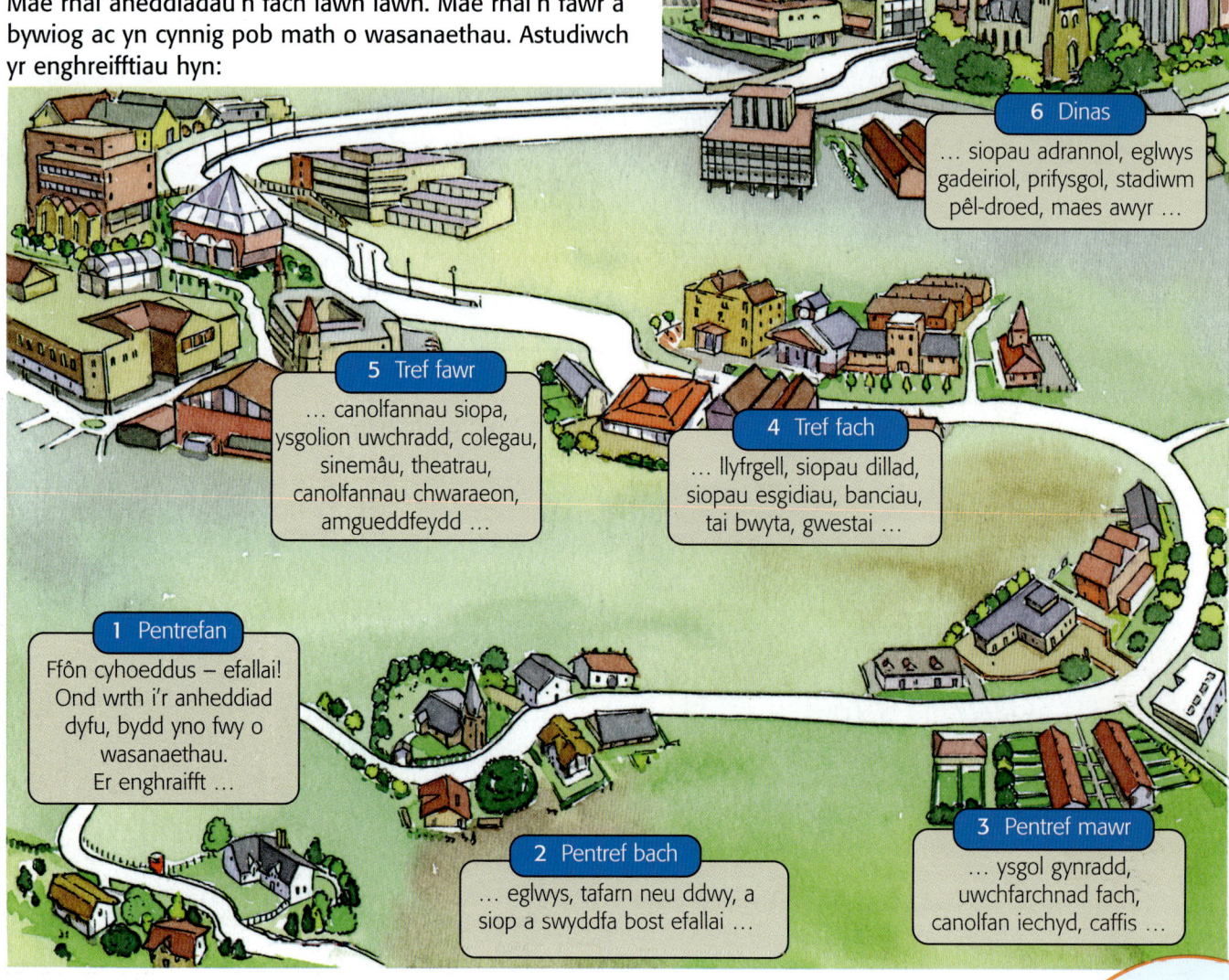

6 Dinas
… siopau adrannol, eglwys gadeiriol, prifysgol, stadiwm pêl-droed, maes awyr …

5 Tref fawr
… canolfannau siopa, ysgolion uwchradd, colegau, sinemâu, theatrau, canolfannau chwaraeon, amgueddfeydd …

4 Tref fach
… llyfrgell, siopau dillad, siopau esgidiau, banciau, tai bwyta, gwestai …

3 Pentref mawr
… ysgol gynradd, uwchfarchnad fach, canolfan iechyd, caffis …

2 Pentref bach
… eglwys, tafarn neu ddwy, a siop a swyddfa bost efallai …

1 Pentrefan
Ffôn cyhoeddus – efallai! Ond wrth i'r anheddiad dyfu, bydd yno fwy o wasanaethau. Er enghraifft …

Graddio aneddiadau yn ôl eu maint

Gallwn raddio aneddiadau yn nhrefn eu maint a'u pwysigrwydd. **Hierarchaeth** yw'r enw ar hyn:

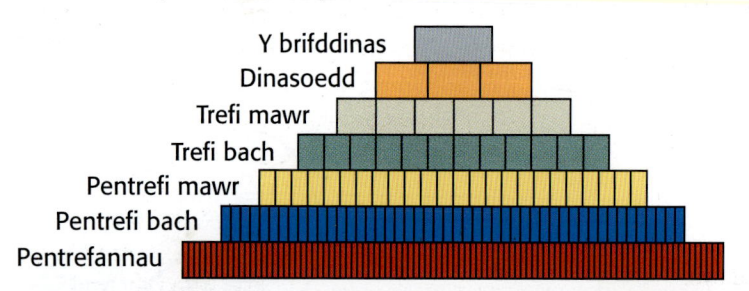

- Y brifddinas
- Dinasoedd
- Trefi mawr
- Trefi bach
- Pentrefi mawr
- Pentrefi bach
- Pentrefannau

Wrth i aneddiadau dyfu, maent yn cynnig rhagor o wasanaethau.

Mae llawer mwy o bentrefannau nag o drefi neu ddinasoedd.

Wyddech chi?
- Erbyn hyn, does gan lawer o bentrefi bach ym Mhrydain ddim un siop.
- Cawsant eu cau gan nad oedd digon o gwsmeriaid.

Os edrychwch chi ar fap ordnans, gallwch ddyfalu ble mae anheddiad yn yr hierarchaeth. Bydd aneddiadau mawr yn cymryd mwy o le ar y map, ac yn dangos mwy o wasanaethau!

Eich tro chi

Map ordnans o ardal Aylesbury

ANEDDIADAU

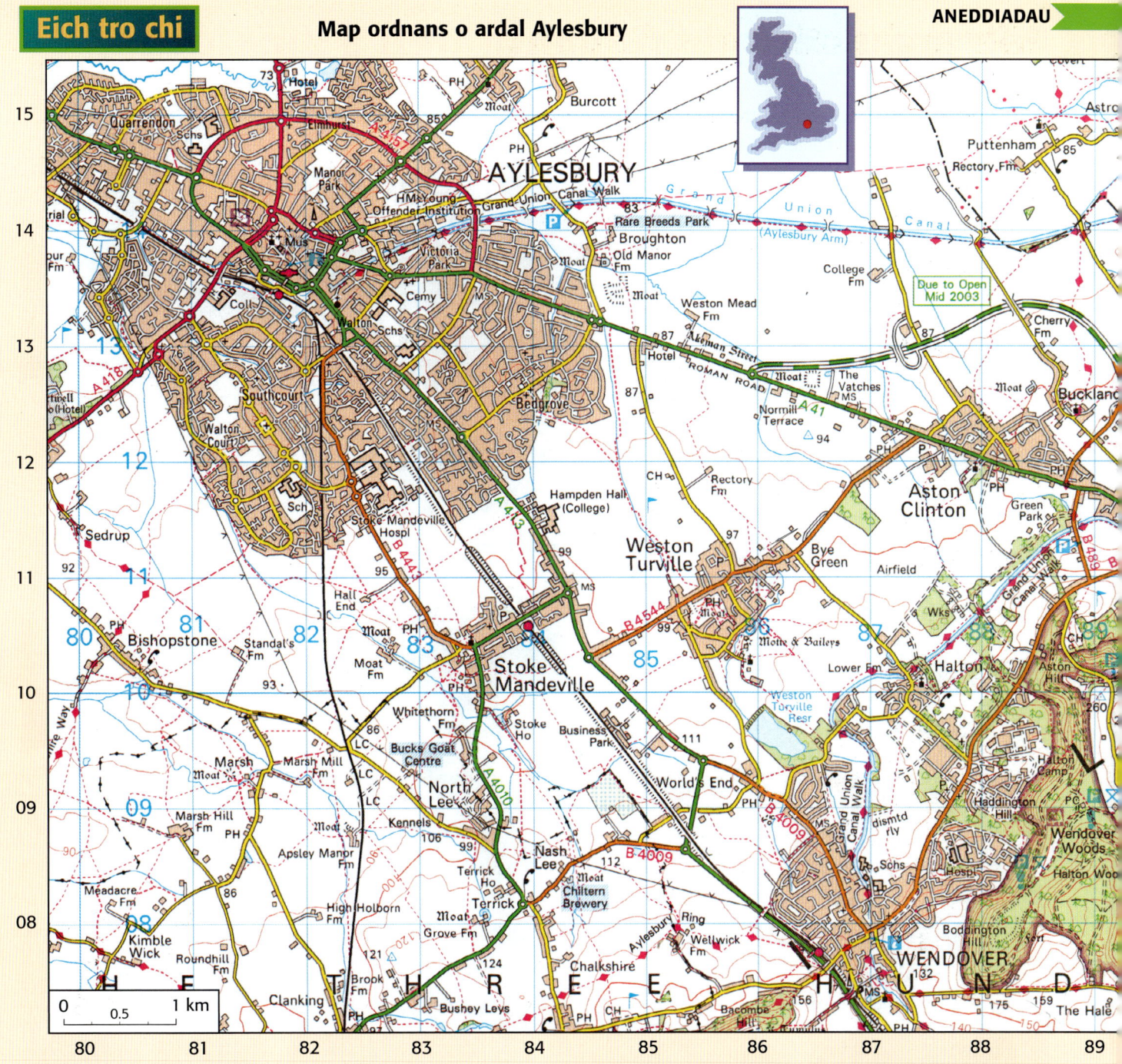

1. Y mwyaf yw anheddiad, y mwyaf o wasanaethau y mae'n eu cynnig
   - **a** Beth yw *gwasanaeth*? (Trowch at yr eirfa.)
   - **b** Rhowch bum enghraifft o wasanaethau.
2. **a** Lluniwch dabl *mawr* a rhowch benawdau fel y rhain arno:

Anheddiad	Gwasanaethau a ddangosir	Poblogaeth	Math o anheddiad
Bishopstone	2 eglwys		

   - **b** Yn eich tabl, rhestrwch bob un o'r gwasanaethau mae'r map uchod yn eu dangos ar gyfer Bishopstone. (Bydd tudalen 126 yn eich helpu.)
   - **c** Gwnewch yr un peth ar gyfer pob un o'r aneddiadau hyn: Aston Clinton   Aylesbury   Marsh   Wendover
3. Dyma, yn fras, boblogaeth y pum anheddiad:
   3540   7620   290   50   65 170
   Ysgrifennwch bob un ohonynt yn y lle *cywir* yn y tabl.
4. Mae pob anheddiad o fath gwahanol. Er enghraifft, un yn unig ohonynt sy'n bentref bach. Yng ngholofn olaf eich tabl, enwch y math o anheddiad. (Cliw ychwanegol yw maint llythrennau ei enw ar y map!)
5. Edrychwch ar y ffyrdd i'r pum anheddiad (neu drwyddynt). Welwch chi gysylltiad rhwng maint anheddiad a'r nifer o'r ffyrdd a'r math o ffyrdd? Disgrifiwch beth welwch chi.
6. **a** Edrychwch ar y gosodiad yn y triongl hwn. A yw'n wir? Allwch chi brofi hynny gan ddefnyddio'r map uchod?
   b Beth (os rhywbeth) a achosodd drafferth i chi ynghylch **a**?

> Mae llai a llai o aneddiadau ar bob lefel wrth i chi fynd i fyny'r hierarchaeth.

35

3.5 Patrymau defnydd tir mewn trefi a dinasoedd

Yn yr uned hon byddwch yn dysgu nad cymysgedd di-drefn yw'r ffatrïoedd, y tai a'r swyddfeydd mewn tref neu ddinas. Mae patrwm i'r cyfan ...

Sut y tyfodd y patrwm

- Fel rheol, bydd anheddiad yn tyfu tuag allan o'r canol. Yn y canol, felly, y cewch chi'r adeiladau hynaf.
- Wrth i'r anheddiad dyfu, cafodd y cartrefi yn y canol eu troi'n siopau a swyddfeydd er mwyn i bawb allu eu cyrraedd yn hwylus o bob cyfeiriad.
- Mae'r prif siopau a swyddfeydd, felly, yn dal i fod yn y canol. Yr enw arno yw **canol busnes y dref** neu **CBD**.
- Codwyd y ffatrïoedd cyntaf ar hyd camlesi, afonydd neu reilffyrdd er mwyn gallu symud nwyddau'n rhwydd.
- Codwyd rhesi o dai teras bach a rhad i'r gweithwyr yn ymyl y ffatrïoedd.
- Wrth i'r boblogaeth dyfu, codwyd tai newydd ar gyrion yr anheddiad, lle roedd y tir yn rhatach.
- Fel rheol, caiff diwydiannau newydd heddiw eu sefydlu yn ymyl priffyrdd, ac ar gyrion trefi.

Model trefol

Gallwn ddangos y patrwm gan ddefnyddio **model** – llun syml.

Dyma un model. Nid yw unrhyw dref neu ddinas yn *union* fel y model hwn. Er enghraifft, nid yw CBD byth yn gylch crwn mewn gwirionedd! Ond dyma'r patrwm cyffredinol mewn llawer lle.

Ardal ddiwydiannol newydd
Ystadau diwydiannol a pharciau busnes sydd wedi'u codi er 1970 yn ymyl y priffyrdd.

Hen ardal ddiwydiannol
Ar hyd glannau afon neu gamlas neu wrth ochr rheilffordd. Mae llawer o hen ffatrïoedd wedi cau erbyn hyn. Gall fod golwg ddi-raen ar yr ardal.

Tai modern
Tai ac ystadau tai newydd. Canolfannau siopa newydd. Parciau a mannau agored eraill. Yr ardaloedd hyn yw'r **maestrefi allanol**.

Tai 1920–1950
Tai mwy â gerddi fel arfer. Rhai parciau. Rhai rhesi o siopau. Yr ardaloedd hyn yw'r **maestrefi mewnol**.

Tai o'r 19eg ganrif
Tai teras i weithwyr ffatrïoedd yn bennaf. Mae blociau uchel o fflatiau wedi cymryd lle rhai ohonynt. Siopau cornel bach gerllaw. Yr enw ar yr ardal hon yw **cylchfa drawsnewidiol** neu **dinas fewnol**.

Yr CBD
Siopau a swyddfeydd mawr. Bwytai, caffis, amgueddfeydd, sinemâu a theatrau.

Fel rheol, wrth i chi symud allan o'r CBD:
- mae'r tir yn rhatach i'w brynu neu i'w rentu
- mae'r tai'n fwy modern.

ANEDDIADAU

Eich tro chi

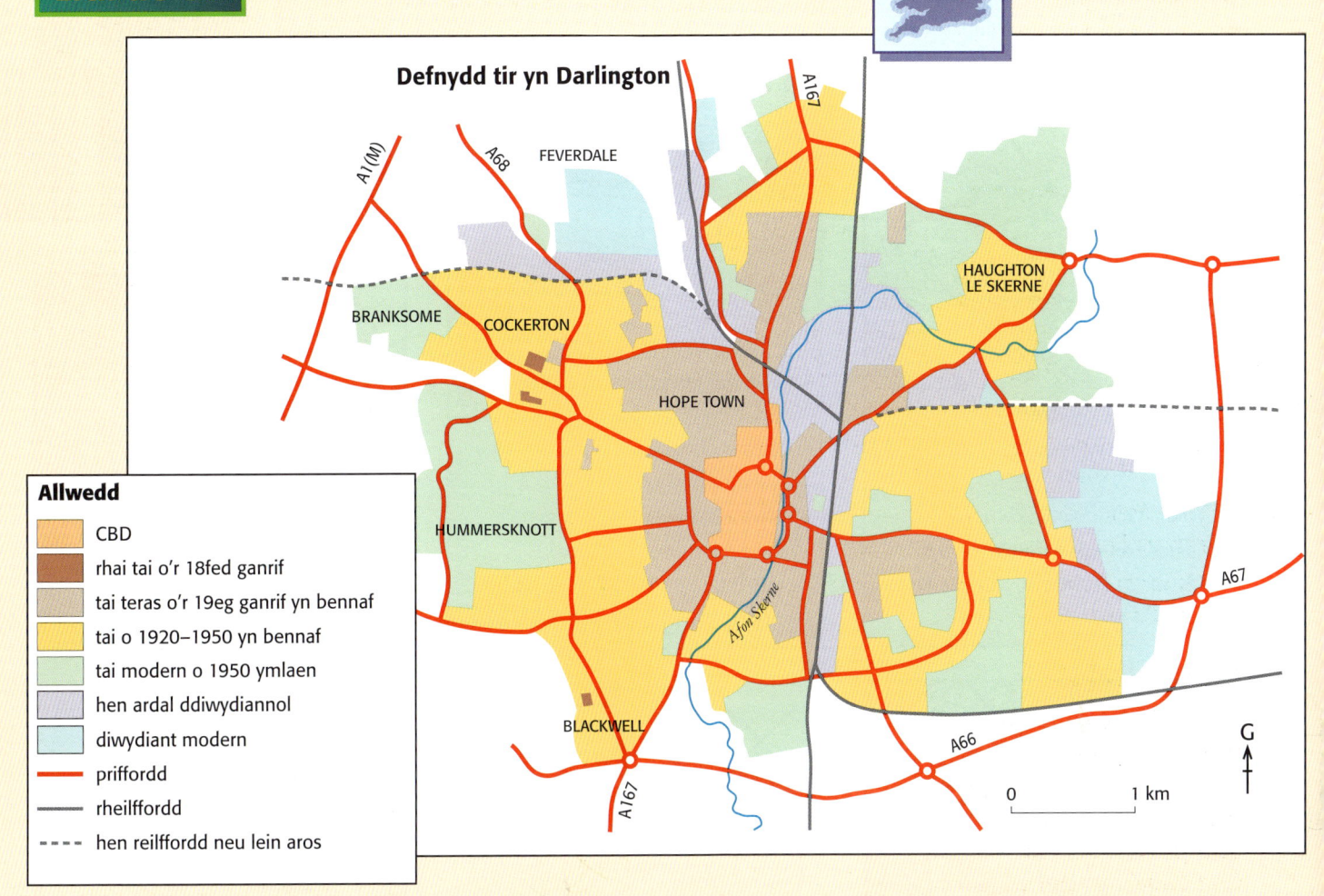

Defnydd tir yn Darlington

Allwedd
- CBD
- rhai tai o'r 18fed ganrif
- tai teras o'r 19eg ganrif yn bennaf
- tai o 1920–1950 yn bennaf
- tai modern o 1950 ymlaen
- hen ardal ddiwydiannol
- diwydiant modern
- priffordd
- rheilffordd
- ---- hen reilffordd neu lein aros

1 Uchod, fe welwch chi fap o Darlington yn Sir Durham. Nid yw'n edrych yn debyg iawn i'n model! Ond gadewch i ni weld sut mae'n cyd-fynd ag ef.
   Dywedwch a yw pob gosodiad yn gywir neu'n anghywir.
   a Mae'r CBD, yn fras, yng nghanol Darlington.
   b Mae'r rhan fwyaf o'r tai teras o amgylch y canol.
   c Mae'r rhan fwyaf o'r tai modern wedi'u codi tua chyrion y dref.
   ch Codwyd y ffatrïoedd cynnar mor bell â phosibl o'r rheilffordd.

2 Dyma ddau dŷ yn Darlington, y naill yn Hope Town a'r llall yn Cockerton. Pa un yw pa un?

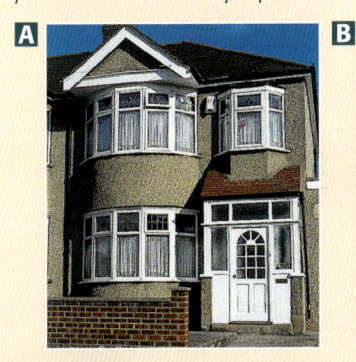

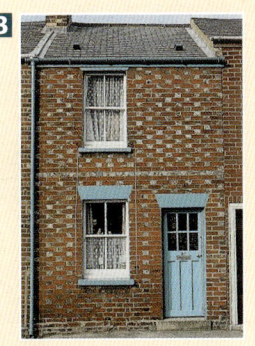

A   **B**

3 Pam cafodd y tai teras eu codi lle maen nhw?

4 Mae'r map yn dangos rhai tai o'r ddeunawfed ganrif. Rhowch reswm pam maent wedi'u lleoli yma. (Meddyliwch sut tyfodd y dref!)

5 Mae rhai tai modern yn ymyl yr CBD.
   a Pa reswm, yn eich barn chi, oedd dros eu codi yno?
   b Meddyliwch am ddwy o fanteision byw yn y tai hynny.

6 Chwiliwch am y diwydiannau modern yn ardal Feverdale. Rhowch ddau reswm dros eu lleoli yno.

7 Mae'r map yn dangos y priffyrdd yn unig (nid pob stryd). Astudiwch batrwm y ffyrdd.
   a Mae llawer o ffyrdd yn anelu at yr CBD.
      i Sut mae hynny'n helpu'r CBD?
      ii Pa broblemau y gallai hynny eu hachosi?
   b Yn y canol, mae ffordd yn rhedeg o amgylch rhan fawr o'r CBD. Pam, dybiwch chi, y cafodd y ffordd honno ei hadeiladu?

8 Ceisiwch egluro hyn:
   a mae siopau adrannol mawr i'w cael yn yr CBD.
   b mae'n costio mwy i rentu siop yn yr CBD nag mewn canolfan siopa fodern ar gyrion y dref.
   c yn aml, mae sawl llawr i'r adeiladau yn yr CBD.

3.6 Byddwch yn dditectif defnydd tir!

Yn yr uned hon byddwch yn dysgu adnabod gwahanol fathau o ddefnydd tir ar fap ordnans o dref neu ddinas.

Pa gliwiau y dylech chi chwilio amdanynt?

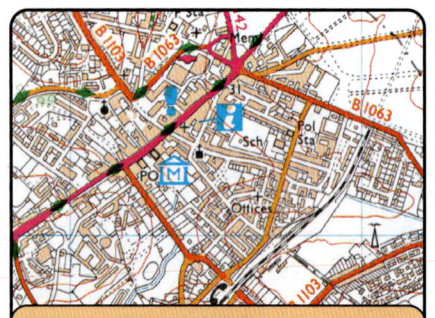

Canol busnes y dref
Chwiliwch am y cliwiau hyn:
- y priffyrdd yn dod ynghyd
- cylchffordd fewnol, o bosibl
- pethau fel eglwysi, ysbyty, eglwys gadeiriol, amgueddfa, canolfan groeso.

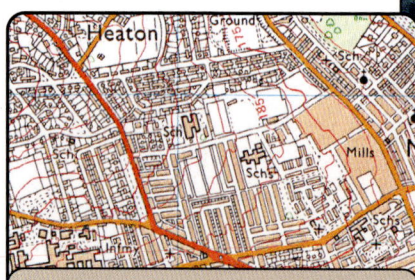

Ardal o dai gweithwyr o'r 19eg ganrif
Chwiliwch am y cliwiau hyn:
- rhesi syth o dai bychain (fel yn y ffotograff uchod)
- strydoedd yn agos at ei gilydd
- fawr ddim lleoedd gwyrdd
- yn aml yn ymyl ffatri, rheilffordd neu gamlas.

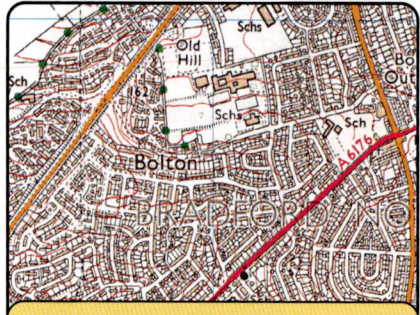

Ardal o dai 1920-1950
Chwiliwch am y cliwiau hyn:
- fel arfer, mae gan y tai erddi (y siapiau bychan gwyn)
- mae'r strydoedd fel arfer yn eithaf syth
- ysgolion a pharciau gerllaw.

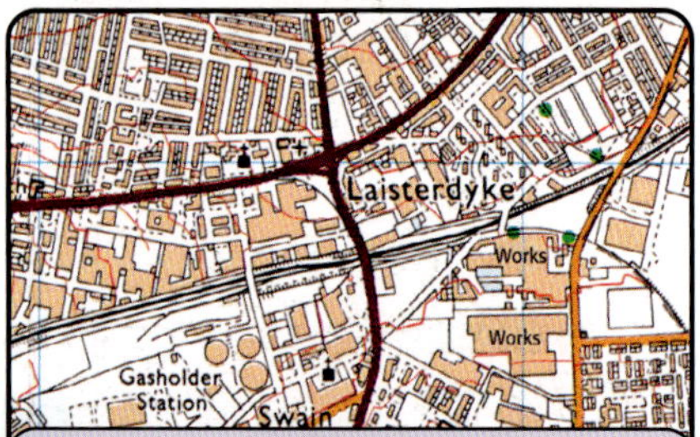

Hen ardal ddiwydiannol
Chwiliwch am y cliwiau hyn:
- yn aml ar hyd glannau afon, rheilffordd neu gamlas
- adeiladau mawr
- 'Works' weithiau'n cynrychioli ffatri.

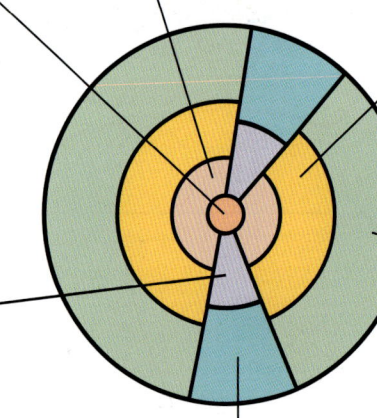

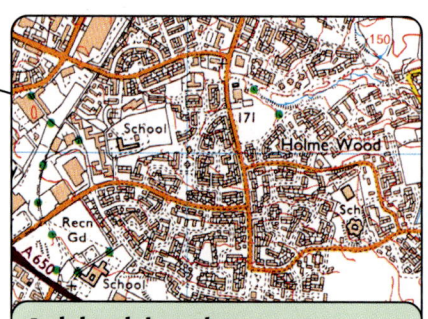

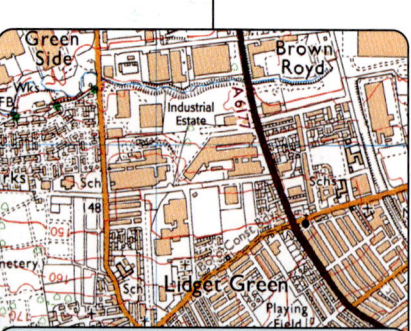

Ardal ddiwydiannol newydd
Chwiliwch am y cliwiau hyn:
- labeli ar gyfer stad ddiwydiannol ('Industrial Estate' neu 'Ind est') neu barc gwyddoniaeth ('Science park')
- bydd ar gyrion y dref
- bydd yn ymyl y priffyrdd fel arfer.

Ardal o dai modern
Chwiliwch am y cliwiau hyn:
- yn bellach o'r CBD
- mae gan y tai erddi fel arfer
- yn aml, bydd y tai mewn grwpiau bach (fel yn y ffotograff isod)
- ysgolion a pharciau gerllaw.

38

Eich tro chi

Map ordnans o Darlington 1 : 25 000

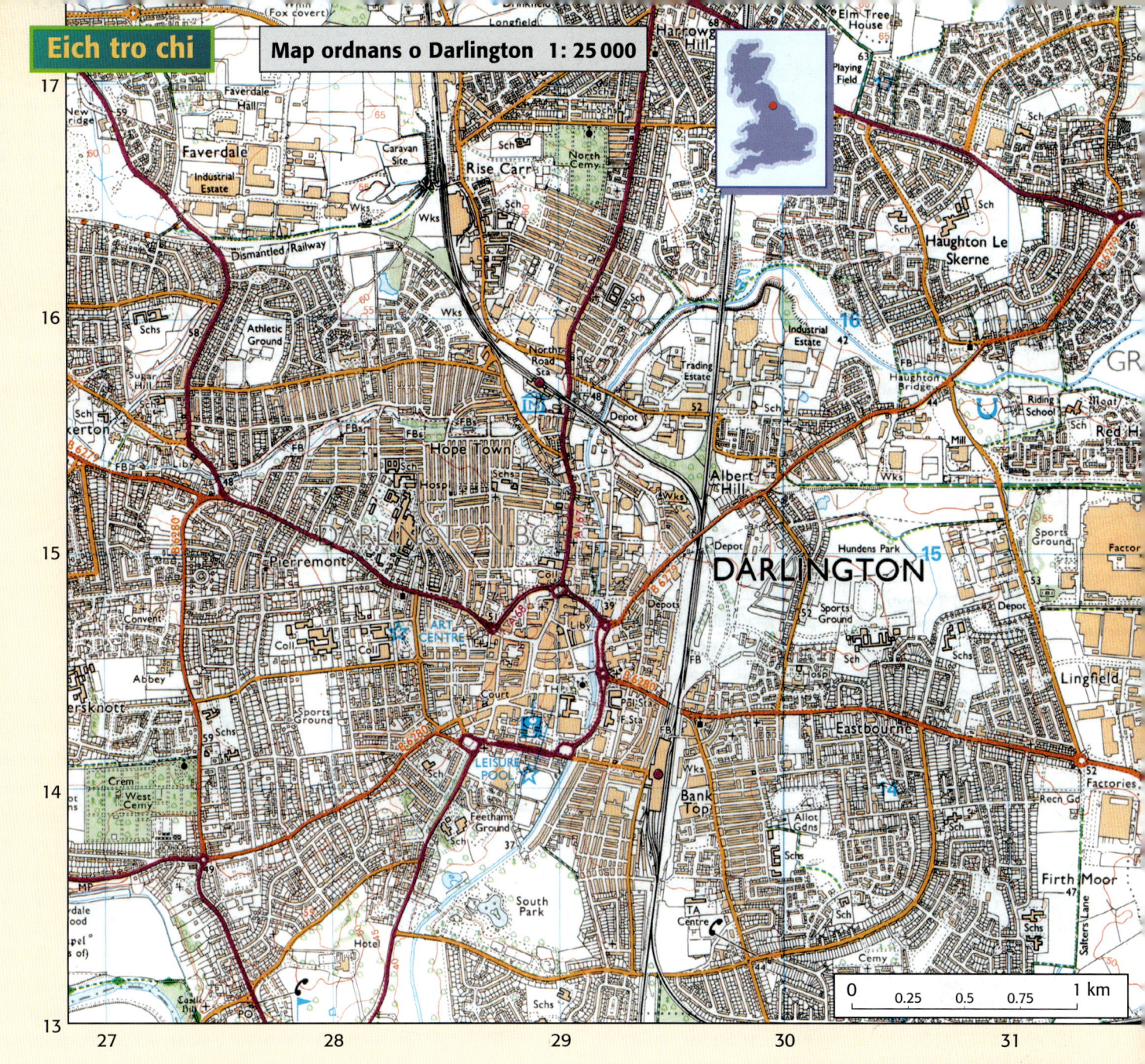

1 Mae'r map ordnans uchod yn dangos y rhan fwyaf o Darlington. Mae un sgwâr ar y map yn cynnwys y rhan fwyaf o'r CBD.
 a Gan ddefnyddio tudalen 38 i'ch helpu, chwiliwch am yr CBD.
 b Rhowch gyfeirnod grid pedwar-ffigur ar gyfer y sgwâr sy'n cynnwys y rhan fwyaf ohono.
 c Pa gliwiau sy'n dweud wrthych mai dyna'r CBD?

2 Edrychwch ar y tai sydd i'r gogledd o'r ysbyty yn sgwâr 2815. Pryd, dybiwch chi, y cawsant eu codi? Defnyddiwch dudalen 38 i'ch helpu i benderfynu, a rhowch dystiolaeth i gefnogi eich ateb.

3 Rydych chi'n gweithio ar y stad fasnachu yn 2915. Fe hoffech brynu tŷ modern â digon o le o'i amgylch ac mor agos i'r gwaith â phosibl. Mae pedwar tŷ ar werth, a dyma'u cyfeirnodau grid:
 A 308170   B 294164   C 291163   D 312155
 a Pa dŷ sydd fwyaf tebygol o ateb eich anghenion?
 b Eglurwch pam y gwrthodoch chi bob un o'r lleill.

4 Ardal ddiwydiannol yn bennaf yw sgwâr 2816. Ydy hi'n hen ardal ddiwydiannol, neu'n un newydd? Rhowch dystiolaeth.

5 Caiff y rhan fwyaf o'r tir yn Darlington ei ddefnyddio ar gyfer tai, diwydiant, siopau a swyddfeydd. Ond caiff peth ohono ei ddefnyddio ar gyfer ffyrdd, a ffermio a phethau eraill.
 a Lluniwch dabl ac ynddo'r penawdau hyn:

Mathau eraill o ddefnydd tir yn Darlington		
cludiant	hamdden	arall
ffyrdd		

 b Yn eich tabl, nodwch bob math arall o ddefnydd tir y gallwch ddod o hyd iddo ar y map.

6 a Dewiswch unrhyw sgwâr ar y map a thynnwch fap corryn i ddangos pob un o'r mathau o ddefnydd tir ynddo.
 b Pan fyddwch chi wedi gorffen, cyfnewidiwch eich mapiau corryn â phartner a cheisiwch adnabod sgwariau eich gilydd!

39

3.7 Newidiadau yn y dref: Penrhyn Greenwich

Yn yr uned hon byddwch yn gweld enghraifft o'r ffordd y mae defnydd tir yn newid dros amser.

Hanes Penrhyn Greenwich

Mewn unrhyw ddinas neu dref, bydd defnydd tir yn newid dros amser. Er enghraifft, gall hen ffatri gael ei dymchwel er mwyn codi cartrefi neu swyddfeydd newydd yno. Mae Penrhyn Greenwich yn Llundain wedi gweld newidiadau mawr.

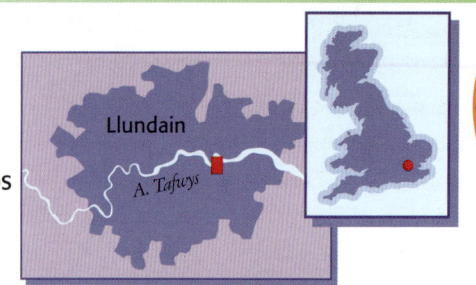

Wyddech chi?
- Mae Penrhyn Greenwich ar y map sydd ar ddechrau Eastenders.

Ym 1800, roedd Penrhyn Greenwich yn dal i fod yn ardal wledig. Roedd rhyw 500 o bobl yn byw yno. Roedd gan rai ohonynt erddi marchnad lle byddent yn tyfu llysiau i'w gwerthu yn Llundain.

Penrhyn Greenwich, 1995

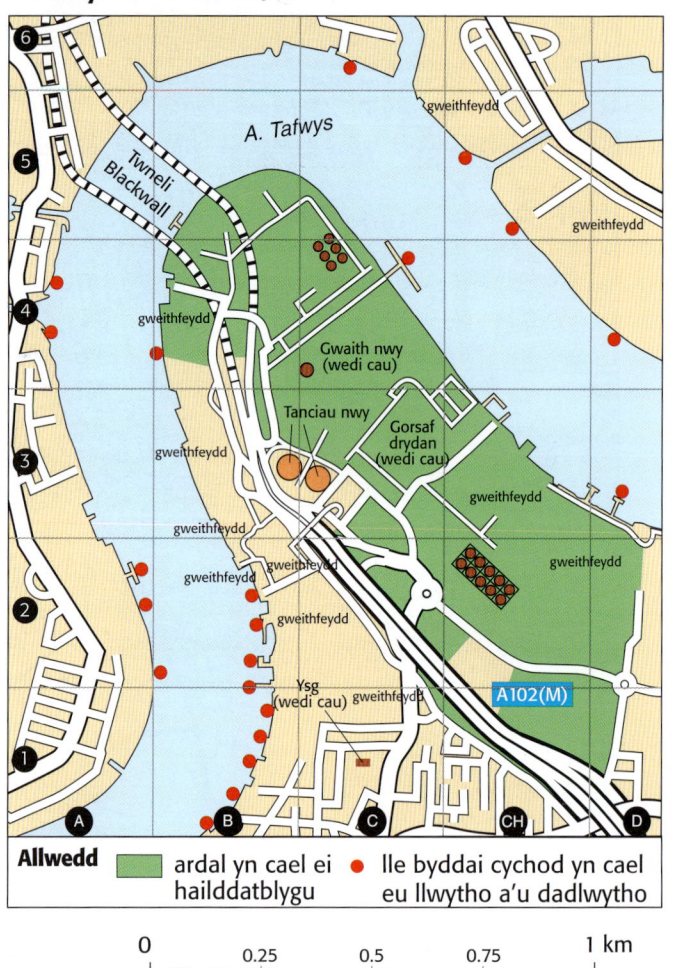

Allwedd
- ardal yn cael ei hailddatblygu
- lle byddai cychod yn cael eu llwytho a'u dadlwytho

Erbyn 1860 roedd diwydiant wedi cyrraedd: iardiau i adeiladu llongau, a ffatrïoedd i wneud rhaffau, cemegau, sebon, ffrwydron rhyfel ac iâ. Ym 1889 fe agorodd gwaith nwy enfawr oedd yn defnyddio glo i wneud nwy.

Ond fe gaeodd yr hen ddiwydiannau fesul un. Caeodd y gwaith nwy ym 1985 oherwydd ein bod wedi newid i nwy Môr y Gogledd. Aeth llawer o'r ardal yn **ddiffaith**.

Heddiw mae bywyd newydd yn yr ardal. Un o'r adeiladau newydd ar safle'r hen waith nwy yw Dôm y Mileniwm. Mae'r ardal gyfan yn cael ei **hailddatblygu**.

Yr ailddatblygu

Dechreuodd y gwaith ym 1997 a bydd yn parhau tan 2025.

Y bwriad yw darparu 13 000 o gartrefi newydd – a swyddfeydd, siopau, gwestai, sinemâu, bwytai, canolfan iechyd a dwy ysgol.

(Mae rhai ohonynt wedi'u codi'n barod.)

Yno hefyd bydd parciau i ymlacio ynddyn nhw, llwybrau cerdded a beicio, a hwyaid i'w bwydo.

Y gobaith yw y bydd 30 000 o swyddi ar y penrhyn erbyn 2005.

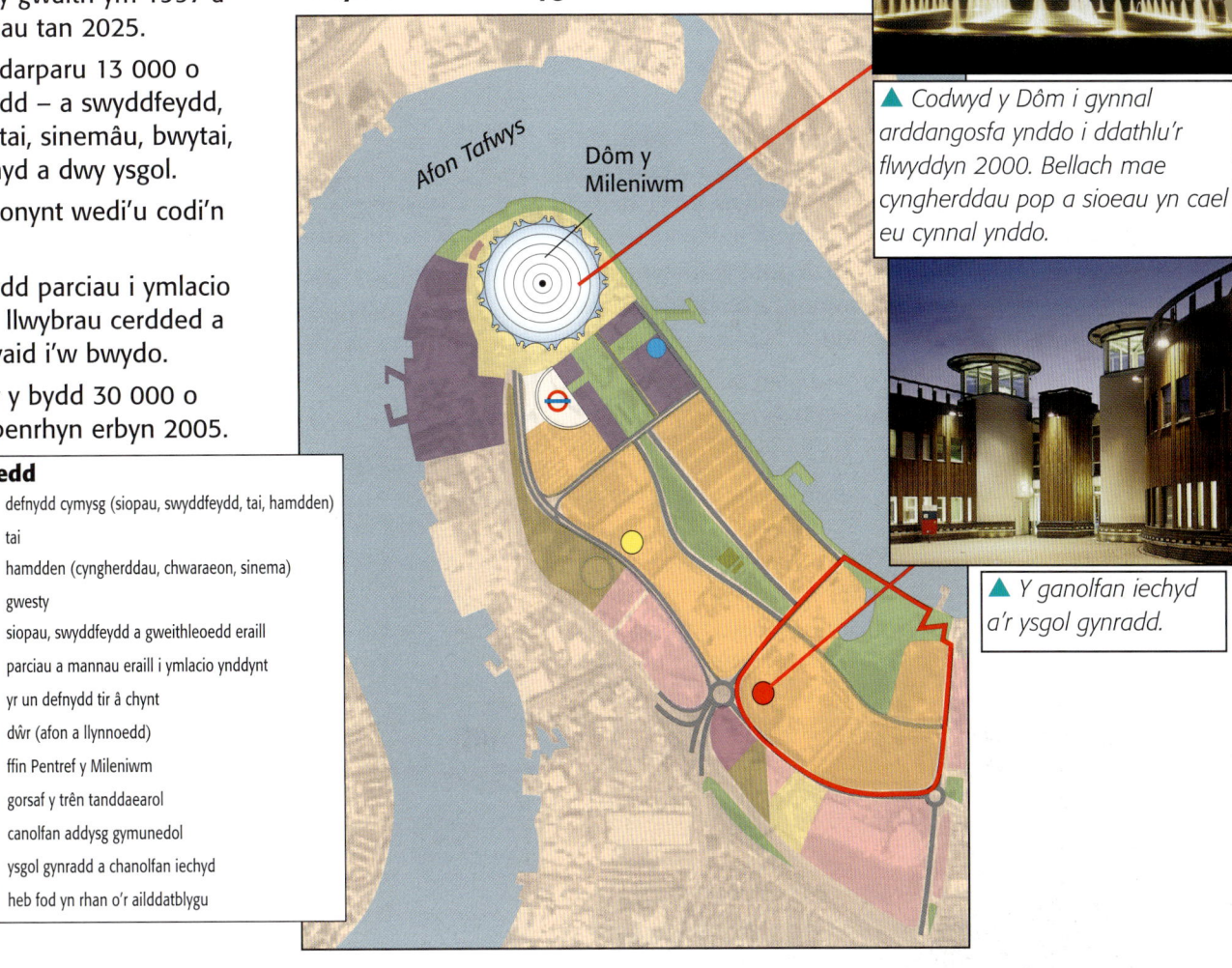

Y cynllun ailddatblygu

▲ Codwyd y Dôm i gynnal arddangosfa ynddo i ddathlu'r flwyddyn 2000. Bellach mae cyngherddau pop a sioeau yn cael eu cynnal ynddo.

▲ Y ganolfan iechyd a'r ysgol gynradd.

Allwedd
- defnydd cymysg (siopau, swyddfeydd, tai, hamdden)
- tai
- hamdden (cyngherddau, chwaraeon, sinema)
- gwesty
- siopau, swyddfeydd a gweithleoedd eraill
- parciau a mannau eraill i ymlacio ynddynt
- yr un defnydd tir â chynt
- dŵr (afon a llynnoedd)
- ffin Pentref y Mileniwm
- gorsaf y trên tanddaearol
- canolfan addysg gymunedol
- ysgol gynradd a chanolfan iechyd
- heb fod yn rhan o'r ailddatblygu

Eich tro chi

1. Edrychwch ar y map o Benrhyn Greenwich ar dudalen 40. Pam mae'n cael ei galw'n *benrhyn*? (Chwiliwch yn yr eirfa?)

2. Dros y blynyddoedd, mae newidiadau mawr wedi bod yn y defnydd tir ar Benrhyn Greenwich. Gan ddefnyddio'r delweddau ar y tudalennau hyn i'ch helpu, disgrifiwch y defnydd tir yno ym mhob un o'r blynyddoedd hyn:
   a 1800   b 1860   c 1995   ch 2025
   Ysgrifennwch baragraff ar gyfer pob blwyddyn.

3. Edrychwch unwaith eto ar y map ar dudalen 40.
   a Pa arwyddion o ddiwydiant welwch chi arno?
   b Awgrymwch resymau dros sefydlu ffatrïoedd yn yr ardal hon. Meddyliwch am gymaint ohonynt ag y gallwch chi.

4. a Roedd yr ardal yn *ddiffaith* ac mae'n cael ei *hailddatblygu*. Ysgrifennwch y frawddeg uchod mewn geiriau y gallai plentyn 8 oed eu deall.
   b Rhowch un rheswm pam aeth yr ardal yn ddiffaith.

5. Cyn i'r gwaith adeiladu gychwyn yn yr ardal, roedd rhaid tynnu haen o bridd hyd at 1.2 m o drwch, ei lanhau a'i roi yn ôl. (Proses ddrud iawn.) Pam roedd angen ei lanhau?

6. Copïwch a chwblhewch:
   Mae Penrhyn Greenwich yn enghraifft dda o adf_____ tr_____ . (Chwiliwch yn yr eirfa!)

7. Rydych chi'n rhedeg cwmni dylunio bach â chwech o staff yn ymyl Penrhyn Greenwich. Rydych yn bwriadu symud eich swyddfa i'r fan a ddangosir â ● ar y map uchod. Ysgrifennwch nodyn at eich staff i ddweud wrthynt am eich cynllun, ac am y swyddfa newydd, a pham y tybiwch y byddant yn hoffi bod yno.

8. 'Gwastraff arian yw ailddatblygu Penrhyn Greenwich'. Ydych chi'n cytuno â'r gosodiad hwn? Penderfynwch beth rydych chi yn ei feddwl, ac ysgrifennwch araith i'w ateb.

41

3.8 Ai dyma'r dyfodol?

Yn yr uned hon byddwch yn dysgu sut mae Penrhyn Greenwich yn ceisio gosod esiampl!

Ffordd gynaliadwy o fyw

Os yw rhywbeth yn **gynaliadwy**, nid yw'n gwastraffu pethau nac yn gwneud drwg i bobl na'r amgylchedd. Yn y rhan fwyaf o aneddiadau byddwn yn gwastraffu ynni a dŵr. Mae gennym dagfeydd traffig ac mae'r aer yn llawn o fygdarthau. Gall pobl deimlo'n ynysig iawn. A phobl gyfoethog yn unig a all fforddio byw yn yr ardaloedd mwy dymunol.

Bydd Penrhyn Greenwich yn ceisio dangos ffordd fwy cynaliadwy o fyw i ni. Fel hyn ...

Arbed dŵr

1. Caiff y glaw sy'n syrthio ar do'r Dôm ei ddefnyddio ar gyfer y toiledau.
2. Caiff y glaw sy'n syrthio ar do'r uwchfarchnad ei ddefnyddio i ddyfrhau planhigion.
3. Caiff dŵr gwastraff o faddonau, cawodydd a basnau ymolchi yng nghartrefi'r Pentref ei hidlo a'i ddefnyddio mewn toiledau ac i ddyfrhau planhigion.

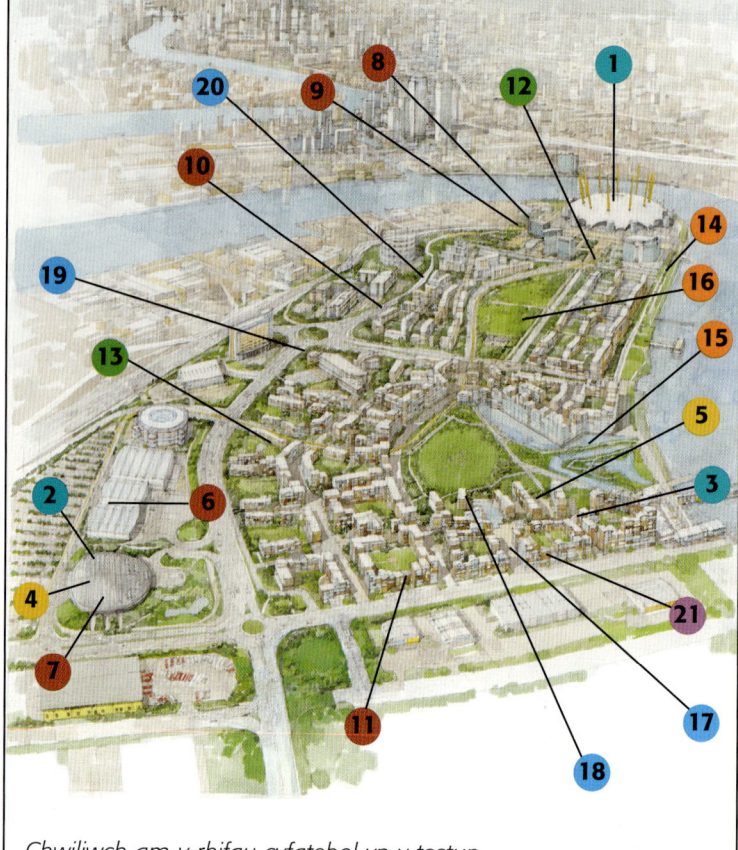

Chwiliwch am y rhifau cyfatebol yn y testun.

Arbed egni

4. Bydd uwchfarchnadoedd yn defnyddio trydan i greu golau a gwres ac i redeg oergelloedd. Mae hon yn ceisio arbed trydan fel hyn:
   - mae hi'n gwneud peth o'i thrydan ei hun drwy ddefnyddio **pŵer y gwynt** a **phŵer yr haul** (golau'r haul).
   - mae banciau o bridd bob ochr iddi i'w chadw'n gynnes yn y gaeaf ac yn glaear yn yr haf.
   - mae ganddi do gwydr i adael i'r golau ddod i mewn.

Edrychwch ar y ffotograff isod.

5. Y tai:
   - cânt eu codi gan ddefnyddio dulliau sy'n arbed egni a defnyddiau.
   - maent wedi'u **hynysu'n** dda i gadw'r gwres i mewn.
   - maent wedi'u cysgodi rhag y gwyntoedd oer.
   - mae ganddynt waliau gwydr sy'n wynebu'r de i ddal gwres yr haul.
   - mae'r oergelloedd, y peiriannau golchi a'r peiriannau golchi llestri sydd ynddynt yn rhai sy'n arbed egni.

ANEDDIADAU

Lleihau'r traffig

Gan fod ceir yn tagu'r strydoedd ac yn achosi llygredd, caiff y bobl sy'n byw yma eu hannog i beidio â gyrru!

6. Gallwch gerdded i'r siopau a'r ysgolion – ac i'r gwaith os cewch chi swydd leol.
7. Gallwch archebu o'r uwchfarchnad dros y rhyngrwyd. Caiff yr eitemau eu danfon i'ch cartref.
8. Mae gorsaf y trên tanddaearol wrth ymyl y Dôm.
9. Mae yma wasanaeth bws da iawn.
10. Mae yma lawer o lwybrau beicio.
11. Mae llai o leoedd parcio nag o gartrefi – ac maent o'r golwg.

Ailgylchu defnyddiau

12. Mae modd **ailgylchu** (defnyddio eto) yr holl ddefnyddiau adeiladu.
13. Caiff hen boteli, tuniau, plastig a phapur eu casglu i'w hailgylchu.

Denu bywyd gwyllt

14. Mae corslwyni a morfeydd heli'n cael eu creu ar hyd yr afon i ddenu hwyaid ac adar eraill.
15. Mae yma barciau mawr â llynnoedd a phyllau dŵr.
16. Mae dros 12 000 o goed yn cael eu plannu.

Adeiladu cymuned

17. Gallwch rentu neu brynu tŷ. A bydd pris bron 40% o'r tai wedi ei ostwng.
18. Mae'r llwybrau troed a'r mannau agored yn eich helpu i gyfarfod â'ch cymdogion.
19. Mae'r ganolfan iechyd wrth ymyl yr ysgol gynradd – sy'n gyfleus i famau.
20. Bydd y ganolfan addysg gymunedol yn rhedeg dosbarthiadau i bobl o bob oed.

Defnyddio technoleg

21. Mae uwch-dechnoleg yn y tai!
    ◆ Mae cyfrifiadur ym mhob un
    ◆ Mae'r rheiny'n cysylltu'r tai â gwefan y Pentref, a'r ysgol a'r ganolfan iechyd.
    ◆ Mae eu larymau tân wedi'u cysylltu â'r orsaf dân leol.
    ◆ Mae eu larymau lladron wedi'u cysylltu â chanolfan ddiogelwch.

Eich tro chi

1. Ydych chi'n meddwl y byddai Penrhyn Greenwich yn addas:
   a. i hen berson sy'n byw ar ei ben/ei phen ei hun?
   b. i deulu â dau blentyn ifanc?
   c. i chi?
   Rhowch resymau. (Tynnwch fap corryn?)

2. Beth yw ystyr *ffordd gynaliadwy o fyw*?

3. a. Lluniwch dabl fel yr un sydd wedi'i gychwyn ar y dde.
   b. Dewiswch y pum nodwedd o Benrhyn Greenwich sydd *bwysicaf* yn eich barn chi er mwyn sicrhau ffordd gynaliadwy o fyw. (Er enghraifft, pa mor bwysig yw hi i allu cerdded i'r siopau?)
   Peidiwch ag anghofio nodweddion sydd yn gwneud i bobl deimlo'n dda.
   c. Rhestrwch y nodweddion yng ngholofn gyntaf eich tabl.
   ch. Yn yr ail golofn, rhestrwch fanteision pob nodwedd.
   d. Ystyriwch y manteision. Tanlinellwch unrhyw fanteision *cymdeithasol* mewn un lliw, y manteision *economaidd* mewn lliw arall, a'r manteision *amgylcheddol* mewn lliw arall eto. (Chwiliwch yn yr eirfa?)
   Ychwanegwch allwedd o dan eich tabl i egluro'r lliwiau

4. Meddyliwch yn awr am eich ardal leol *chi*. A yw'n helpu i hybu ffordd gynaliadwy o fyw? Rhowch dystiolaeth (enghreifftiau) dros eich ateb.

5 prif nodwedd Penrhyn Greenwich i sicrhau ffordd gynaliadwy o fyw	
Nodwedd	Manteision
....	....
	....

43

3.9 Help! Mae angen rhagor o gartrefi arnom

Yn yr uned hon byddwch yn ymchwilio i'r rhesymau dros angen y DU am ragor o dai – a'r gwrthdaro ynghylch ble mae eu codi!

Mae eisiau llond gwlad o adeiladwyr!

Heddiw, cyhoeddodd y llywodraeth adroddiad newydd ar faes tai yn y DU. Ei neges yw y bydd angen llawer mwy o dai arnom – yn gyflym! Mae angen o leiaf 195 000 o gartrefi newydd bob blwyddyn, gan gynnwys cartrefi pris-isel i bobl ar incwm isel.

Os na wnawn ni gyflymu ein cyfradd codi tai, bydd mwy a mwy o bobl yn gorfod byw mewn lletý 'gwely-a-brecwast' a hyd yn oed ar y strydoedd. A bydd prisiau tai'n codi'n aruthrol wrth i brynwyr gystadlu am nifer rhy fach o dai.

195 000! Dyna i chi nifer fawr o dai! Felly, byddwch yn barod i weld lorïau adeiladwyr a chlywed sŵn morthwylio, ym mhob rhan o o'r DU.
Addasiad o adroddiad papur newydd, 17 Mawrth 2004.

Wyddech chi?
- Mae disgwyl i boblogaeth y DU barhau i gynyddu tan 2036.
- O hynny ymlaen, bydd yn gostwng.

Wyddech chi?
- Yn 2003 roedd gan Loegr ddigon o dir diffaith addas i godi bron 170 000 o dai arno.

Ble dylai'r cartrefi newydd gael eu codi?

Mae llawer o ddadlau ynghylch ble mae codi'r tai newydd.

A

Gallem eu hadeiladu ar **safleoedd tir glas**. Safleoedd yw'r rhain nad oes neb wedi codi'r un adeilad arnynt o'r blaen. Fel hwn mewn ardal wledig.

B

Neu ar **safleoedd tir llwyd**. Safleoedd yw'r rhain lle mae adeiladau wedi'u codi yn barod, ond lle mae'r tir yn ddiffaith erbyn hyn. Fel y tir gwastraff hwn mewn dinas.

C

Dyma'r olwg sydd ar y safle erbyn hyn ar ôl i stad newydd o dai gael ei chodi arno.

CH

Dyma'r olwg a oedd ar y safle uchod wrth i dai newydd gael eu codi arno.

ANEDDIADAU

Eich tro chi

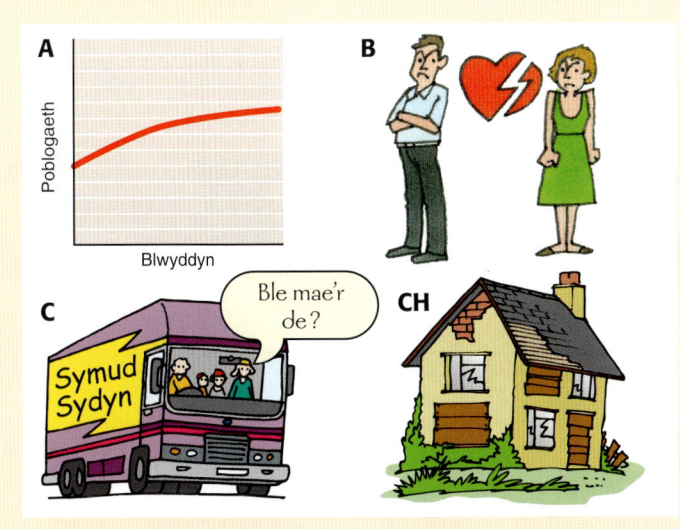

A [graff: Poblogaeth yn erbyn Blwyddyn]
B [dyn a dynes gyda chalon wedi torri]
C [lori Symud Sydyn — "Ble mae'r de?"]
CH [tŷ]

O blaid ac yn erbyn

- **A** Bydd yn golygu rhagor o draffig ar ffyrdd gwledig.
- **B** Bydd angen adeiladu ffyrdd mawr newydd.
- **C** Bydd yn gyrru llawer o fywyd gwyllt i ffwrdd.
- **CH** Bydd yn golygu llai o heddwch yng nghefn gwlad.
- **D** Caiff golygfeydd gwyrdd braf eu difetha.
- **DD** Bydd yn gwella golwg yr ardal.
- **E** Bydd llai o dir i'w ffermio.
- **F** Gall fod angen rhagor o siopau ac ysgolion ar gyfer y bobl sy'n symud yno.
- **FF** Mae'n gwneud defnydd da o dir gwastraff.
- **G** Bydd rhagor o'r wlad o dan goncrid.
- **NG** Daw â bywyd yn ôl i ardal farw.
- **H** Gall y tagfeydd traffig yn y ddinas waethygu.
- **I** Mae'n debyg y bydd yn rhaid torri coed.
- **L** Bydd angen cael gwared ar ragor o sbwriel.

1. Pam y mae angen rhagor o dai yn y DU?
   Mae pob llun uchod yn dangos rheswm!
   a Dyfalwch beth mae pob un yn ei ddweud ac yna rhowch y rheswm hwnnw mewn geiriau.
   b Allwch chi feddwl am unrhyw resymau eraill?

2. Mae llawer o ddadlau ynghylch *ble* y dylai cartrefi newydd fynd. Ystyriwch y pedwar hyn:

   A UN SY'N BYW YNG NGHEFN GWLAD — "Gadewch i ni gadw'n gwlad yn wyrdd."
   B ADEILADWR — "Mae'n rhatach ac yn haws adeiladu ar safleoedd tir glas."
   C CYNLLUNYDD DINAS — "Rhaid i ni adfywio'n ardaloedd diffaith!"
   CH FFERMWR — "Mae gen i lawer o dir braf i'w werthu!"

   a Yn y grŵp hwn, â phwy y mae **A** yn debyg o wrthdaro?
   b Pwy sy'n debyg o ochri ag **A**, ond am reswm gwahanol?
   c Pa ddau a allai gyd-dynnu'n arbennig o dda?

3. Cymharwch safleoedd A a B ar dudalen 44.
   a Pa un, dybiwch chi, yw'r dewis doethaf ar gyfer cartrefi newydd? Rhowch eich rhesymau.
   b Ble byddai'n well gennych chi fyw – yn C neu Ch? Pam?

4. Edrychwch ar osodiadau **A** i **L** uchod.
   Maent yn nodi'r pwyntiau **o blaid** ac **yn erbyn** defnyddio'r ddau fath o safle. Ond maent wedi'u cymysgu.
   a Yn gyntaf, gwnewch gopi mwy o'r diagram Venn hwn.

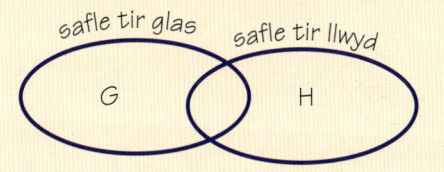

   [diagram Venn: safle tir glas (G) | safle tir llwyd (H)]

   b Yna, ysgrifennwch y llythrennau A-L yn y lle cywir ar eich diagram. (Mae G ac H wedi'u gwneud.)
   Os ydych yn credu bod llythyren yn berthnasol i'r ddau fath o safle, ysgrifennwch hi yn y canol.
   c Tanlinellwch bob llythyren 'o blaid' mewn un lliw a'r llythrennau 'yn erbyn' mewn lliw arall. (Gallai rhai gosodiadau beidio â bod o blaid nac yn erbyn.)
   ch Pa fath o safle sydd â'r mwyaf o bwyntiau o'i blaid?

5. Mae bron 750 000 o dai gwag yn y DU ar unrhyw adeg. Ac un person yn unig sy'n byw mewn llawer o dai mawr. Chi yw'r gweinidog yn y llywodraeth sy'n gyfrifol am dai. Astudiwch yr awgrymiadau hyn:

   "GWNEWCH I BOBL OSOD EU CARTREFI GWAG AR RENT"
   "DYLAI POB TŶ MAWR AC UN PERSON YNDDO GAEL EI RANNU'N FFLATIAU!"

   A fyddai'n deg gwneud unrhyw un o'r rhain? Ysgrifennwch eich ateb i'r ddau ohonyn nhw.

4 Newid y ffordd y byddwn yn siopa

NEWID Y FFORDD Y BYDDWN YN SIOPA

Y darlun mawr

Pennod am siopa yw hon – ble y byddwn ni'n prynu pethau, a sut mae siopa'n newid. Dyma brif syniadau'r bennod:

- Mae siopa a daearyddiaeth yn mynd law yn llaw!
- Rydym yn fodlon teithio ymhellach i gael rhai nwyddau nag i gael eraill.
- Mae angen i siopau fod mewn man lle mae digon o gwsmeriaid i wneud elw.
- Mae siopa yn newid yn gyson. Dwy enghraifft o'r newidiadau yw siopa y tu allan i'r dref a siopa dros y rhyngrwyd.

Erbyn diwedd y bennod hon …

Erbyn diwedd y bennod hon dylech allu ateb y cwestiynau hyn:

- Beth yw nwyddau cyfleus?
- Beth yw nwyddau cymhariaeth?
- Pa rai o'r nwyddau hynny y mae pobl yn fodlon teithio ymhellach i'w cael?
- Pam mae siopau'n agor mewn rhai mannau – ond nid mewn eraill?
- Pam mae gan aneddiadau mwy eu maint fwy o amrywiaeth o siopau nag sydd gan aneddiadau bach?
- Beth yw canolfan siopa y tu allan i'r dref, a beth rwyf fi'n debyg o ddod o hyd iddo ynddi?
- Pwy a all elwa o siopa y tu allan i'r dref – a phwy all fod ar eu colled?
- Sut mae siopa dros y rhyngrwyd yn gweithio?
- Pwy a all elwa o siopa dros y rhyngrwyd – a phwy a all fod ar eu colled?

Felly …

Pan orffennwch chi'r bennod, dewch yn ôl i'r dudalen hon i weld a ydych wedi ateb y cwestiynau uchod!

Wyddech chi?
- Tan yr ail ganrif ar bymtheg, stondinau mewn marchnad oedd y mwyafrif o siopau.

Wyddech chi?
- 200 mlynedd yn ôl, byddai'ch dillad wedi'u gwnïo â llaw …
- … am na chafodd peiriannau gwnïo eu dyfeisio tan tua 1850.

Wyddech chi?
- Nid oedd siopau'n gwerthu dillad a gawsai eu gwneud mewn ffatrïoedd tan tua 1950.
- Tan hynny, roedd teilwriaid a gwniyddesau yn brysur iawn.

Wyddech chi?
- Yn ystod y pum mlynedd hyd at 2002 fe gaeodd dros 13 000 o siopau arbenigol ym Mhrydain (siopau fel siopau cigyddion a phobwyr).

Eich man cychwyn

Edrychwch ar y ffotograff cyntaf ar dudalen 46. Dyna'r perchennog wrth y drws, a thâp mesur dros ei ysgwyddau.

Faint o flynyddoedd yn ôl, dybiwch chi, y tynnwyd y ffotograff hwnnw:
30?   60?   100?   120?   180?

Sut brofiad, dybiwch chi, fyddai siopa yn y siop honno?

Ym mha ffyrdd y byddai hi wedi bod yn wahanol i siopa yn y siop arall?

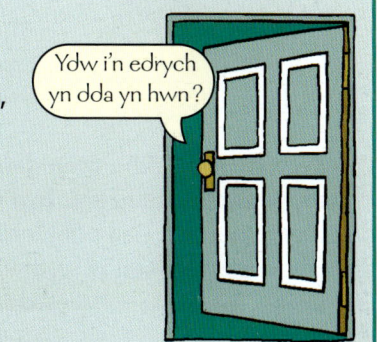

Ydw i'n edrych yn dda yn hwn?

4.1 Siopa hwnt ac yma

Yn yr uned hon byddwch yn dysgu pam y mae siopau lle y maent – ac yn gweld y cysylltiadau cryf rhwng siopa a daearyddiaeth!

Hwyl – a dim byd mwy?

Gall siopa fod yn hwyl. Ond y tu ôl i'r hwyl mae busnes go ddifrifol!

Mae patrwm i leoliad siopau, a'r lleoedd yr awn iddynt i gael gwahanol bethau. A chanlyniad i ddau beth allweddol yw'r patrwm hwnnw.

Wyddoch chi?
Yn y DU byddwn yn gwario:
♦ tuag £8 biliwn y flwyddyn ar siopa am fwyd
♦ tua £3 biliwn y flwyddyn ar ddillad ac esgidiau.

1 Mae dau fath o nwyddau

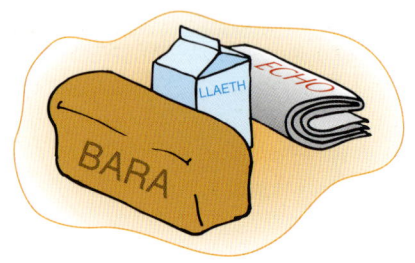

Mae rhai pethau y byddwn ni'n eu prynu'n aml, neu'n eithaf aml, ac nad ydyn nhw'n costio rhyw lawer. Rydym yn ddigon bodlon eu prynu …

… yn y lle cyfleus agosaf, fel siop y gornel. **Nwyddau cyfleus** yw'r enw arnynt.

Yna, mae nwyddau nad oes angen i ni eu prynu mor aml ac sy'n costio mwy. Byddwn ni'n hoffi cymharu'r steil a'r pris cyn i ni eu prynu …

… **nwyddau cymhariaeth** yw'r enw arnynt. Byddwn ni'n barod i deithio i gael dewis da – er enghraifft, i ganol y dref neu'r ddinas.

▲ *Pryna fe!*

2 Rhaid i siopau wneud elw!

Os ydych chi'n gwerthu nwyddau cyfleus, gallwch wneud elw, hyd yn oed mewn pentref. Gall pobl leol alw heibio sawl gwaith yr wythnos.

Ond stori wahanol yw hi os ceisiwch werthu'r ffasiynau diweddaraf yno. Chewch chi ddim digon o gwsmeriaid. Bydd eich busnes yn methu.

Bydd angen i chi symud eich siop ddillad i rywle lle mae llawer o bobl yn siopa. Er enghraifft, i'r dref nesaf.

Gadewch i ni weld sut mae'r ffactorau hyn yn effeithio arnoch wrth i chi fynd i siopa!

48

NEWID Y FFORDD Y BYDDWN YN SIOPA

Eich tro chi

Yarnton
Poblogaeth 90.
Dim gwasanaethau.

Lipton
Poblogaeth 50 000.
Canolfan siopa fawr newydd.
Pob un o'r prif siopau cadwyn, gan gynnwys Gap a Benneton.
8 siop esgidiau.
2 siop chwaraeon.
Siopau sy'n gwerthu cryno-ddisgiau, recordiau, DVDs, cyfrifiaduron a gemau cyfrifiadur.
Sawl uwchfarchnad.

Willover
Poblogaeth 6000.
2 uwchfarchnad.
Fferyllfa.
Siop esgidiau.
2 siop ddillad.
3 siop bapur newydd.
Siop lyfrau.
Siop rhentu DVDs.

Dalton
Poblogaeth 350.
Siop bentref/swyddfa bost sy'n gwerthu bwydydd a melysion.

Clinton
Poblogaeth 1500.
Uwchfarchnad fach.
Siop sy'n gwerthu dillad a sgidiau ar gyfer cerdded yn yr awyr agored. Siop bapur newydd.

Empton
Poblogaeth 100.
Dim gwasanaethau.

Graddfa 1cm : 5km

Mynd i siopa

Eitem	Cost	Amlder – sawl gwaith y flwyddyn y byddaf yn ei phrynu	Math o nwydd	Ble byddaf yn ei brynu	Pellter a deithiwyd
Crys-T					
Creision					
Gel gwallt					

Edrychwch ar y map uchod. Yr ydych yn byw yn Empton – ac yn mynd i siopa!

1 Edrychwch ar y tabl a ddechreuwyd uchod. Mae'n dangos eitemau y gallech eu prynu o *leiaf unwaith y flwyddyn*.
   a Lluniwch eich tabl eich hun â'r un penawdau, a deg rhes i'w llenwi.
   b Yng ngholofn 1, rhowch enwau deg eitem. Ceisiwch roi cymysgedd o eitemau eithaf rhad a rhai drutach.
   c Nodwch gost pob eitem yng ngholofn 2. Os nad ydych yn siŵr, gofynnwch i ffrind, neu dyfalwch.
   ch Llenwch golofn 3.

2 a Eglurwch ystyr y termau hyn yn eich geiriau eich hun
   i nwyddau cyfleus   **ii** nwyddau cymhariaeth
   b Ar gyfer pob eitem yn eich tabl, nodwch y term cywir, *cyfleus* neu *cymhariaeth*, yng ngholofn 4.

3 Penderfynwch ble i fynd i siopa. Byddwch yn gwneud taith wahanol i brynu pob eitem unigol. (Yn wahanol i fywyd go-iawn!)
   a Cychwynnwch drwy ystyried yr eitem gyntaf ar eich rhestr. Ble ar y map y byddwch chi'n ei phrynu? (Efallai yr hoffech gael dewis da, ond nid ydych am dreulio gormod o amser, na gwario gormod o arian, yn teithio. Rhaid i chi dalu am y petrol!) Rhowch eich penderfyniad yng ngholofn 5.
   b Pa mor bell y byddwch yn teithio (*y ddwy ffordd*) i'w chael?
   Defnyddiwch ddull addas i fesur ar hyd y ffordd, o'ch dot yn Empton i ganol y lle, ac yna defnyddiwch y raddfa. Rhowch eich ateb yng ngholofn 6.
   c Gwnewch **a** a **b** eto ar gyfer yr eitemau eraill yn eich tabl.

4 Yna, gwnewch ddiagram gwasgariad. Byddwch yn plotio cost yr eitemau yn erbyn y pellter rydych yn barod i'w deithio.
   a Tynnwch yr echelinau fel yn yr enghraifft uchod.
   b Marciwch y croesau ar gyfer nwyddau cymhariaeth mewn un lliw, a nwyddau cyfleus mewn lliw arall.
   c Disgrifiwch unrhyw batrwm y sylwch arno, ac yna eglurwch ef.

5 a Edrychwch ar y map unwaith eto. Pam nad oes:
   i uwchfarchnad yn Dalton?
   ii siop rhentu DVDs yn Clinton?
   b Pam mae cymaint o siopau wedi agor yn Lipton?
   c Lluniwch reol gyffredinol sy'n cysylltu maint lle â nifer y siopau, a'r amrywiaeth ohonynt, ynddo.
   (Gallai ddechrau fel hyn: *Y mwyaf yw lle, y mwyaf …*)

6 Cylch dylanwad lle penodol yw'r ardal o'i gwmpas sy'n cael ei heffeithio ganddo. Er enghraifft, yr ardal y mae'r lle yn denu siopwyr ohoni.
   a Pa leoedd ar y map uchod, dybiwch chi, sydd yng nghylch dylanwad Lipton?
   b Pa rai sydd yng nghylch dylanwad Dalton?

49

4.2 Siopa y tu allan i'r dref: Bluewater

Yn yr uned hon byddwch yn dysgu am y ganolfan siopa y tu allan i'r dref fwyaf yn Ewrop, ac yn ymchwilio i'w heffaith.

Bluewater – nefoedd i siopwyr?

Mae angen i siopau fod mewn man ble gall llawer o gwsmeriaid eu cyrraedd yn hwylus. Felly, gan fod mwy a mwy o deuluoedd yn berchen ar gar, cafodd rhywun syniad: codi canolfannau siopau y tu allan i'r dref!

Mae'r lluniau'n dangos Bluewater, canolfan siopa y tu allan i'r dref yng Nghaint. Hi yw'r un fwyaf yn Ewrop. Agorodd ym 1999.

Pethau y gallwch chi eu gwneud yno
- siopa, wrth gwrs!
- bwyta ac yfed
- mynd i'r sinema
- mynd ar gwch a beicio
- chwarae yn y stadiwm chwaraeon bychan
- coginio, darllen, neu chwarae ar gyfrifiadur
- trafod eich problemau â chynorthwyydd
- cael cymorth gyda'ch gwaith cartref

Y tu allan
- chwe llyn wedi'u creu
- parciau i gerdded ynddynt
- gardd ddŵr
- parcio i 13 000 o geir

Ffeil ffeithiau Bluewater
- Costiodd £350 miliwn i'w chodi.
- Mae'n cyflogi rhyw 7000 o bobl.
- Bydd o leiaf un llond bws o siopwyr yn cyrraedd bob munud.

Y tu mewn
- dros 320 o siopau o safon
- dros 40 lle i fwyta ac yfed
- sinema â 13 sgrin

Cynt
- Codwyd Bluewater ar safle hen chwarel sialc.

NEWID Y FFORDD Y BYDDWN YN SIOPA

Bluewater ar y map

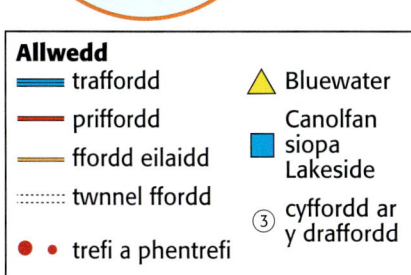

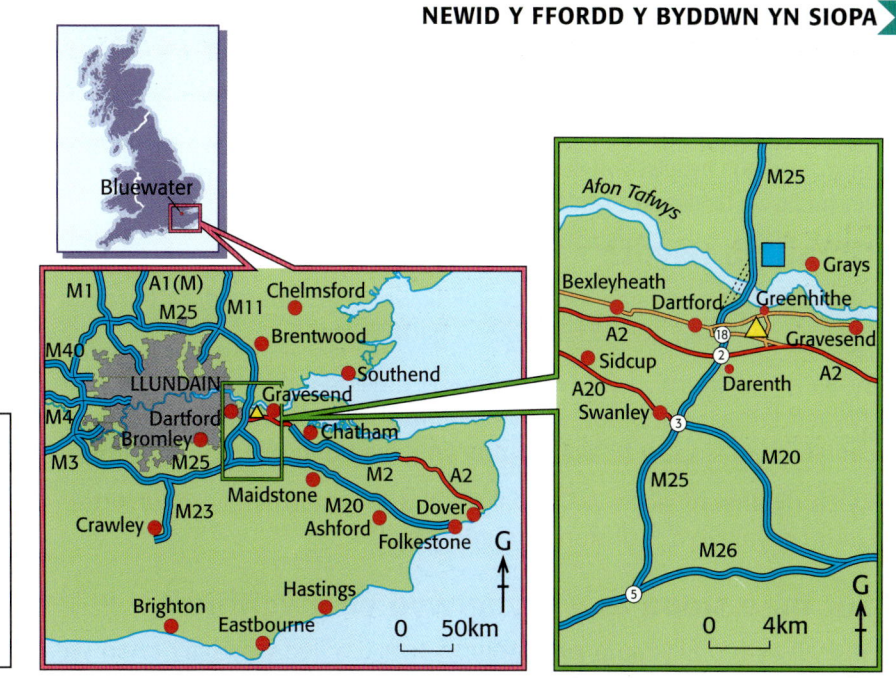

Wyddech chi?
- Mae un o bob pump o bobl Prydain yn byw o fewn taith awr mewn car i Bluewater!

Allwedd
- ▬▬ traffordd
- ▬▬ priffordd
- ▬▬ ffordd eilaidd
- ······ twnnel ffordd
- • • trefi a phentrefi
- ▲ Bluewater
- ■ Canolfan siopa Lakeside
- ③ cyffordd ar y drafffordd

A oes rhagor?

Mae 11 o ganolfannau anferth tebyg i Bluewater yn y DU.

Yr enw ar eu perchnogion yw **datblygwyr** – cwmnïau sy'n prynu tir, yn codi adeiladau arno ac yna'n eu rhentu allan.

Erbyn hyn, mae'r llywodraeth yn poeni am eu heffaith ar drefi cyfagos, ac ar drafnidiaeth. Nid yw'n caniatáu i ragor gael eu codi.

▶ *Llyn y cychod yn Bluewater.*

Eich tro chi

1. Fyddech *chi* yn mwynhau diwrnod yn Bluewater? Rhowch eich rhesymau.

2. **a** Codwyd Bluewater gan *ddatblygwyr*. Beth yw datblygwyr?
   b Edrychwch ar y lluniau a'r mapiau o Bluewater. Pam y dewisodd y datblygwyr godi Bluewater ar y safle hwn? Meddyliwch am o leiaf dri rheswm.
   c Pam na wnaethant godi Bluewater yn Llundain?

3. Bydd pob datblygiad newydd yn effeithio ar ardal. Bydd rhai pobl ar eu hennill, a rhai'n colli. Edrychwch ar y mapiau. Sut, yn eich barn chi, bydd Bluewater wedi effeithio ar y rhain:
   a siop fach sy'n gwerthu dillad yn Gravesend?
   b siopau yng nghanol Llundain?
   c canolfan siopa Lakeside?
   ch siop goffi yng ngorsaf reilffordd Greenhithe?
   d siop bapur newydd fach yn Darenth?
   dd traffig ar yr A2 a'r M25?
   Rhowch resymau dros eich atebion.

4. Rydych yn gweithio i'r datblygwyr. Lluniwch daflen i'w rhoi i bobl leol i ddweud sut mae Bluewater yn helpu'r ardal. (Peidiwch ag anghofio swyddi, a'r olwg a oedd ar y safle cynt.) Rhowch deitl bachog i'ch taflen.

5. Rydych yn byw mewn tref ger Bluewater, sef Bexleyheath.
   Mae'r siopau yno wedi colli cwsmeriaid i Bluewater. Mae arnynt eisiau i chi eu hachub!
   a Meddyliwch am ffyrdd o ddenu siopwyr yn ôl i'r dref.
   b Yna, lluniwch araith i'w gwneud i siambr fasnach y dref i gyflwyno'ch syniadau.

51

4.3 Siopa ar y rhyngrwyd

Yn yr uned hon byddwch yn dysgu sut mae siopa ar y rhyngrwyd yn gweithio – ac yn ymchwilio i'w fanteision a'i anfanteision i wahanol grwpiau o bobl.

Gorau po fwyaf?

Gan fod angen i siopau fod lle y gall llawer o gwsmeriaid eu cyrraedd yn hwylus, pam nad ewch chi â'r siop i gartrefi pobl!

Siopa ar y rhyngrwyd yw'r newid mawr diweddaraf ym myd siopa. I'w gyrraedd, rhaid i bobl fod â chyfrifiaduron – yn union fel y bydd canolfannau siopa y tu allan i'r dref yn dibynnu ar allu pobl i deithio.

Cylch dylanwad siopa yw'r ardal y gall dynnu cwsmeriaid oddi wrthi. Drwy'r rhyngrwyd, gall siop gyrraedd y byd!

▲ *Ac fe gawn ni dri o'r rheiny, diolch!*

Sut mae siopa ar y rhyngrwyd yn gweithio?

Rhwydwaith o filiynau o gyfrifiaduron ar hyd a lled y byd, a'r cyfan wedi'u cysylltu â'i gilydd, yw'r rhyngrwyd. Meddyliwyd am y syniad hwn gyntaf gan Americanwr ym 1962. Neges rhwng gwyddonwyr mewn dwy brifysgol yn America ym 1969 oedd yr un gyntaf yn y byd i'w hanfon dros y rhyngrwyd.

Heddiw, byddwch yn cysylltu'ch cyfrifiadur â'r rhwydwaith gan ddefnyddio llinell ffôn.

Os hoffech brynu llyfr oddi wrth gwmni o'r enw Bookworm yn America, dyma'r broses:

Allwedd
- ○ cyfrifiaduron mewn cartrefi, ysgolion a swyddfeydd
- ● cyfrifiaduron mawr sy'n cael eu rhedeg gan gwmnïau o'r enw **darparwyr gwasanaethau**. Nhw sy'n anfon negeseuon ar hyd y rhyngrwyd.
- ▬ y llwybr y gallai eich archeb ei gymryd
- ▬ cysylltiadau rhwng cyfrifiaduron

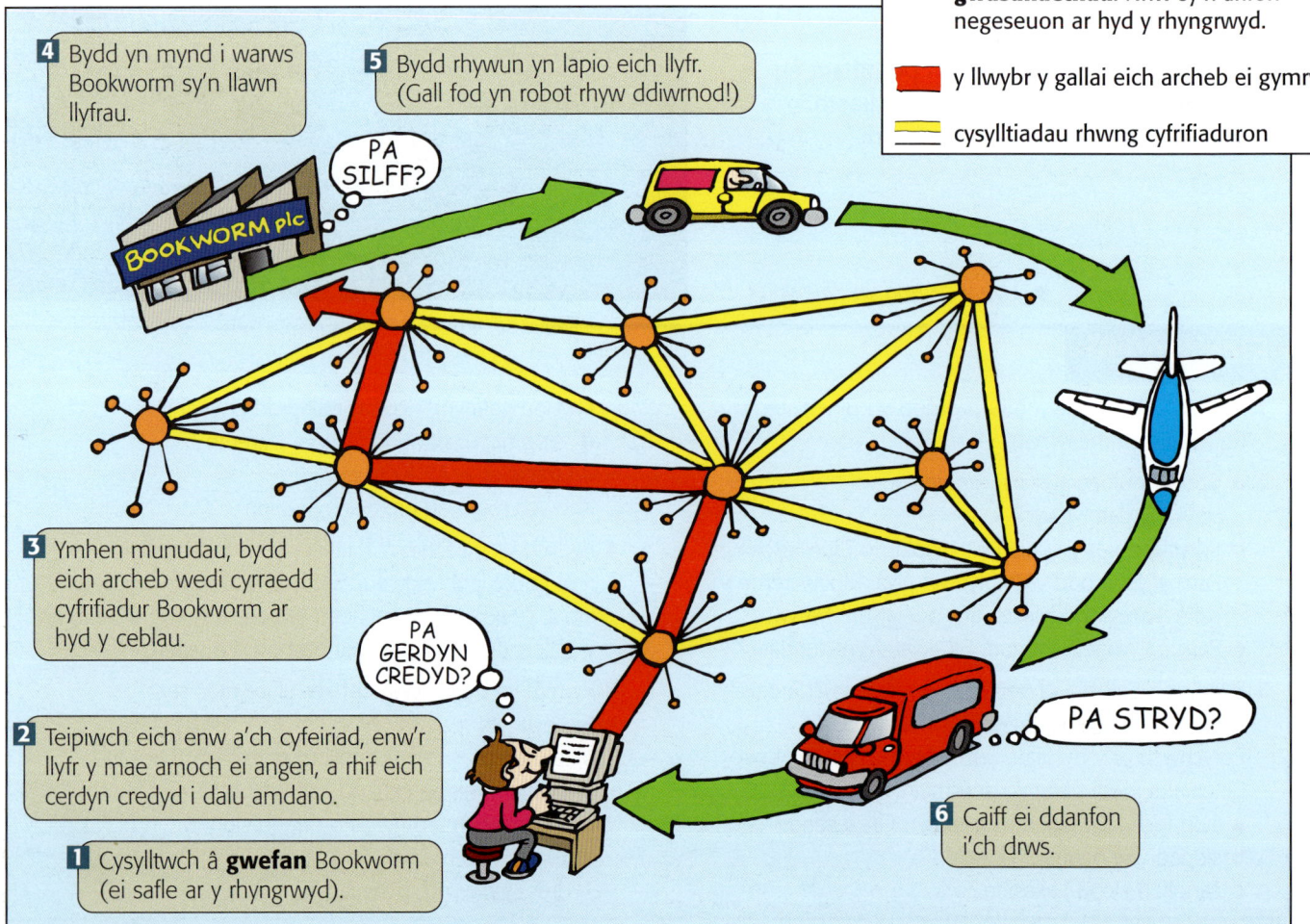

1 Cysylltwch â **gwefan** Bookworm (ei safle ar y rhyngrwyd).

2 Teipiwch eich enw a'ch cyfeiriad, enw'r llyfr y mae arnoch ei angen, a rhif eich cerdyn credyd i dalu amdano.

3 Ymhen munudau, bydd eich archeb wedi cyrraedd cyfrifiadur Bookworm ar hyd y ceblau.

4 Bydd yn mynd i warws Bookworm sy'n llawn llyfrau.

5 Bydd rhywun yn lapio eich llyfr. (Gall fod yn robot rhyw ddiwrnod!)

6 Caiff ei ddanfon i'ch drws.

52

NEWID Y FFORDD Y BYDDWN YN SIOPA

Pa bethau eraill y gallwch chi eu prynu?

Nid llyfrau'n unig. Gallwch brynu bron popeth dros y rhyngrwyd o unrhyw fan yn y byd, gan gynnwys:

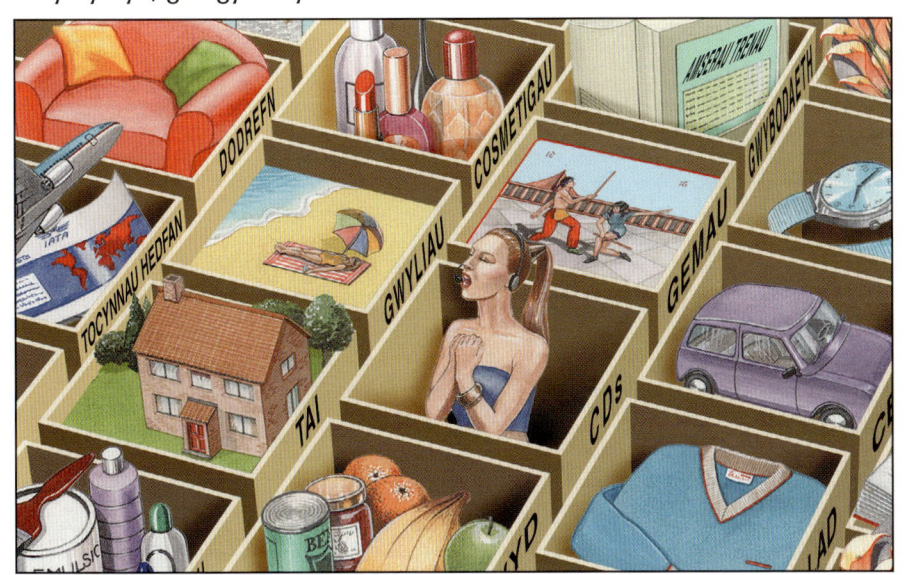

▲ A bydd yn cyrraedd eich drws.

Eich tro chi

1 Eglurwch yn eich geiriau eich hun beth yw'r *rhyngrwyd*.

2 Beth ddywedech chi yw'r *prif* wahaniaeth rhwng siopa ar y rhyngrwyd a siopa cyffredin:
   a i'r siopwr?
   b i'r cwmni sy'n gwerthu'r nwyddau?

3 Edrychwch ar bob eitem yn y rhestr isod. A fyddech chi'n fodlon ei phrynu dros y rhyngrwyd? Rhowch resymau.
   a gêm cyfrifiadur
   b jîns dylunydd
   c cyflenwad wythnos o fwyd
   ch tŷ newydd
   d pecyn o greision

4 Fe hoffech chi sefydlu asiantaeth deithio newydd. Dyma'ch dewis:

   A   B
   rhentu siop yng   creu gwefan a gwerthu
   nghanol y ddinas,   tocynnau a theithiau
   a'i haddurno   dros y rhyngrwyd

   a Pa un fyddai'n costio leiaf i'w redeg? Pam?
   b Pa un fyddai'n rhoi'r cylch dylanwad mwyaf i chi? Pa mor fawr y gallai'r cylch dylanwad hwnnw fod?
   c Pa un fyddai'n fodd i chi werthu tocynnau am y pris isaf? Pam?

5 Bob dydd, bydd mwy a mwy o bobl yn mynd i siopa ar y rhyngrwyd.

Sut, yn eich barn chi, bydd hyn yn effeithio ar y rhain:
   a y siop gornel leol?
   b asiant teithio yn y dref?
   c canolfan siopa y tu allan i'r dref fel Bluewater?
   ch llygredd aer?
   d nifer y swyddi mewn siopau?
   dd cwmnïau sy'n dosbarthu parseli?

6 Eglurwch pam y gallai siopa dros y rhyngrwyd wneud bywyd yn haws i'r rhain:
   a rhywun sy'n byw mewn ardal wledig
   b person anabl
   c mam â phlant ifanc
   ch rhywun sy'n gweithio oriau hir iawn.

7 Dychmygwch ddyfodol lle caiff pob siopa ei wneud dros y rhyngrwyd.
   a Pa effaith, dybiwch chi, a gâi hyn:
      i ar ganol ein trefi? ii ar fwynhad pobl o fywyd?
   b Ydych chi'n meddwl y byddai'r newid hwn yn *gynaliadwy*? (Chwiliwch yn yr eirfa?) Rhowch eich rhesymau.

53

5 Edrych ar Brydain

Y darlun mawr

Pennod am Brydain – lle rydych chi'n byw – yw hon. Dyma brif syniadau'r bennod:

◆ Mae Prydain wedi'i siapio a'i newid gan brosesau naturiol a dynol. Mae hynny'n dal i ddigwydd heddiw.
◆ Rydym yn credu fod pobl wedi dechrau ymgartrefu yma tua 10 000 o flynyddoedd yn ôl ar ôl i'r iâ ymdoddi ar ddiwedd yr Oes Iâ.
◆ Erbyn hyn, rydym ni wedi ymledu i bob rhan o Brydain gan ei ffermio, ei mwyngloddio ac adeiladu arni.
◆ Rydym ni wedi ei rhannu yn wahanol wledydd a rhanbarthau fel darnau jigso.
◆ Mae'n llawn cyferbyniadau. Mae rhai rhannau'n oerach ac yn wlypach na'i gilydd. Mae rhai'n fwy poblog. Mae rhai'n fwy cyfoethog.

Erbyn diwedd y bennod hon …

Erbyn diwedd y bennod hon dylech allu ateb y cwestiynau hyn:
◆ Pa wledydd a chenhedloedd sydd yn rhan o Ynysoedd Prydain?
◆ Beth yw prif nodweddion ffisegol Prydain?
◆ Pa fath o hinsawdd sydd gennym ni ym Mhrydain?
◆ Disgynyddion pwy yw pobl Prydain?
◆ Pa rannau o Brydain yw'r rhai mwyaf poblog? A'r rhai lleiaf poblog?
◆ Beth yw ystyr y termau hyn?

   ardal drefol   ardal wledig   dwysedd poblogaeth

◆ Pa rai yw'r deg dinas fwyaf yn y DU, a ble maen nhw?
◆ Pa fathau o waith y mae pobl yn y DU yn eu gwneud?
◆ Beth yw ystyr y termau hyn?

   *gweithgaredd economaidd   y sector cynradd   y sector eilaidd
   y sector trydyddol   gwasanaethau   gweithgynhyrchu   diwydiant*

◆ Pa rannau o Brydain yw'r rhai cyfoethocaf, a pha rai yw'r rhai tlotaf?

Felly …

Pan orffennwch chi'r bennod, dewch yn ôl i'r dudalen hon i weld a ydych wedi ateb y cwestiynau uchod!

Eich man cychwyn

Mae tudalen 54 yn dangos yr ynysoedd rydych chi'n byw arnynt.

Allwch chi bwyntio at y lle rydych chi'n byw ynddo?

Beth mae'r llinellau coch yn ei ddangos? A pham y mae un ohonynt yn fwy trwchus?

Ble mae'r mynyddoedd uchaf? A ble mae'r tir mwyaf gwastad?

Beth yw enwau'r moroedd o amgylch yr ynysoedd?

Allwedd
- mynyddoedd
- bryniau
- eithaf gwastad

Wyddech chi?
◆ Ar un adeg, roedd rhinoserosiaid, eliffantod a llewod gwyllt yn byw ym Mhrydain.

Wyddech chi?
◆ Roedd gan Brydain lawer o losgfynyddoedd filiynau o flynyddoedd yn ôl.
◆ Gallwch weld craig folcanig mewn rhai lleoedd o hyd.

Wyddech chi?
◆ Roedd Ynysoedd Prydain yn arfer bod ynghlwm wrth weddill Ewrop.
◆ Ond cododd y moroedd a bu llifogydd ryw 8000 o flynyddoedd yn ôl, a'u gwahanu.

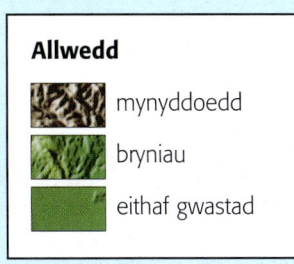

5.1 Yr ynysoedd sy'n gartref ichi

Yn yr uned hon byddwch yn dysgu am y grymoedd sydd wedi siapio Ynysoedd Prydain – ac am brif nodweddion ffisegol Prydain.

Newid llwyr!

Nid yw Prydain wedi bod yn ynysoedd ar hyd yr amser, nac wedi bod yn yr un lleoliad!

Ar un adeg, roedd Ynysoedd Prydain ar y cyhydedd, yn rhan o gyfandir enfawr. Pan chwalodd hwnnw, fe ddrifftion nhw tua'r gogledd fel rhan o Ewrop.

Wrth ddrifftio am filoedd o flynyddoedd fe newidion nhw lawer iawn. Cawsant eu troi yn ddiffeithdir. Cawsant eu rhewi mewn iâ. Cawsant eu boddi gan y môr. Cawsant ddaeargrynfeydd ac echdoriadau. Cawsant eu gwthio a'u gwasgu tan i fynyddoedd dyfu. Ac yna fe gollon nhw gysylltiad â gweddill Ewrop!

A dyma Ynysoedd Prydain heddiw. Maent wedi'u siapio gan yr holl newidiadau hynny – ac yn dal i newid.

Yn olaf, mae ein tir hefyd yn cael ei siapio a'i newid gan bobl! Er nad ydym wedi bod yma'n hir iawn, rydym wedi gwneud gwahaniaeth enfawr.

Prif achos y newidiadau oedd y ceryntau grymus y tu mewn i'r Ddaear. Mae'r rheiny'n llusgo slabiau o gramen y Ddaear ar hyd y lle gan achosi daeargrynfeydd ac echdoriadau, a gwthio creigiau i fyny i ffurfio mynyddoedd.

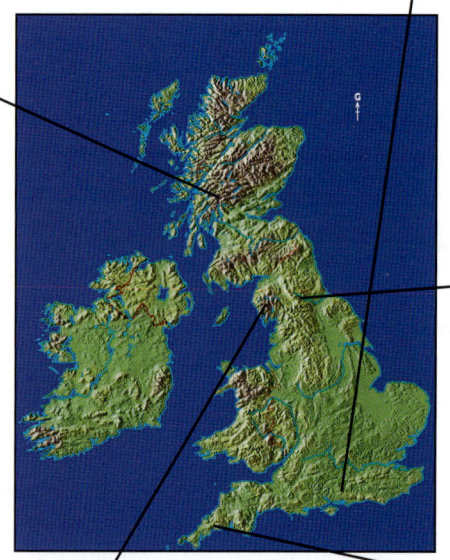

Afonydd, gwynt, aer, glaw – helpodd pob un o'r rheiny i siapio'n tir, ac maent yn dal i wneud hynny. Mae'r afon hon wrthi'n brysur yn creu dyffryn ar ffurf-V.

Chwaraeodd iâ ran fawr hefyd. Yn ystod yr Oesoedd Iâ, sgrafellodd rhewlifoedd ddyffrynnoedd ffurf-U anferth ym Mhrydain. Gallwch ddal i'w gweld nhw heddiw.

Cafodd y tir ei foddi gan y môr dro ar ôl tro gan ollwng gwaddodion ac fe ymffurfiodd craig newydd. Trodd hynny'r tir yn ynysoedd. Mae'r môr yn dal wrthi'n newid siâp yr arfordir.

Wyddech chi?

- Mae'r ceryntau y tu mewn i'r Ddaear yn dal i fod ar waith.
- Felly, ymhen 100 miliwn o flynyddoedd, bydd Ynysoedd Prydain yn rhywle arall!

EDRYCH AR BRYDAIN

▲ Cewch leoedd fel hyn yn y DU …

▲ … a lleoedd fel hyn.

Eich tro chi

1 Mae'r map hwn yn dangos y mynyddoedd a gafodd eu ffurfio pan wasgwyd y graig tuag i fyny, a rhai o nodweddion eraill Ynysoedd Prydain.

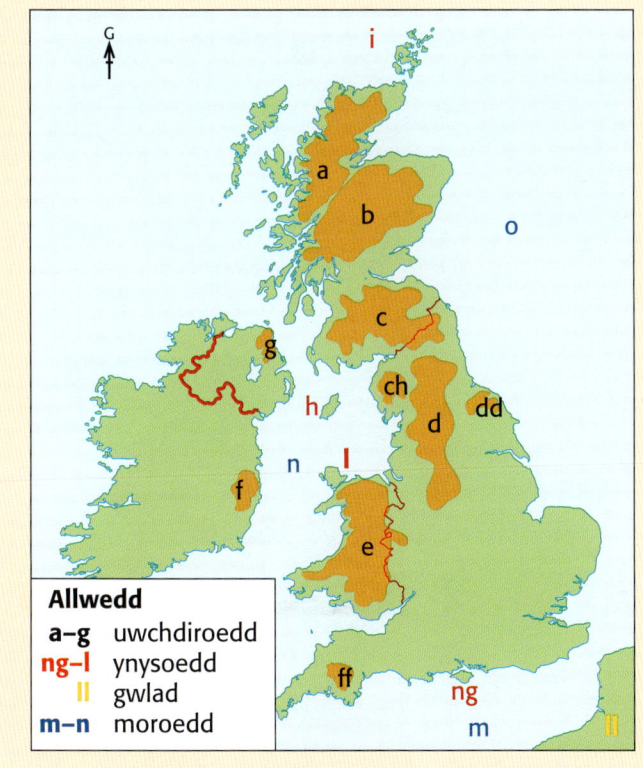

Allwedd
- **a–g** uwchdiroedd
- **ng–l** ynysoedd
- **ll** gwlad
- **m–n** moroedd

Eich tasg gyntaf yw enwi pob lle a nodwedd sydd wedi'u marcio ar y map. Bydd tudalen 127 yn eich helpu. Dechreuwch eich ateb fel hyn: a = _____

2 Mae miloedd o afonydd ym Mhrydain, a phob un yn brysur yn siapio'r tir. Edrychwch i weld a allwch chi ddweud pa rai ydynt. (Bydd tudalen 127 yn eich helpu.)
   - **A** Dyma'r afon hiraf ym Mhrydain. Mae'n tarddu yng Nghymru.
   - **B** Hon sy'n llifo heibio i Dŷ'r Cyffredin a Thŷ'r Arglwyddi.
   - **C** Ar lannau'r afon hon mae Stoke-on-Trent.
   - **CH** Ar lannau hon mae Newcastle.
   - **D** Hon sy'n rhedeg ar hyd rhan o'r ffin rhwng Lloegr a'r Alban.
   - **DD** A gafodd Aberdeen ran o'i henw o hon?
   - **E** Mae hon yn llifo i'r Wash, ar Fôr y Gogledd.

3 Tynnwyd y ffotograffau uchod yn A a B ar y map hwn.
   - **a** Pa ffotograff a dynnwyd ym mha le? Eglurwch eich dewis.
   - **b** Cafodd y ddau le eu siapio gan natur.
      - **i** Pa un sydd hefyd yn dangos arwyddion iddo gael ei siapio gan bobl?
      - **ii** Sut olwg, dybiwch chi, a all fod wedi bod arno cyn i bobl gyrraedd?
   - **c** Ysgrifennwch baragraff gan gymharu'r ddau le. Dywedwch beth sy'n debyg ac yn wahanol ynddynt.

4 Rydych chi'n byw ar ynys. Ydych chi'n meddwl bod hynny'n beth da? Rhestrwch fanteision byw ar ynys, ac yna rhestrwch yr anfanteision.

5 Yn olaf, ysgrifennwch baragraff sy'n dweud ble mae Ynysoedd Prydain ar y Ddaear ar hyn o bryd. Dylech gynnwys y termau hyn:

   y cyhydedd   cefnfor   cyfandir   Cylch Arctig

5.2 Dyna jigso!

Yn yr uned hon byddwch chi'n gweld sut yr ydym ni fel pobl wedi rhannu Ynysoedd Prydain.

Ffurfio ffiniau

Cymer honna. *Aaw!*

8000 o flynyddoedd yn ôl, doedd dim ffiniau ar yr ynysoedd hyn – am nad oedd fawr o neb yn byw yma.

Ond o dipyn i beth cyrhaeddodd gwahanol lwythau. Byddent yn ymladd dros bethau fel tir, masnach a chrefydd.

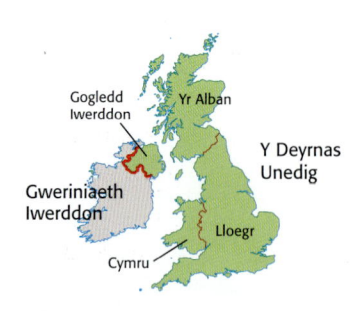

Yn y pen draw, cafodd tir Ynysoedd Prydain ei rannu trwy greu ffiniau. Mae'r ffiniau hyn yn dal i achosi problemau heddiw!

Dechrau yn unig yw hynny!

Fel mae'r map olaf uchod yn dangos, mae Ynysoedd Prydain yn cynnwys **nifer o wledydd** a nifer o'r rheiny yn eu tro yn rhan o'r Deyrnas Unedig (DU).

Mae'r DU yn cynnwys Cymru, yr Alban, Gogledd Iwerddon a Lloegr. Ond mae'r jigso yn fwy cymhleth na hynny. Mae Lloegr e.e. wedi ei rannu yn **rhanbarthau** fel y gwelwch ar fap A isod:

A

B

Yn eu tro, mae'r rhanbarthau hynny wedi'u rhannu'n ddarnau llai byth, fel y gwelwch chi ar fap B.

Siroedd sydd gennym ni yng Nghymru. Mae rhannu'r cyfan yn ei gwneud hi'n haws rheoli gwasanaethau fel addysg ac iechyd.

58

EDRYCH AR BRYDAIN

Cofiwch!

Ynysoedd Prydain

Y Deyrnas Unedig

Prydain Fawr (neu 'Prydain' yn unig)

Rhai ffeithiau am Ynysoedd Prydain

		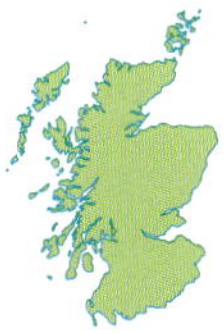			
Arwynebedd (cilometrau sgwâr)	130 400	77 100	20 800	14 200	70 300
Poblogaeth (miliynau)	49.2	5.1	2.9	1.7	3.9

Blwch Ffeithiau

1171: Harri II, brenin Lloegr, yn goresgyn Iwerddon.

1536: Harri VIII yn uno Cymru a Lloegr yn swyddogol.

1801: Iwerddon yn dod yn rhan o 'Deyrnas Unedig Prydain Fawr ac Iwerddon'.

1100: Cymru, Lloegr, yr Alban ac Iwerddon yn wledydd ar wahân.

1707: Cymru, Lloegr a'r Alban yn troi'n 'Prydain Fawr' yn swyddogol.

1922: Gweriniaeth Iwerddon yn ennill ei hannibyniaeth.

1276: Edward I, brenin Lloegr, yn goresgyn Cymru.

Heddiw: Cymru, Lloegr, yr Alban a Gogledd Iwerddon yn dal yn unedig fel y DU.

Eich tro chi

1 Mae Ynysoedd Prydain wedi'i rhannu fel jigso yn ddarnau llai a llai.
Mae Walter yn byw ym mhob un o'r darnau hyn o'r jigso:

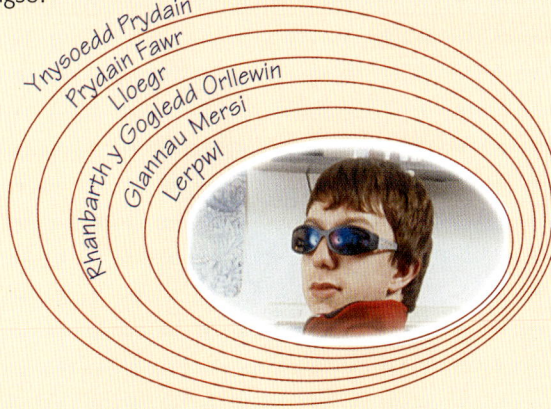

Ynysoedd Prydain
Prydain Fawr
Lloegr
Rhanbarth y Gogledd Orllewin
Glannau Mersi
Lerpwl

Gwnewch yr un peth i ddangos ble'r ydych *chi* yn byw. Efallai y bydd angen i chi ofyn i'ch athro neu'ch athrawes am help.

2 Cymharwch y ddau fap ar dudalen 58.
Enwch dri 'darn o'r jigso' yn y rhannau hyn o Loegr:
   a rhanbarth y Dwyrain   **b** y De Orllewin
   c Gorllewin y Canolbarth   **ch** y Gogledd Orllewin
   d Dwyrain y Canolbarth

3 Ym mha ranbarth yn Lloegr y mae:
   a Rhydychen?   **b** Suffolk?   **c** Bryste?

4 a Gwnewch eich copi eich hun o'r tabl hwn. (Gwnewch fraslun o'r mapiau.)

	Prydain Fawr 	Y Deyrnas Unedig 	Ynysoedd Prydain 
Poblogaeth (miliynau)			
Arwynebedd (____)			

   b Lliwiwch y rhannau cywir o bob map.
   c Gan ddefnyddio'r tabl ar dop y dudalen, cyfrifwch faint poblogaeth ac arwynebedd y rhannau a liwiwyd.
   ch Rhowch deitl addas i'ch tabl.

5 Yn y Blwch Ffeithiau uchod mae rhai dyddiadau arwyddocaol yn hanes gwledydd Ynysoedd Prydain.
Tynnwch linell amser ar gyfer y dyddiadau yn y Blwch Ffeithiau, o 1100 hyd heddiw. (Cewch enghraifft o linell amser yng nghwestiwn **2** ar dudalen 63.)
Gallech ddarlunio eich llinell amser â mapiau neu faneri bach neu symbolau eraill. Rhowch deitl addas iddi.

5.3 Pa fath o hinsawdd sydd gennym?

Yn yr uned hon byddwch yn dysgu'r gwahaniaeth rhwng tywydd a hinsawdd – a sut mae'r hinsawdd yn amrywio o le i le yn y DU.

Tywydd a hinsawdd

Ystyr **tywydd** yw cyflwr yr atmosffer. Ydy hi'n gynnes? yn wlyb? yn wyntog? Bydd yn newid o ddydd i ddydd.

Edrychwch ar y map hwn o'r tywydd. Drwy ddarllen yr allwedd, gallwch ddweud y canlynol am y tywydd yn ardal A ar y diwrnod hwnnw:

- roedd hi'n eithaf cymylog a gwlyb, ond roedd peth heulwen.
- tua 6 °C oedd y tymheredd.
- roedd y gwynt yn chwythu o'r de-orllewin.
- roedd y gwynt yn eithaf cryf (tua 38 milltir yr awr).

Mae **hinsawdd** yn wahanol i'r tywydd. Mae'n golygu sut mae'r tywydd *fel arfer*. Caiff ei gyfrifo drwy fesur y tywydd dros flynyddoedd lawer, a chyfrifo'r cyfartaledd.

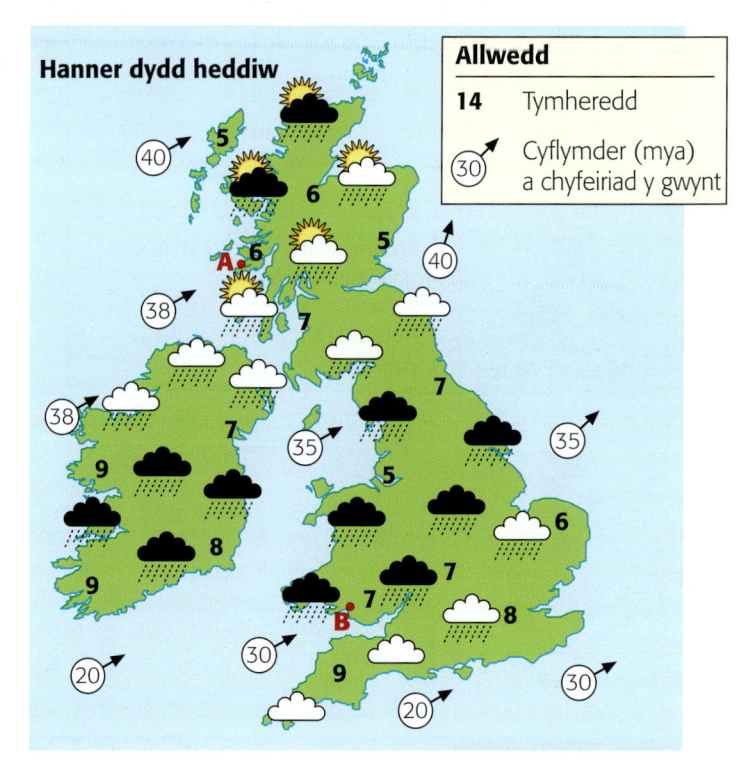

Hanner dydd heddiw

Allwedd
14 Tymheredd
30 Cyflymder (mya) a chyfeiriad y gwynt

Pa rannau yw'r rhai poethaf? oeraf?

Dyma ddau fap o'r hinsawdd. Maent yn dangos *cyfartaledd* y tymereddau yn yr haf a'r gaeaf. **Isothermau** yw'r llinellau tonnog. Mae gan bobman ar hyd isotherm yr un tymheredd cyfartalog. (Ystyr *iso-* yw *yr un peth*).

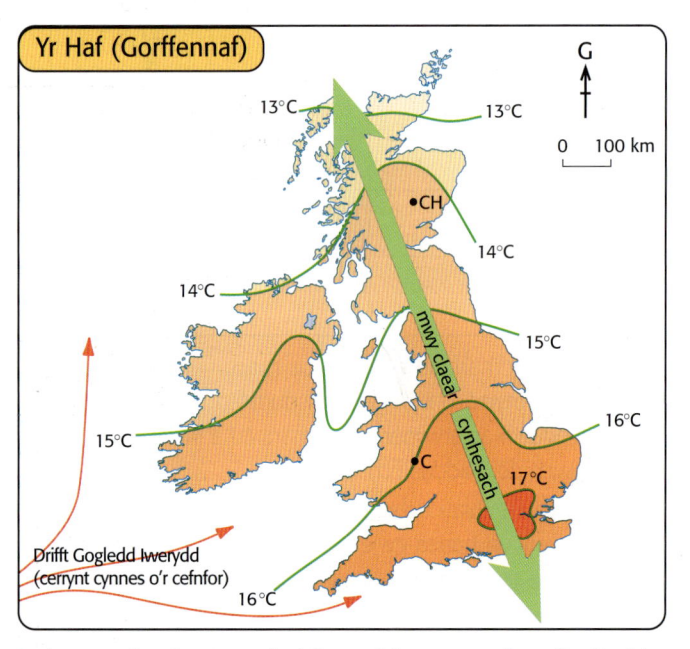

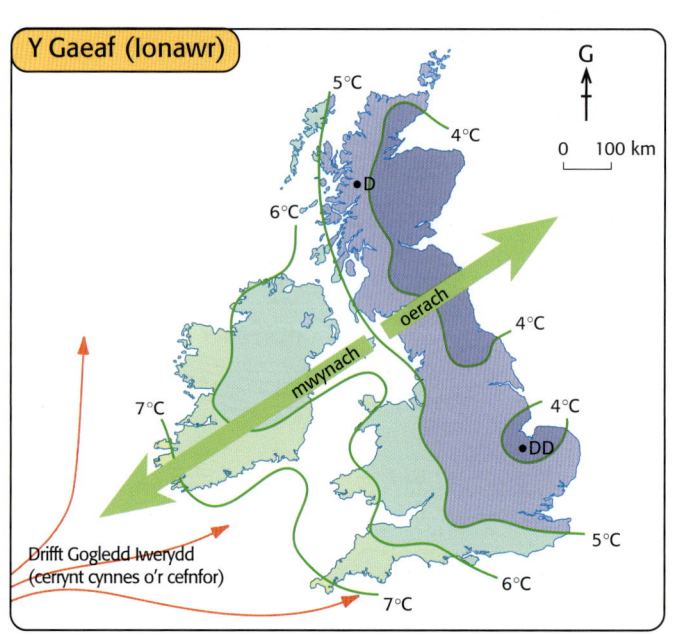

Yr Haf (Gorffennaf)

Y Gaeaf (Ionawr)

Fel y gwelwch, mae rhai lleoedd yn oerach na'i gilydd. Ar y cyfan:

- Mae'n oerach yn y gogledd, am ei bod hi'n bellach oddi wrth y cyhydedd.
- Mae hi hefyd yn oerach ar dir uchel. Wrth i chi ddringo mynydd, bydd y tymheredd yn gostwng.
- Ond yn y gaeaf, bydd cerrynt cynnes o'r cefnfor, o'r enw'r **Drifft Gogledd Iwerydd**, yn cynhesu arfordir y gorllewin. Felly, arfordir y dwyrain yw'r rhan oeraf yn y gaeaf.

EDRYCH AR BRYDAIN

Pa rannau yw'r rhai gwlypaf?

Ar y dde, mae map arall o'r hinsawdd. Mae'n dangos y glawiad cyfartalog mewn blwyddyn ar hyd a lled Prydain. Fel y gwelwch, caiff rhai rhannau lawer mwy o law na'i gilydd.

Fel arfer, y rhannau uchaf yw'r rhai gwlypaf. Dyma pam:

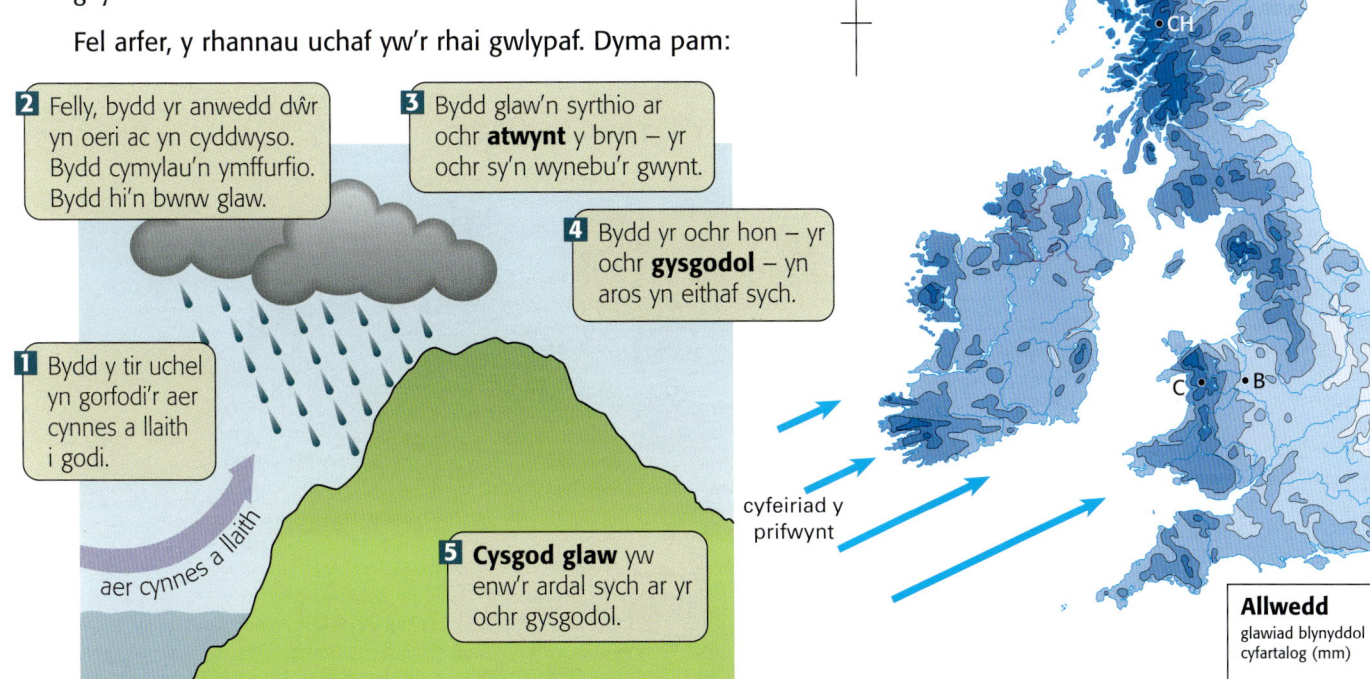

Glawiad blynyddol cyfartalog

1 Bydd y tir uchel yn gorfodi'r aer cynnes a llaith i godi.

2 Felly, bydd yr anwedd dŵr yn oeri ac yn cyddwyso. Bydd cymylau'n ymffurfio. Bydd hi'n bwrw glaw.

3 Bydd glaw'n syrthio ar ochr **atwynt** y bryn – yr ochr sy'n wynebu'r gwynt.

4 Bydd yr ochr hon – yr ochr **gysgodol** – yn aros yn eithaf sych.

5 **Cysgod glaw** yw enw'r ardal sych ar yr ochr gysgodol.

aer cynnes a llaith

cyfeiriad y prifwynt

Allwedd
glawiad blynyddol cyfartalog (mm)

mm
2400
1800
1200
800
600

Eich tro chi

1 Edrychwch ar fap y tywydd ar dudalen 60.
   Chwiliwch am B.
   Rhowch ddisgrifiad mor llawn ag y gallwch chi o'r tywydd yno y diwrnod hwnnw.

2 Edrychwch ar y map cyntaf ar waelod tudalen 60.
   a Beth yw'r tymheredd yn C?
   b Pa un o'r canlynol yw'r tymheredd yn CH?
      15 °C   14 °C   rhwng 14 °C a 15 °C
   c Pam mae C yn gynhesach nag CH?

3 Edrychwch yn awr ar yr ail fap.
   a Beth yw'r tymheredd yn D?
   b Beth yw'r tymheredd yn DD?
   c Pam mae D yn gynhesach nag DD, er ei fod ymhellach i'r gogledd?

4 Edrychwch ar y map glawiad uchod.
   Mae pedwar lle wedi'u marcio arno: A, B, C ac CH.
   a Pa un yw'r gwlypaf?
   b Pa un yw'r sychaf?
   c Ar gyfartaledd, caiff un ohonynt 2000 mm o law y flwyddyn. Pa un?
   ch Ar gyfartaledd, caiff un ohonynt 500 mm o law y flwyddyn. Pa un?

5 Pam mae mynyddoedd yn helpu glaw i ymffurfio?

6 a Beth yw *prifwyntoedd*?
   b Bydd y prifwyntoedd yn y DU yn cludo llawer o wlybaniaeth. Pam? (Meddyliwch am y cyfeiriad y byddant yn dod ohono. Bydd y map ar dudalennau 128-129 yn eich helpu.)

7 a Ar y cyfan, pa ochr o Brydain yw'r wlypaf? Ceisiwch egluro pam? (Tudalen 54?)
   b Eglurwch pam y caiff B lawer llai o law nag C.

8 A dyma grynhoi'r hyn rydych wedi'i ddysgu. Ar y map hwn mae Ynysoedd Prydain wedi eu rhannu'n bedwar rhanbarth hinsoddol.
   a Gwnewch gopi mwy, a symlach, o'r map.
   b Lliwiwch y tir ym mhob rhanbarth mewn lliw gwahanol.
   c Yna, ychwanegwch y pedwar label hyn at eu rhanbarthau cywir.

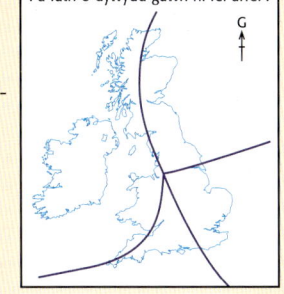

Pa fath o dywydd gawn ni fel arfer?

hafau cynnes, gaeafau mwyn, heb fod mor wlyb

hafau cynnes, gaeafau oer, sych

hafau mwyn, gaeafau mwyn, gwlyb

hafau mwyn, gaeafau oer, heb fod mor wlyb

61

5.4 Pwy ydym ni?

Yn yr uned hon cewch wybod sut mae mewnfudwyr wedi symud i Brydain ar hyd yr oesoedd.

Yr orymdaith faith

Mewnfudwr yw rhywun sy'n symud i fyw mewn gwlad arall. 10 000 o flynyddoedd yn ôl, doedd neb yn byw yma. Felly, mae holl bobl Prydain yn ddisgynyddion i fewnfudwyr – hyd yn oed chi a'ch ffrindiau!

Mae pobl o bob rhan o'r byd wedi symud i Brydain, fel mae'r llun hwn yn dangos:

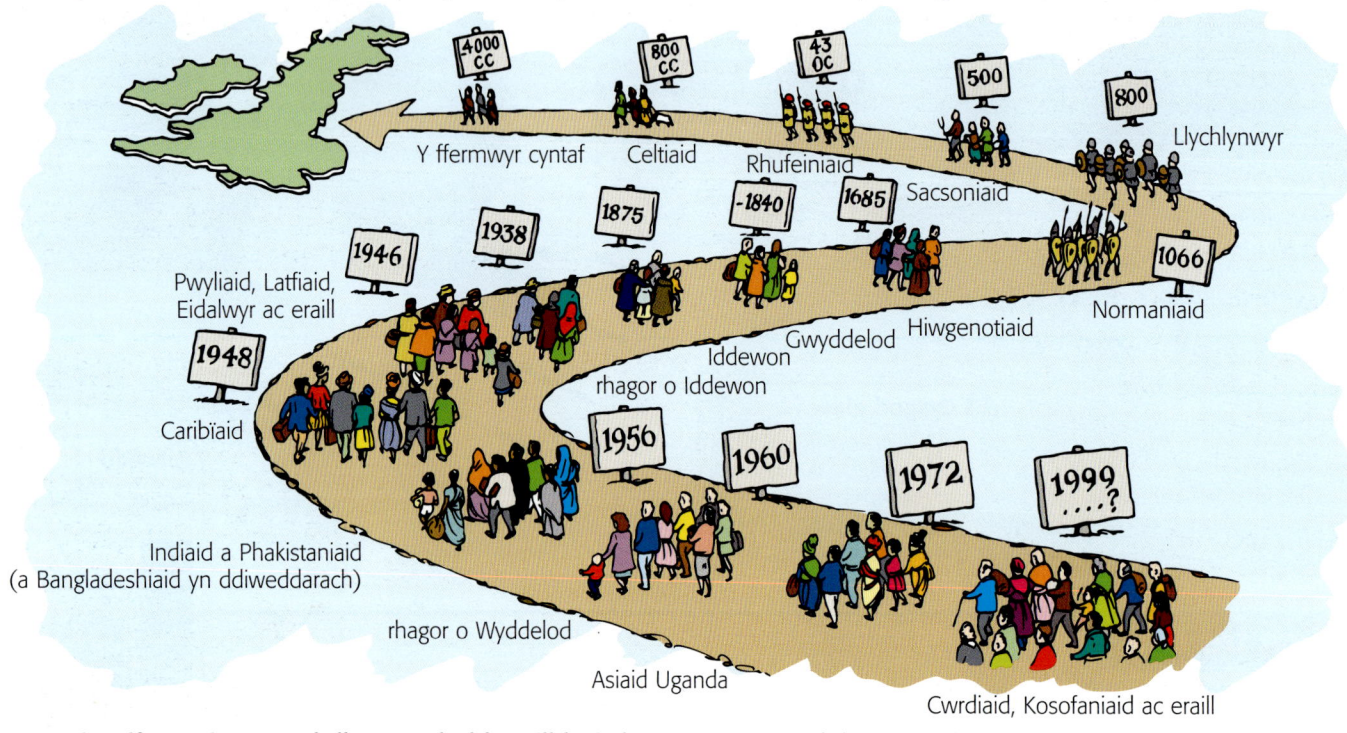

Wyddech chi?
◆ Mae llawer o bobl Cymru yn ddisgynyddion i'r ffermwyr cyntaf a'r Celtiaid.

Dyna'r prif grwpiau. Daeth llawer o bobl eraill hefyd – ac maent yn dal i gyrraedd.

Crynodeb o'r prif ddyfodiaid

Pwy?	O ble?	Dechrau'r brif don	Rheswm
Y ffermwyr cyntaf	Ewrop	~ 4000 CC	I gael lle da i ffermio.
Celtiaid	canolbarth Ewrop	800 CC	I gael tir i'w ffermio a metelau i'w mwyngloddio.
Rhufeiniaid	Yr Eidal	43 OC	I gipio grym ac ehangu'r Ymerodraeth Rufeinig.
Sacsoniaid	Yr Almaen	500	Yn gyntaf i weithio fel milwyr am dâl, cyn cipio grym.
Llychlynwyr	Norwy	800	Yn gyntaf i ddwyn. Yna, ymgartrefodd rhai ohonynt yma.
Normaniaid	Ffrainc	1066	I reoli.
Hiwgenotiaid	Ffrainc	1685	I ddianc rhag erledigaeth (creulondeb).
Gwyddelod	Iwerddon	1840	I ddianc rhag tlodi a newyn.
Iddewon	Dwyrain Ewrop	1875	I ddianc rhag erledigaeth.
Rhagor o Iddewon	Pob rhan o Ewrop	1938	I ddianc rhag erledigaeth.
Pwyliaid, Latfiaid, Eidalwyr ac eraill	Ewrop	1946	Cawsant eu gwahodd gan lywodraeth Prydain i ddod yma i weithio. (Roeddem yn brin o weithwyr ar ôl yr Ail Ryfel Byd).
Caribïaid	Ynysoedd y Caribî	1948	I chwilio am waith.
Indiaid a Phakistaniaid (a Bangladeshiaid yn ddiweddarach)*	India a Pakistan	1956	I chwilio am waith.
Llawer yn rhagor o Wyddelod	Iwerddon	1960	I chwilio am waith.
Asiaid Uganda	Uganda	1972	Taflodd yr unben Idi Amin nhw allan o Uganda.
Cwrdiaid, Kosofaniaid ac eraill	Cwrdistan, Kosovo a mannau eraill lle mae rhyfel	1999–???	Cawsant eu gyrru o'u gwlad gan ryfel.

* Trodd Dwyrain Pakistan yn Bangladesh ym 1971.

Yn gymysg oll i gyd

Felly, yng nghelloedd ein corff mae genynnau mewnfudwyr y gorffennol. Fel hyn …

- Disgynnydd i Turval, chwedleuwr Celtaidd. Bu ef farw o broblemau â'i ddannedd.
- Disgynnydd i dywysoges Indiaidd o'r enw Sita a ysgrifennodd farddoniaeth hyfryd.
- Disgynnydd i Heloise, gwehyddes sidan o Hiwgenot a briododd bobydd o Lundain.
- Disgynnydd i Vladinski, Iddew Rwsiaidd a redodd i ffwrdd i briodi cogyddes o Wyddeles.
- Disgynnydd adeiladwr cychod o Lychlyn a syrthiodd mewn cariad â merch o Northumberland.
- Disgynnydd i Claudius, cadlywydd Rhufeinig a fu'n byw yn Efrog.

Disgynnydd i bwy ydych chi, tybed?

Eich tro chi

1 Beth yw *mewnfudwr*?

2 Dyma ddechrau **llinell amser** ar gyfer y prif grwpiau o fewnfudwyr er y flwyddyn 1 OC.

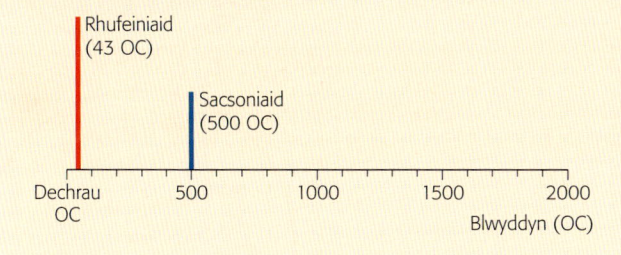

Rhufeiniaid (43 OC)
Sacsoniaid (500 OC)
Dechrau OC   500   1000   1500   2000
Blwyddyn (OC)

Tynnwch eich llinell amser eich hun ar eu cyfer.
  a Yn gyntaf, tynnwch linell 21 cm o hyd. Rhannwch hi a labelwch hi, gan roi 1 cm i bob canrif.
  b Tynnwch linell ar gyfer y Rhufeiniaid ym 43 OC. Labelwch hi.
  c Gwnewch yr un peth ar gyfer y grwpiau eraill yn y tabl. Ar ôl 1900 mae'n prysuro – cymerwch ofal. (Gwnewch eich llinellau o wahanol hyd.)

3 Edrychwch ar eich llinell amser.
  a Pryd oedd y bwlch mwyaf rhwng newydd-ddyfodiaid?
  b Ym mha ganrif y cyrhaeddodd y nifer mwyaf o grwpiau newydd?

4 Astudiwch y termau hyn:
  A ffoadur   **B** goresgynnwr   **C** mudwr
  CH ymfudwr   **D** ceisiwr lloches **DD** cyfaneddwr
  a Yn gyntaf, nodwch ystyr pob term ar bapur. (Chwiliwch yn yr eirfa.)
  b Yna dewiswch y term gorau, yn eich barn chi, ar gyfer pob person yn y lluniau ar y dde.

5 a Pam yr oedd ar y mewnfudwyr cyntaf eisiau dod yma?
  b Beth, dybiwch chi, sy'n denu mewnfudwyr newydd heddiw? Meddyliwch am gymaint o ffactorau ag y gallwch.

▲ Gwilym Goncwerwr, y Norman a gipiodd Loegr drwy rym ym 1066.

▲ Chiyo yng ngwersyll y Groes Goch ar ôl i ddaeargryn ddinistrio'i chartref.

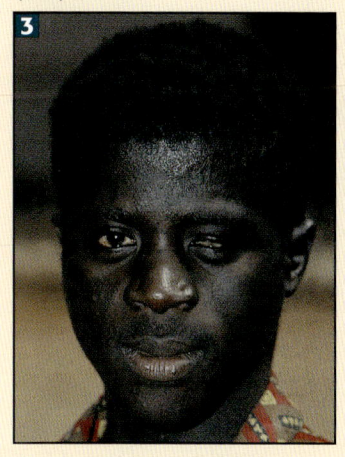

▲ Mae Philip, a gafodd ei arteithio gan y fyddin yn ei wlad ei hun, wedi gofyn am ganiatâd i aros yma.

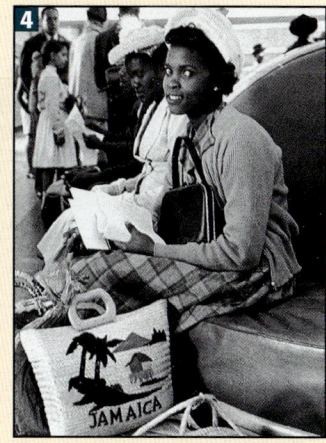

▲ Joy yn cyrraedd o Jamaica ym 1956. Mae hi'n gobeithio cael gwaith.

5.5 Ble rydym ni'n byw?

Yn yr uned hon byddwch yn gweld sut rydym ni fel pobl wedi newid golwg y wlad wrth ddewis byw lle rydym yn dewis byw!

Dwysedd y boblogaeth

Mae rhyw 63 miliwn o bobl yn byw yn Ynysoedd Prydain. Mae 59 miliwn ohonom yn byw yn y DU. Ydym ni i gyd wedi'n gwasgaru i'r un gradddau? Yr ateb, wrth gwrs, yw 'Nac ydym!'

Dwysedd y boblogaeth mewn lle yw nifer cyfartalog y bobl am bob cilometr sgwâr.

Mae'r map isod yn dangos sut mae dwysedd y boblogaeth yn newid o le i le yn Ynysoedd Prydain. Y rhanbarthau gwyrdd tywyll yw'r rhai lleiaf poblog. Y rhanbarthau coch tywyll yw'r rhai mwyaf poblog. Fel y gwelwch, mae dwysedd y boblogaeth yn amrywio llawer iawn.

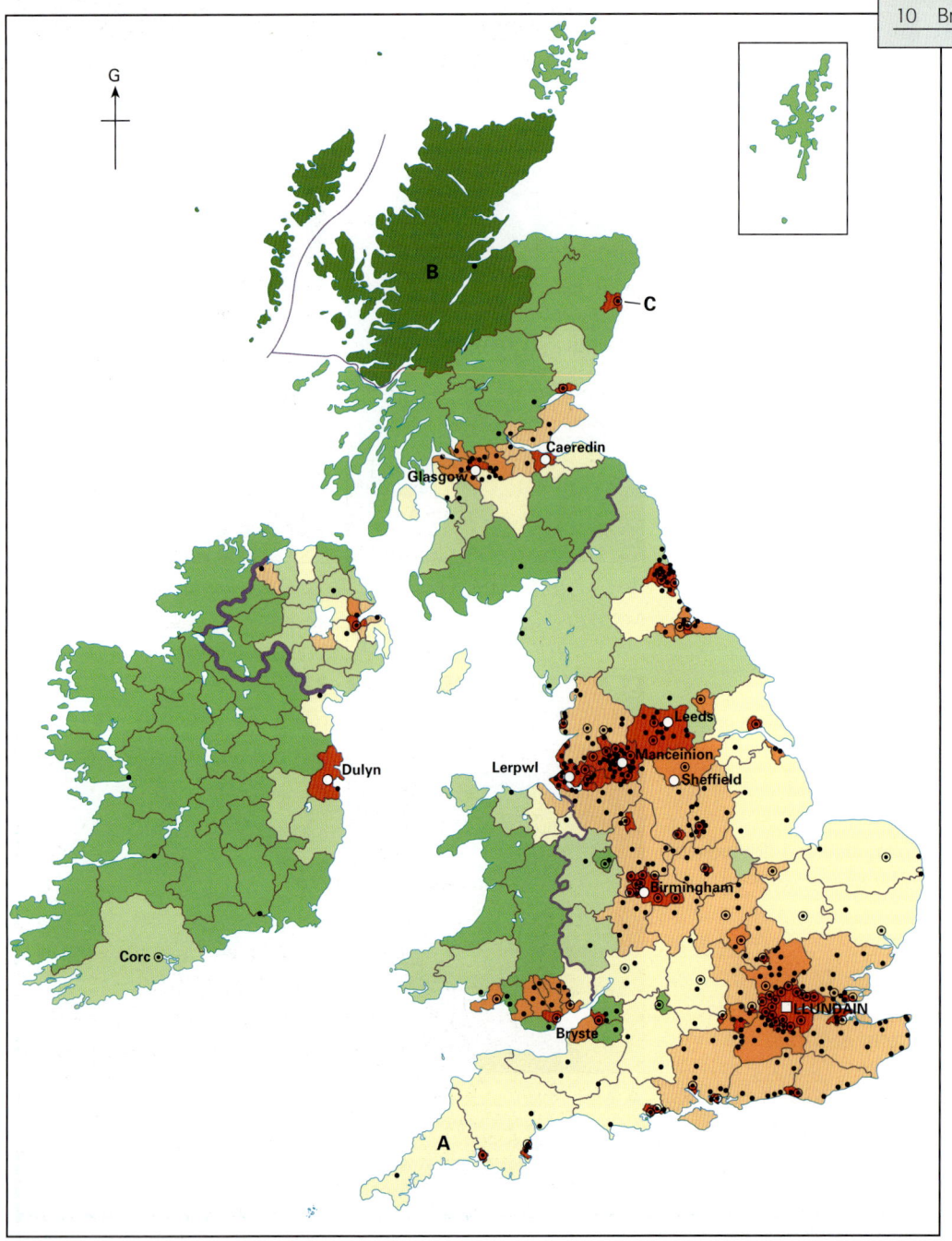

Deg dinas fwyaf y DU

	Enw	Poblogaeth (miliynau)
1	Llundain	7.17
2	Birmingham	0.98
3	Leeds	0.72
4	Glasgow	0.58
5	Sheffield	0.51
6	Bradford	0.47
7	Caeredin	0.45
8	Lerpwl	0.44
9	Manceinion	0.39
10	Bryste	0.38

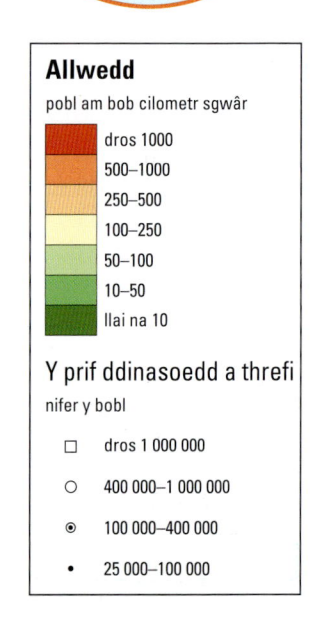

Wyddech chi?
O holl wledydd y byd, y DU yw'r:
- 18fed o ran maint ei phoblogaeth
- 45ain o ran dwysedd ei phoblogaeth.

Wyddech chi?
- Llundain yw'r 26ain ddinas fwyaf yn y byd.
- Y fwyaf yw Tōkyō yn Japan (poblogaeth: 26.8 miliwn).

Allwedd

pobl am bob cilometr sgwâr
- dros 1000
- 500–1000
- 250–500
- 100–250
- 50–100
- 10–50
- llai na 10

Y prif ddinasoedd a threfi
nifer y bobl
- □ dros 1 000 000
- ○ 400 000–1 000 000
- ⊙ 100 000–400 000
- • 25 000–100 000

EDRYCH AR BRYDAIN

▲ Mae rhai mannau yn y DU yn eithaf gwag ac eraill ...

▲ ... yn boblog iawn. Pa fath o le rydych chi'n byw ynddo?

Eich tro chi

1 Cymharwch y ddau ffotograff uchod.
   a Pa le sydd â'r dwysedd poblogaeth mwyaf?
   b Pa le sydd: i yn ardal drefol? ii yn ardal wledig?
   (Chwiliwch yn yr eirfa?)

2 Edrychwch ar y map ar dudalen 64. Mae rhai ardaloedd wedi'u labelu â llythrennau.
   a i Beth yw dwysedd poblogaeth ardal A? Rhowch eich ateb yn nhermau nifer y personau ym mhob cilometr sgwâr.
      ii Ydych chi'n meddwl bod gan bob rhan o ardal A yr un nifer o bobl ym mhob km sgwâr? Eglurwch.
   b i Beth yw dwysedd poblogaeth ardal B?
      ii Allwch chi egluro pam y mae mor isel? (Tudalen 54?)
   c Mae dwysedd poblogaeth ardal C yn uwch o lawer na dwysedd yr ardal o'i hamgylch. Allwch chi awgrymu rheswm? (Mae tudalen 68 yn cynnig cliw.)
   chi Ar y cyfan, pa un yw'r rhanbarth yn Ynysoedd Prydain sydd â'r dwysedd poblogaeth uchaf?
      ii Awgrymwch reswm sy'n egluro pam mae cymaint o bobl yn byw yno. (Trowch i dudalen 67?)

3 Ar *cyfartaledd*, dwysedd poblogaeth y DU yw 242 o bobl am bob km sgwâr.
Copïwch y tabl hwn a cheisiwch roi Cymru, Lloegr, Gogledd Iwerddon, a'r Alban yn y lleoedd cywir yn y golofn gyntaf. Bydd y map ar dudalen 64 yn eich helpu.

	Dwysedd poblogaeth cyfartalog (personau/km sgwâr)
	377
	124
	64
	140

4 Edrychwch ar y map unwaith eto. Mae'r prif ddinasoedd a threfi wedi'u marcio arno. A welwch chi unrhyw gysylltiad rhwng nifer y dinasoedd a'r trefi mewn rhanbarth, a dwysedd poblogaeth y rhanbarth? Eglurwch.

5 Edrychwch ar y siart cylch hwn ar gyfer y Deyrnas Unedig.

Lle mae poblogaeth y DU yn byw

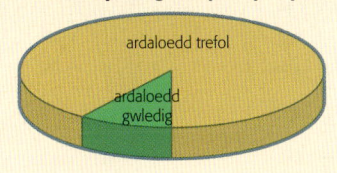

ardaloedd trefol
ardaloedd gwledig

A yw'r gosodiadau canlynol yn gywir neu'n anghywir?
   a Mae'r rhan fwyaf o bobl y DU yn byw mewn ardal wledig.
   b Mae llai na'n hanner ni'n byw mewn trefi a dinasoedd.
   c Mae tua ¹⁄₁₀ o'r boblogaeth yn byw mewn ardaloedd gwledig.

6 Yna edrychwch ar y rhestr o 10 dinas fwyaf y DU ar dudalen 64.
   a Pa ddwy o'r dinasoedd sydd yn yr Alban?
   b Ble mae'r wyth arall?
   c Pa un yw'r ddinas fwyaf? Faint o weithiau'n fwy yw hi na:
      i Birmingham? ii Bryste?

7 Gall trefi a dinasoedd dyfu ac ymledu i'w gilydd gan greu ardaloedd adeiledig mawr o'r enw **cytrefi**. O edrych ar y map ar dudalen 64, enwch 5 dinas yn *Lloegr* sydd, mae'n debyg, yn rhan o gytrefi.

8 Ac i gloi'r uned hon, ysgrifennwch adroddiad mewn 100 – 150 o eiriau ar *batrwm dwysedd y boblogaeth ledled y DU*. Dywedwch yn glir lle mae'r rhanbarthau mwyaf poblog a lleiaf poblog, ac ychwanegwch fanylion diddorol eraill.

65

5.6 Pa fath o waith rydym ni'n ei wneud?

Yn yr uned hon cewch wybod pa fathau o waith y mae pobl yn y DU yn eu gwneud i ennill bywoliaeth.

Gwahanol fathau o waith

Gweithgaredd economaidd yw unrhyw waith y caiff pobl eu talu am ei wneud. (Felly, dydy gwaith cartref ddim yn cyfrif!)
Gallwch ei rannu'n bedwar math neu **sector**:

Wyddech chi?
- Bob blwyddyn, bydd twristiaid yn gwario biliynau o bunnoedd yn y DU.
- Yn 2002, fe warion nhw £39 biliwn.

Cynradd
Casglu defnyddiau o'r Ddaear.
Er enghraifft, cloddio am lo neu dyfu gwenith, neu bysgota.

Eilaidd / Gweithgynhyrchu
Troi defnyddiau'n bethau i'w gwerthu.
Er enghraifft, troi metel yn gyrff ceir neu droi pysgod yn fysedd pysgod.

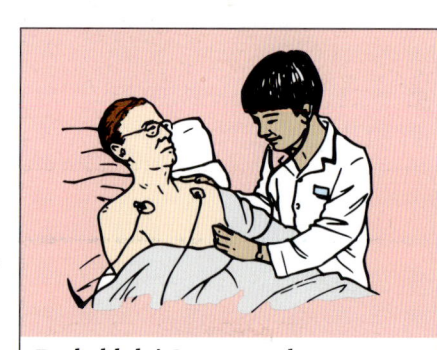

Trydyddol / Gwasanaeth
Rhoi gwasanaeth i bobl. Fel eu haddysgu, neu ofalu amdanynt pan fyddant yn sâl, neu yrru tacsi.

Cwaternaidd
Ymchwil uwch-dechnoleg.
Er enghraifft, datblygu meddyginiaeth newydd, neu ffonau symudol.

▲ Ar y ffordd i'r gwaith ar fore tywyll. (Mae gyrwyr y loriau'n gweithio'n barod.)

Gweithio yn y DU

Mae cyfanswm o 26 miliwn o bobl yn y DU yn gweithio i ennill bywoliaeth.

Mae'r siart cylch hwn yn dangos bod y rhan fwyaf ohonynt yn darparu gwasanaethau.

Mae'r nifer yn y sector cwaternaidd yn rhy fach i'w ddangos yn y siart!

Pa fath o waith rydym ni'n ei wneud yn y DU?

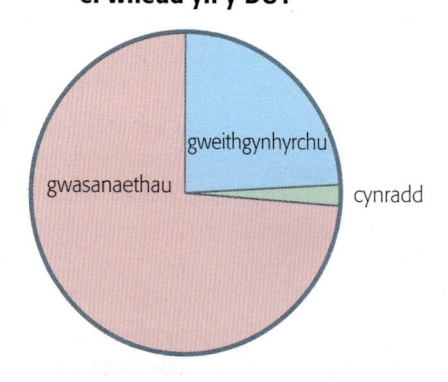

gwasanaethau / gweithgynhyrchu / cynradd

Beth yw diwydiant?

Gair cyffredinol i ddisgrifio cangen o weithgaredd economaidd yw **diwydiant**.
Mae'r diwydiant ceir yn cynnwys pob cwmni sy'n gwneud ceir.

Gweithgaredd economaidd yn y DU

Mae'r map hwn yn dangos peth o weithgaredd economaidd y DU. Sylwch ar hyn:

◆ bydd pobl yn ffermio ym mhob rhan o'r DU. Ond ychydig o ffermio yn unig sydd yn yr ardaloedd bryniog iawn lle mae'r ffermydd ymhell oddi wrth ei gilydd. (Edrychwch ar y map ar dudalen 54.)

◆ mae llawer o bobl yn y DU yn ennill bywoliaeth o dwristiaeth.

◆ o amgylch y trefi mawr a'r dinasoedd y mae'r rhan fwyaf o ddiwydiant. Dyna un rheswm pam y gwnaethon nhw dyfu!

Allwedd

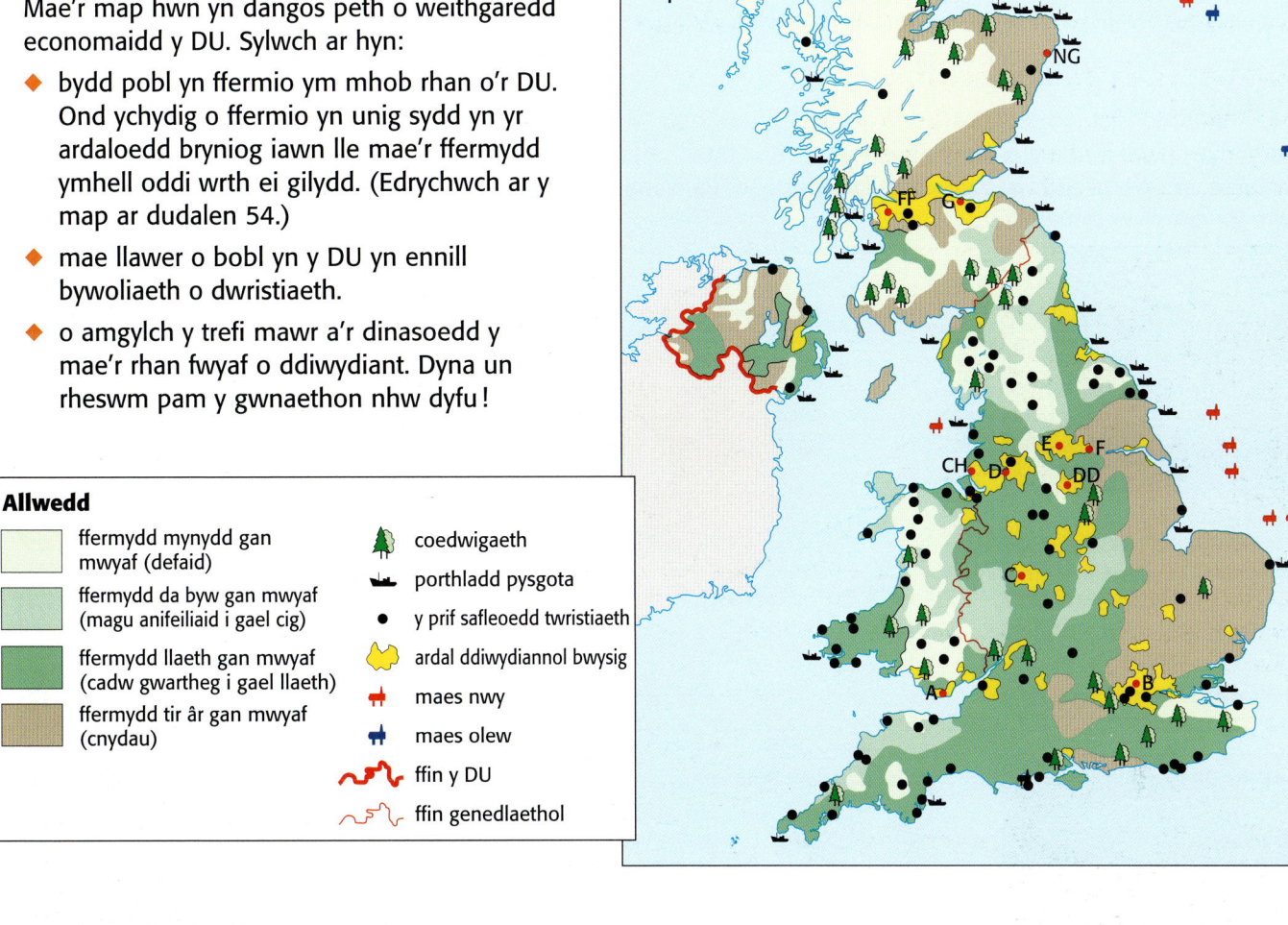

- ffermydd mynydd gan mwyaf (defaid)
- ffermydd da byw gan mwyaf (magu anifeiliaid i gael cig)
- ffermydd llaeth gan mwyaf (cadw gwartheg i gael llaeth)
- ffermydd tir âr gan mwyaf (cnydau)
- coedwigaeth
- porthladd pysgota
- y prif safleoedd twristiaeth
- ardal ddiwydiannol bwysig
- maes nwy
- maes olew
- ffin y DU
- ffin genedlaethol

Eich tro chi

1. Beth yw *gweithgaredd economaidd*?
2. A yw hyn yn cyfrif fel gweithgaredd economaidd? Rhowch reswm.
   - **a** mynd i'r ysgol
   - **b** gwneud rownd bapur
   - **c** gwarchod baban
   - **ch** tacluso eich ystafell
3. **a** Gwnewch dabl â phenawdau fel hyn:

Cynradd	Eilaidd	Trydyddol	Cwaternaidd

   b Ysgrifennwch y swyddi hyn yn y colofnau cywir yn eich tabl:

   nyrs   postmon   adeiladwr cychod
   gweithiwr ar rig olew   actor   gwerthwr blodau
   seren pêl-droed dyn tân   ffermwr
   mwynwr copr   pensaer   plismon
   rheolwr banc   gyrrwr lori   gwenynwr
   ymchwilydd genynnau clerigwr   dyfeisiwr robotiaid

   c Ceisiwch ychwanegu *o leiaf* ddeg swydd arall at eich tabl, gan gynnwys rhai o bob sector. (Meddyliwch am y gweithwyr a welwch ar y teledu, neu ar y ffordd i'r ysgol.)

4. Copïwch a chwblhewch, gan ddefnyddio geiriau o'r rhestr isod. (Bydd y siart cylch ar dudalen 66 yn eich helpu.)
   Yn y Deyrnas Unedig, mae'r rhan fwyaf o bobl yn ennill bywoliaeth drwy ddarparu _____. Mae'r sector _____ yn cyflogi rhyw _____ gwaith cymaint â'r sector _____, a rhyw _____ _____ gwaith cymaint â'r _____ _____.
   sector, tair, cynradd, trydyddol, gweithgynhyrchu, gwasanaethau, pedwar deg

5. Edrychwch ar yr Alban ar y map uchod. Enwch:
   - **a** dri gweithgaredd cynradd oddi ar yr arfordir
   - **b** dau weithgaredd cynradd ar y tir.

6. Mae'r map yn dangos lle mae twristiaeth yn bwysig. Enwch chwe swydd sy'n gysylltiedig â thwristiaeth. (Gair i gall: rhaid i dwristiaid fwyta a chysgu a theithio.)

7. Mae'r map yn dangos y prif ardaloedd diwydiannol lle cewch chi ffatrïoedd. Cymharwch yr ardaloedd hynny â'r map o ddwysedd y boblogaeth ar dudalen 64. Ydych chi'n sylwi ar rywbeth?

8. Mae'r dotiau coch ar y map uchod yn dangos 11 o ddinasoedd sy'n bwysig oherwydd eu diwydiant. (Mae 9 ohonynt yn rhestr y '10 uchaf' ar dudalen 64.) Enwch nhw. Dechreuwch fel hyn: A = _____ .

5.7 Cyfoethocach? Tlotach?

Yn yr uned hon, byddwch yn dysgu bod rhai rhannau o Brydain Fawr yn fwy cyfoethog na'i gilydd – ac yn ceisio darganfod pam.

Cyflogau teg?

Mae'r map hwn yn dangos faint y bydd pobl yn ei ennill mewn wythnos, ar gyfartaledd, yn y gwahanol ranbarthau. Pam mae'r swm yn amrywio cymaint?

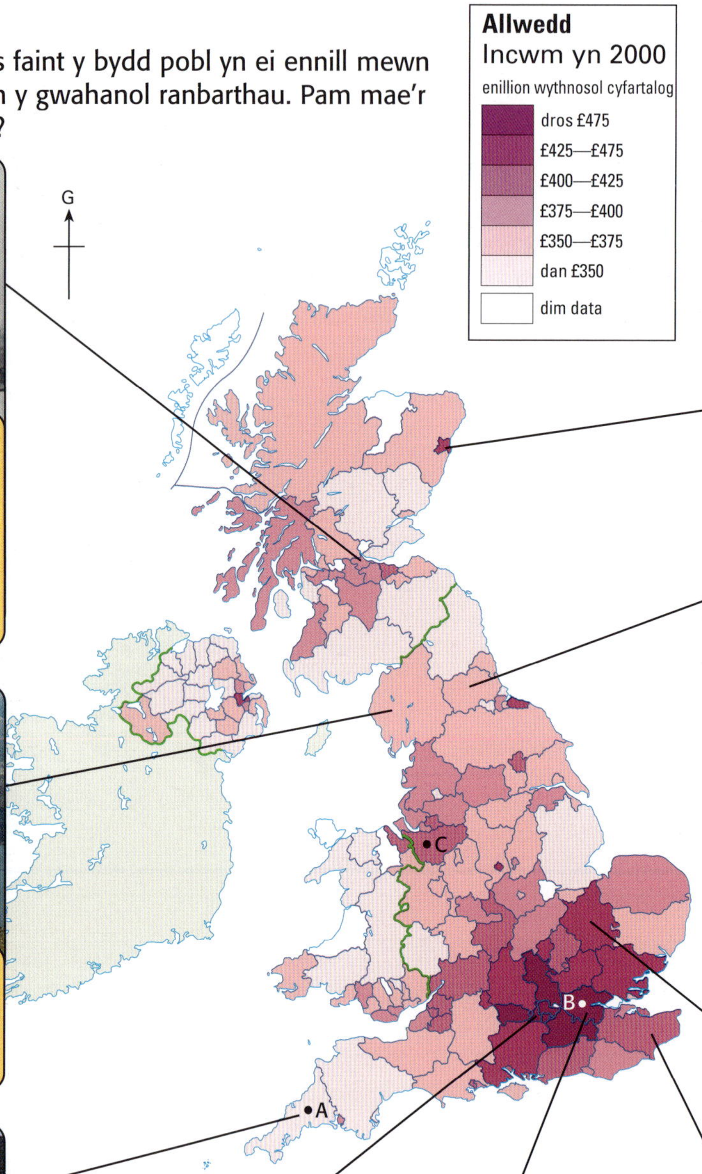

Allwedd
Incwm yn 2000
enillion wythnosol cyfartalog

- dros £475
- £425—£475
- £400—£425
- £375—£400
- £350—£375
- dan £350
- dim data

Ardal gyfoethog 100 mlynedd yn ôl – adeiladu llongau a diwydiannau trwm eraill. Y rhan fwyaf ohonynt wedi cau gan achosi tlodi. Yr ardal yn brwydro'n galed i adennill tir.

Mae enillion yn uchel yma oherwydd y diwydiant olew. Ym Môr y Gogledd y mae'r meysydd olew.

Does fawr o ddiwydiant yn yr ardal hon. Ond mae ganddi olygfeydd braf a bydd hi'n dibynnu'n drwm ar dwristiaid.

Roedd yr ardal hon yn arfer bod yn fwy cyfoethog am fod glo yma ond mae'r pyllau wedi cau. (Digwyddodd yr un peth yng Nghymru a meysydd glo eraill.)

Mae llawer o gwmnïau uwch-dechnoleg newydd yn cael eu sefydlu yn yr ardal hon hefyd.

Ni fu llawer o ffatrïoedd yma erioed. Nid yw'r tir yn dir ffermio da. Roedd mwyngloddiau tun yma unwaith ond maent wedi cau.

Mae enillion yn uchel yma am fod yma lawer o gwmnïau uwch-dechnoleg (sy'n gwneud cyfrifiaduron, meddalwedd, ffonau symudol ac ati).

Mae Llundain yn brifddinas ac mae'n ganolfan fawr i'r llywodraeth, byd busnes a thwristiaeth. Mae gan gwmnïau eu prif swyddfeydd yma. Mae llawer o'r swyddi'n talu'n dda iawn.

Yma mae peth o dir ffermio gorau'r wlad. Bydd yn tyfu llawer iawn o gnydau.

68

A

B

▲ Gallwch ddweud llawer am gyfoeth neu dlodi ardal drwy edrych o'i chwmpas.

Eich tro chi

1 Mae'r rhestr hon yn dangos enillion 5 o bobl. Beth yw eu henillion wythnosol cyfartalog?
   (Gair i gall: adiwch y cyfan a rhannwch yr ateb â 5.)

Brian	£400
Liz	£50
Anna	£500
Joe	£250
Richard	£1000

2 Edrychwch ar y map ar dudalen 68.
   a Beth yw'r enillion wythnosol cyfartalog yn A?
   b A yw pawb yn yr ardal A yn ennill cymaint â hynny? Eglurwch.
   c Beth yw'r enillion wythnosol cyfartalog yn B?
   ch Rhowch resymau dros y gwahaniaeth mawr yn y ffigurau ar gyfer A a B.

3 Edrychwch ar C ar y map. Mae'r enillion yn yr ardal hon yn uwch nag yn yr ardaloedd eraill o'i chwmpas. Allwch chi gynnig rheswm? (Gall y map ar dudalen 67 eich helpu.)

4 a Ar y cyfan, ble ym Mhrydain y mae pobl yn ennill fwyaf?
   b Ble y maent yn ennill leiaf?
   Defnyddiwch dermau fel y rhain yn eich atebion:
   de orllewin, Cymru, Lloegr, i'r gogledd ac ati.

5 Beth, felly, sy'n helpu i wneud ardal yn gyfoethog? Dangoswch eich ateb ar ffurf map corryn, fel hwn:

   — tir ffermio da

   Beth sy'n helpu i wneud ardal yn gyfoethog?

   — olew (neu unrhyw fwyn gwerthfawr arall)

   Cewch gliwiau ar dudalen 68.

6 Edrychwch yn awr ar ffotograffau A a B ar dop y dudalen hon.
   a Cymharwch y ddau le. Pa un, i bob golwg, yw'r tlotaf? Pa dystiolaeth sydd gennych?
   b Pa gliwiau y gallwch ddod o hyd iddynt fod y lle hwn yn dlotach nag roedd yn arfer bod?
   c Beth allai fod wedi achosi'r newid hwnnw?

7 Bydd y llywodraeth yn ceisio helpu ardaloedd tlawd. Er enghraifft:
   ◆ drwy roi grantiau i gwmnïau i sefydlu ffatrïoedd newydd
   ◆ drwy roi grantiau i wella ffyrdd a chyfleusterau i dwristiaid.
   Mae'r siart llif hwn yn egluro sut y gall ffatri newydd helpu ardal dlawd.

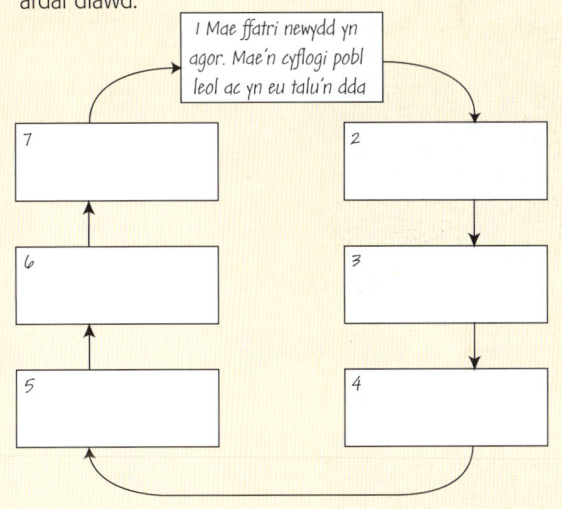

   1 Mae ffatri newydd yn agor. Mae'n cyflogi pobl leol ac yn eu talu'n dda

   7 — 2
   6 — 3
   5 — 4

   Gwnewch gopi llawer mwy ohono. (Defnyddiwch dudalen gyfan).
   Yna, ysgrifennwch y rhain yn y blychau cywir:

   Felly, mae gan y bobl leol ragor o arian i'w wario.
   Felly, bydd y siopau'n gwella, a gwasanaethau eraill (fel bwytai a chanolfannau chwaraeon) yn agor.
   Felly, byddant yn prynu rhagor o ddillad ac esgidiau a nwyddau eraill.
   ... felly, bydd rhagor o gwmnïau'n ystyried symud yno.
   Felly, bydd yr ardal yn fwy deniadol i fyw a gweithio ynddi ...
   Felly, bydd y siopau lleol yn gwneud rhagor o arian.

8 Ewch ati i lunio'ch siart llif eich hun i ddangos sut y gallai gwella cyfleusterau i dwristiaid (er enghraifft, drwy agor parc natur newydd neu amgueddfa newydd a chyffrous) helpu ardal dlawd.

6 Afonydd

Y darlun mawr

Mae miliynau o afonydd ar wyneb y Ddaear, a rhyw 5000 ohonynt yn y DU! Sôn am afonydd wnaiff y bennod hon. Dyma brif syniadau'r bennod:

- Dŵr glaw yn llifo i'r môr yw afon.
- Ar ei ffordd i'r môr, bydd yn torri ac yn siapio'r tir, fel cerflunydd.
- Bydd yn gwneud hynny drwy godi darnau o graig a phridd o un lle a'u cludo i le arall.
- Canlyniad hynny yw creu tirffurfiau arbennig ar hyd yr afon.
- Bydd hindreulio yn helpu'r afon wneud ei gwaith, proses sy'n malu'r graig yn ddarnau mân y gall yr afon eu cludo.

Erbyn diwedd y bennod hon …

Erbyn diwedd y bennod hon dylech allu ateb y cwestiynau hyn:

- Beth yw'r gylchred ddŵr?
- Sut mae'r glawiad o'r gylchred ddŵr yn bwydo afon?
- Beth mae'r termau hyn yn ei olygu?

  tarddiad   aber   sianel   gwely   glannau   llednant   cydlifiad dalgylch afon   gwahanfa ddŵr   gorlifdir

- Beth yw hindreulio? A sut mae'n digwydd?
- Sut mae afonydd yn siapio'r tir? A sut mae hindreulio'n helpu?
- Sut y caiff y rhain eu ffurfio?

  dyffryn ar ffurf V   rhaeadr   ystum afon   ystumllyn

Felly …

Pan orffennwch chi'r bennod, dewch yn ôl i'r dudalen hon i weld a ydych wedi ateb pob un o'r cwestiynau uchod!

Wyddech chi?
- Afon Nîl yn Affrica yw'r afon hiraf yn y byd (6695 km).
- Mae'n 20 gwaith yn hirach na'r afon hiraf ym Mhrydain, Afon Hafren.

Wyddech chi?
- Afon Amazonas yw'r afon fwyaf yn y byd – hi'n sy'n cario'r mwyaf o ddŵr.
- Mae aber yr afon dros 400 km ar ei draws.

Wyddech chi?
- Dŵr yw'r sylwedd mwyaf cyffredin ar y Ddaear.
- Ond mae llai na 1% ohono mewn afonydd.
- Mae 97% ohono yn y cefnforoedd – ac mae hwnnw'n hallt!

Wyddech chi?
- Bob blwyddyn, bydd afonydd y byd yn cario rhyw 10 biliwn o dunelli metrig o ddefnydd i'r môr.

Eich man cychwyn

Edrychwch ar y ffotograff ar dudalen 70.

Beth sy'n digwydd yma? Ydy hynny'n beryglus?

O ble daeth y dŵr? Ac i ble mae'n mynd?

Pam mae'r dŵr yn chwyrlïo ac yn ewynnu?

Ydych chi'n meddwl bydd yr afon yn edrych fel hyn ar hyd ei thaith? Eglurwch.

Na, wnes i DDIM gwlychu fy sanau.

6.1 Y gylchred ddŵr

Yn yr uned hon byddwch yn dysgu am y gylchred ddŵr, a sut bydd y glawiad yn cyrraedd afon.

Beth yw'r gylchred ddŵr?

Gall y dŵr sydd yn y cefnfor yr wythnos hon syrthio arnoch chi yr wythnos nesaf – fel glaw. Dyma'r **gylchred ddŵr** ar waith. Dilynwch y rhifau i weld sut mae'r dŵr yn cylchredeg rhwng y cefnfor, yr aer a'r tir:

Wyddech chi?
- Mae'r glaw sy'n disgyn arnoch chi wedi disgyn filiynau o weithiau o'r blaen.
- Gallai fod wedi disgyn ar ddinosor, neu ar Owain Glyndŵr.

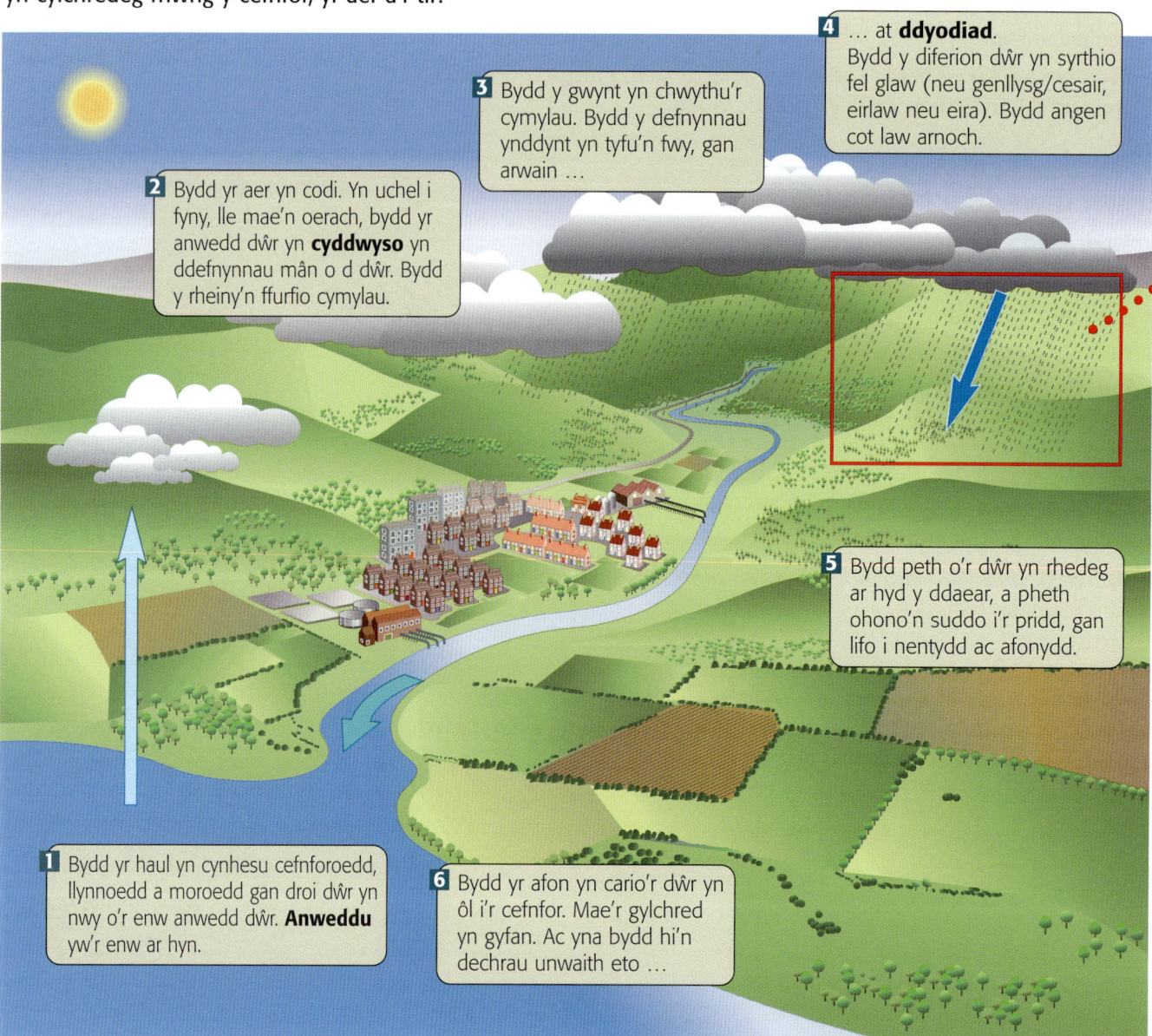

1 Bydd yr haul yn cynhesu cefnforoedd, llynnoedd a moroedd gan droi dŵr yn nwy o'r enw anwedd dŵr. **Anweddu** yw'r enw ar hyn.

2 Bydd yr aer yn codi. Yn uchel i fyny, lle mae'n oerach, bydd yr anwedd dŵr yn **cyddwyso** yn ddefnynnau mân o ddŵr. Bydd y rheiny'n ffurfio cymylau.

3 Bydd y gwynt yn chwythu'r cymylau. Bydd y defnynnau ynddynt yn tyfu'n fwy, gan arwain …

4 … at **ddyodiad**. Bydd y diferion dŵr yn syrthio fel glaw (neu genllysg/cesair, eirlaw neu eira). Bydd angen cot law arnoch.

5 Bydd peth o'r dŵr yn rhedeg ar hyd y ddaear, a pheth ohono'n suddo i'r pridd, gan lifo i nentydd ac afonydd.

6 Bydd yr afon yn cario'r dŵr yn ôl i'r cefnfor. Mae'r gylchred yn gyfan. Ac yna bydd hi'n dechrau unwaith eto …

Y gylchred ddŵr a ni

Heb y gylchred ddŵr, byddem mewn trafferthion mawr. Rydym yn dibynnu ar afonydd am ddŵr i'n cartrefi a'n ffatrïoedd, ac ar gyfer chwistrellu cnydau. Ac mae afonydd yn dibynnu ar law!

Pob blwyddyn, bydd y DU yn cael 'benthyg' rhyw 17 o filoedd o biliynau o litrau o ddŵr o'r gylchred ddŵr. Caiff ei bwmpio o afonydd a llynnoedd a chreigiau tanddaearol ar ôl i'r glaw lifo iddynt. Caiff ei lanhau a'i ddefnyddio mewn cartrefi a ffatrïoedd. Ac yna bydd ein dŵr budr yn llifo i lawr drwy dwll y plwg, yn cael ei lanhau mewn safle trin dŵr ac yna'n cael ei arllwys yn ôl i'r afon.

▲ Cael benthyg dŵr o'r gylchred ddŵr.

AFONYDD

Sut mae glaw yn cyrraedd yr afon?

1. Bydd dail yn dal peth o'r glaw wrth iddo syrthio. **Atal** yw'r enw ar hyn.

▲ Atal!

2. Os bydd y tir yn galed, neu'n wlyb iawn, bydd dŵr glaw yn rhedeg drosto. **Dŵr ffo** yw'r enw ar hyn.

3. Fel arall, bydd y glaw yn suddo i'r tir. **Ymdreiddio** yw'r enw ar hyn.

4. O dan y ddaear, bydd peth ohono'n llifo ar draws drwy'r pridd. **Trwylif** yw'r enw ar hyn.

Mae'r graig hon yn **athraidd**: mae'n gadael i ddŵr dreiddio drwyddi.

7. Mae cymysgedd o ddŵr ffo, trwylif a dŵr daear yn bwydo'r afon.

5. Bydd peth ohono'n suddo ymhell i lawr ac yn llenwi'r mandyllau a'r craciau yn y graig. **Dŵr daear** yw'r enw arno erbyn hyn.

6. Mae dŵr daear yn llifo'n araf. Dyma'r **llif dŵr daear**.

Mae'r graig hon yn **anathraidd**. Ni fydd yn gadael i ddŵr dreiddio drwyddi.

Eich tro chi

1 **a** Gwnewch gopi mwy o'r siart llif hwn o'r gylchred ddŵr. (O leiaf ddwywaith mor fawr.)

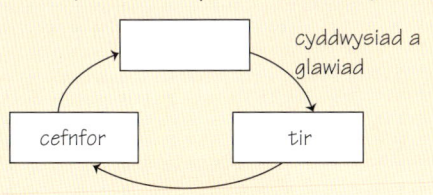

- cyddwysiad a glawiad
- cefnfor
- tir

b Yna, rhowch y labeli hyn yn y mannau cywir:
atmosffer   afonydd yn llifo dros dir   anweddu

2 Diffiniadau yw A – F isod.
a Rhaid i chi ddod o hyd i'r geiriau cyfatebol yn y testun!
b Yna, ysgrifennwch y geiriau a'r diffiniadau ohonynt.

- **A** mae'n gadael i ddŵr fynd drwyddi
- **B** caiff y dŵr hwn ei ddal yn y graig o dan ddaear
- **C** pan fydd y dŵr yn suddo drwy'r ddaear (y....)
- **CH** enw arall am lawiad
- **D** y broses sy'n troi dŵr yn nwy (a....)
- **DD** dail yn dal y glaw
- **E** y broses sy'n troi anwedd dŵr yn ddŵr
- **F** nid yw'n gadael i ddŵr fynd drwyddi

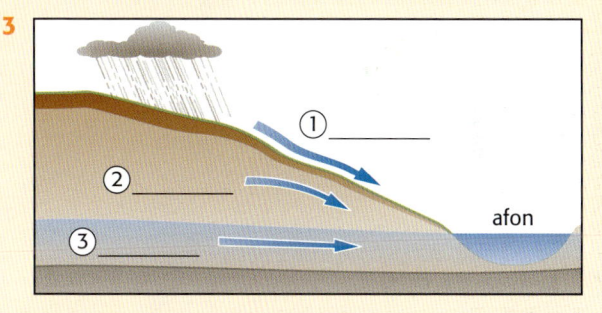

3

① _____
② _____
③ _____
afon

Tynnwch ddiagram fel hwn i ddangos sut mae dŵr glaw yn cyrraedd afon. Ychwanegwch y labeli coll a theitl.

4 Rhowch resymau sy'n egluro:
a pam nad yw glaw'n suddo i ganol y Ddaear
b pam gall afon ddal i lifo hyd yn oed os oes sychder
c pam bydd lefel yr afon yn gostwng pan fydd sychder
ch pam gall afon lenwi'n gyflym iawn mewn tywydd gwlyb iawn.

5 Yn sydyn, bydd y gylchred ddŵr yn stopio gweithio. Dim rhagor o anweddu o'r cefnfor! Dim rhagor o law! Ysgrifennwch adroddiad radio am yr effaith a gaiff hynny arnom. Gwnewch ef yn adroddiad dramatig – dim mwy na 250 o eiriau!

73

6.2 Taith afon

Yn yr uned hon byddwch yn dysgu am wahanol rannau afon – ac yna'n edrych ar Afon Coquet!

Rhannau afon

Wyddech chi?
- Mae tua 5000 o afonydd yn Ynysoedd Prydain.
- Mae rhyw 2 filiwn o afonydd yn UDA.

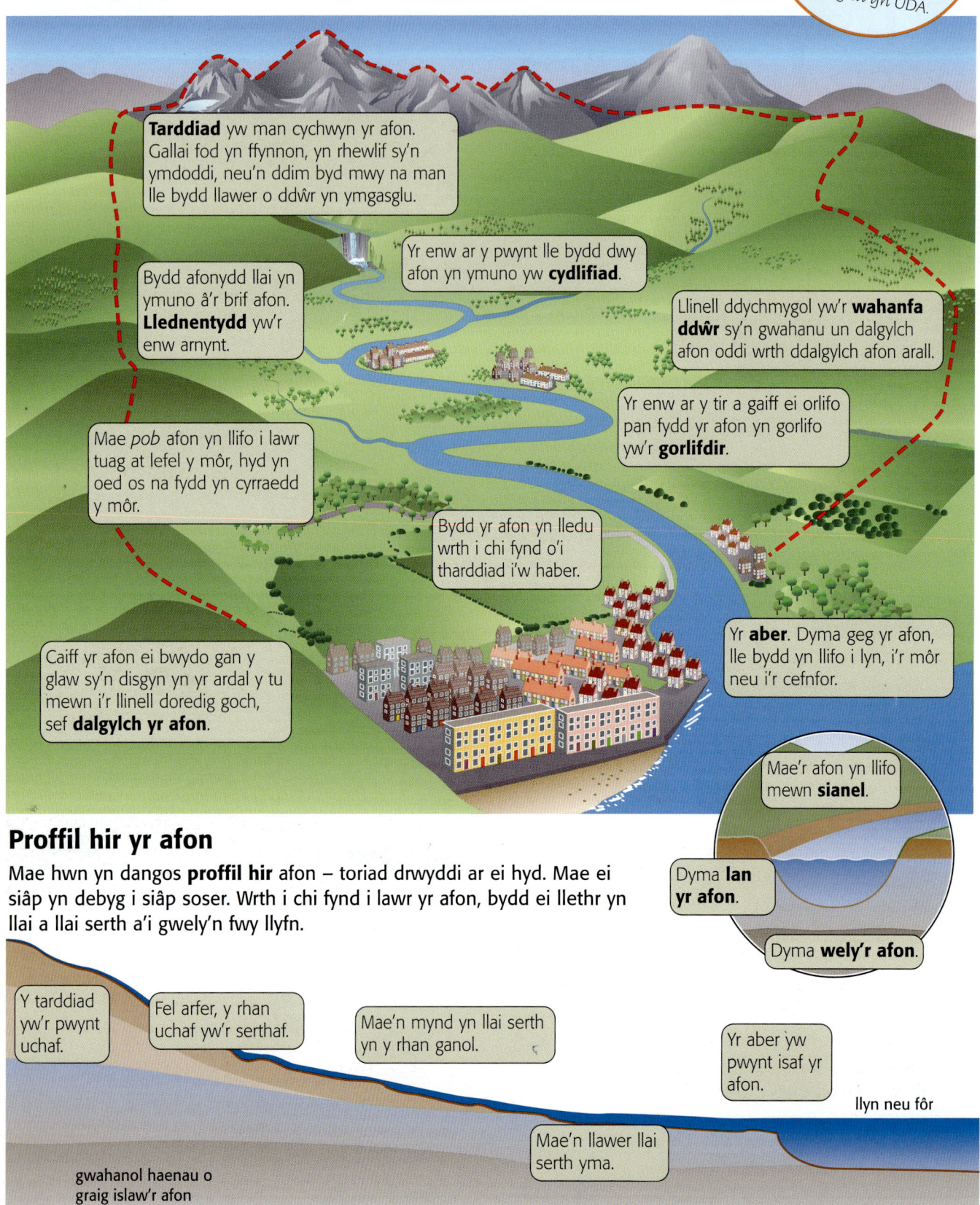

Tarddiad yw man cychwyn yr afon. Gallai fod yn ffynnon, yn rhewlif sy'n ymdoddi, neu'n ddim byd mwy na man lle bydd llawer o ddŵr yn ymgasglu.

Yr enw ar y pwynt lle bydd dwy afon yn ymuno yw **cydlifiad**.

Bydd afonydd llai yn ymuno â'r brif afon. **Llednentydd** yw'r enw arnynt.

Llinell ddychmygol yw'r **wahanfa ddŵr** sy'n gwahanu un dalgylch afon oddi wrth ddalgylch afon arall.

Yr enw ar y tir a gaiff ei orlifo pan fydd yr afon yn gorlifo yw'r **gorlifdir**.

Mae *pob* afon yn llifo i lawr tuag at lefel y môr, hyd yn oed os na fydd yn cyrraedd y môr.

Bydd yr afon yn lledu wrth i chi fynd o'i tharddiad i'w haber.

Yr **aber**. Dyma geg yr afon, lle bydd yn llifo i lyn, i'r môr neu i'r cefnfor.

Caiff yr afon ei bwydo gan y glaw sy'n disgyn yn yr ardal y tu mewn i'r llinell doredig goch, sef **dalgylch yr afon**.

Mae'r afon yn llifo mewn **sianel**.

Dyma **lan yr afon**.

Dyma **wely'r afon**.

Proffil hir yr afon

Mae hwn yn dangos **proffil hir** afon – toriad drwyddi ar ei hyd. Mae ei siâp yn debyg i siâp soser. Wrth i chi fynd i lawr yr afon, bydd ei llethr yn llai a llai serth a'i gwely'n fwy llyfn.

Y tarddiad yw'r pwynt uchaf.

Fel arfer, y rhan uchaf yw'r serthaf.

Mae'n mynd yn llai serth yn y rhan ganol.

Mae'n llawer llai serth yma.

Yr aber yw pwynt isaf yr afon.

llyn neu fôr

gwahanol haenau o graig islaw'r afon

AFONYDD

Eich tro chi

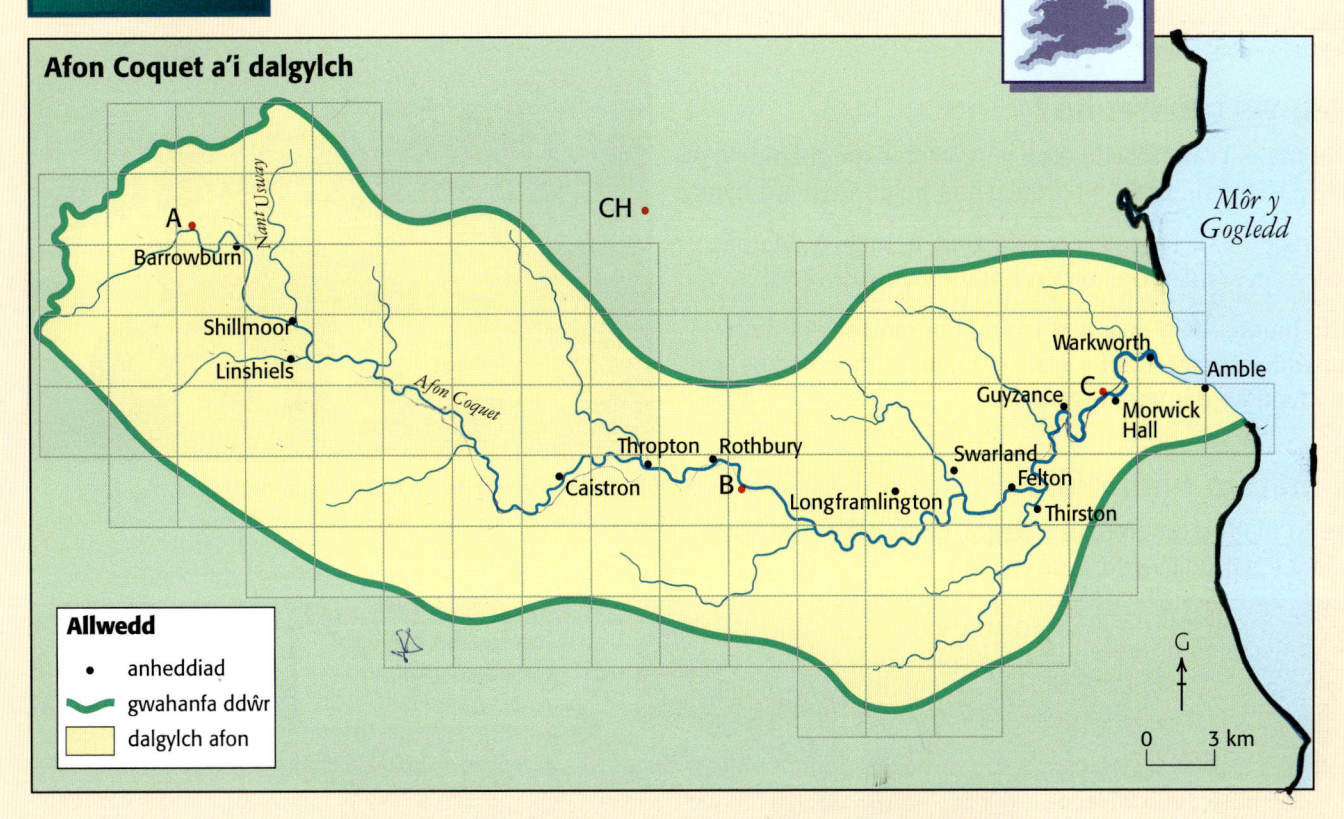

Afon Coquet a'i dalgylch

Môr y Gogledd

Allwedd
- anheddiad
- gwahanfa ddŵr
- dalgylch afon

0 3 km

1 Dyma fap o Afon Coquet (dylech ei ddweud fel *Cocét*) yn Northumberland.
  a Enwch y pentref sydd agosaf at darddiad yr afon.
  b Sawl llednant sy'n ymuno â'r afon?
  c Enwch yr anheddiad sydd agosaf at gydlifiad Afon Coquet a Nant Usway.
  ch I ba fôr y mae Afon Coquet yn llifo?
  d Tri chae wrth yr afon yw A,B ac C. Pa gae:
     i yw'r uchaf uwchlaw lefel y môr? ii yw'r isaf?

2 a Beth yw *dalgylch afon*?
  b Gallwch gyfrifo arwynebedd dalgylch afon, yn fras, drwy gyfrif sgwariau fel hyn:

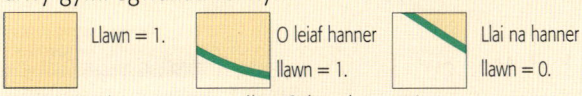

  Llawn = 1.   O leiaf hanner llawn = 1.   Llai na hanner llawn = 0.

  i Cyfrifwch y sgwariau lliw fel y dangosir.
  ii Mae pob sgwâr yn cynrychioli 9 cilometr sgwâr. Beth yw arwynebedd dalgylch Afon Coquet?

3 Pa mor hir yw Afon Coquet? Defnyddiwch y raddfa.
  a 55 km   b 80 km   c 110 km

4 Ble mae proffil hir yr afon yn debygol o fod ar ei serthaf:
  a rhwng Barrowburn a Shilmoor *neu*
  b rhwng Guyzance a Morwick Hall
  Eglurwch eich ateb.

5 Mae glaw'n syrthio yn CH ar y map uchod. Ai Afon Coquet fydd pen ei daith? Os na fydd yn llifo i Afon Coquet, i ble fydd y glaw yn mynd?

6 Tynnwyd y ffotograff hwn wrth aber yr afon. (Mae'r map ordnans ar dudalen 23 hefyd yn dangos yr ardal hon.)

  a I ba gyfeiriad roedd y ffotograffydd yn wynebu?
  b Enwch y pentref ar y chwith.
  c Roedd y pentref hwn yn arfer bod yn anheddiad Rhufeinig. Awgrymwch resymau sy'n egluro pam y dewisodd y Rhufeiniaid y safle hwn.
  ch Pa gliwiau welwch chi yn y ffotograff i awgrymu bod y lle hwn bellach: i yn borthladd pysgota? ii yn bentref gwyliau?

7 Tynnwch fap corryn i ddangos yr holl ffyrdd rydym yn defnyddio afonydd ar gyfer dŵr, gwaith a hamddena. Gwnewch ef yn fap hwyliog!

75

6.3 Hindreulio yn helpu'r afon

Yn yr uned hon byddwch yn dysgu beth yw hindreulio, a sut mae'n helpu afon i siapio'r tir.

Beth yw hindreulio?

Ar ei thaith i'r môr, bydd afon yn gweithio'n ddi-baid ac yn newid siâp y tir. Bydd hindreulio'n ei helpu i wneud hynny.

Hindreulio yw'r broses lle y caiff craig ei malu'n ddarnau mwy a mwy mân. Gall droi'n bridd erbyn y diwedd!

Bydd hindreulio'n digwydd ym mhobman (ac nid wrth afonydd yn unig). Caiff y graig ei malu lle mae hi. Yna, gall afon fynd â'r darnau i ffwrdd.

▲ Bydd craig yn chwalu'n ddarnau mân yn union fel y bydd hen geir yn rhydu'n ddarnau mân.

Tri math o hindreulio

Mae tri math o hindreulio: **ffisegol**, **cemegol** a **biolegol**. Gallant i gyd ddigwydd gyda'i gilydd.

Mewn **hindreulio biolegol**, bydd gwreiddiau'n tyfu i mewn i'r craciau ac yn eu lledu.

Mewn **hindreulio ffisegol**, bydd iâ neu wres ac oerfel yn chwalu'r graig. Fel hyn:

1. Bydd dŵr yn diferu i'r craciau. Bydd yn rhewi mewn tywydd oer iawn. Wrth rewi, bydd yn ehangu – ac yn lledu'r craciau.

2. Mae rhai lleoedd yn boeth iawn yn ystod y dydd ac yn oer yn y nos. Bydd y graig yn ehangu yn y gwres ac yn cyfangu eto wrth iddi oeri. Dros amser, bydd hyn yn chwalu'r graig.

Mewn **hindreulio cemegol** bydd y graig yn adweithio ag aer a dŵr. Fel hyn:

1. Bydd dŵr yn cyfuno â rhai mwynau yn y graig ac yn eu troi'n glai.

2. Bydd carbon deuocsid o'r aer yn adweithio â'r glaw i ffurfio **asid carbonig**. Bydd hwnnw'n ymosod ar y graig gan roi cyfansoddion sy'n hydoddi.

3. Bydd ocsigen o'r aer yn adweithio â rhai pethau yn y graig. Er enghraifft, bydd yn 'rhydu' unrhyw haearn.

Welwch chi sut mae hindreulio eisoes wedi chwalu peth o'r graig hon ac wedi'i throi'n bridd?

Pa mor gyflym bydd y graig yn chwalu?

Mae hynny'n dibynnu ar ddau beth:
- y math o graig. Bydd rhai mathau'n hindreulio'n gynt nag eraill.
- yr hinsawdd. Er enghraifft, bydd hindreulio cemegol yn digwydd yn gynt mewn hinsawdd boeth a llaith nag mewn un oer a sych.

Troi craig yn bridd

Dyma sut mae hindreulio yn troi craig yn bridd:

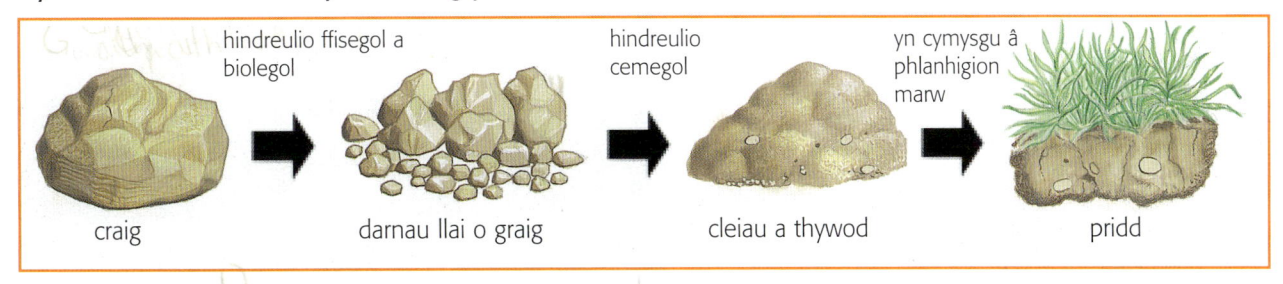

craig → hindreulio ffisegol a biolegol → darnau llai o graig → hindreulio cemegol → cleiau a thywod → yn cymysgu â phlanhigion marw → pridd

Mewn hinsawdd boeth a llaith, gall craig noeth droi'n haen drwchus o bridd dros rai cannoedd o flynyddoedd.

Hindreulio o amgylch afon

Mae hwn yn dangos trawstoriad drwy'r tir o amgylch afon. Ar un adeg, craig oedd y cyfan. Sylwch sut mae'r graig wedi'i hindreulio:

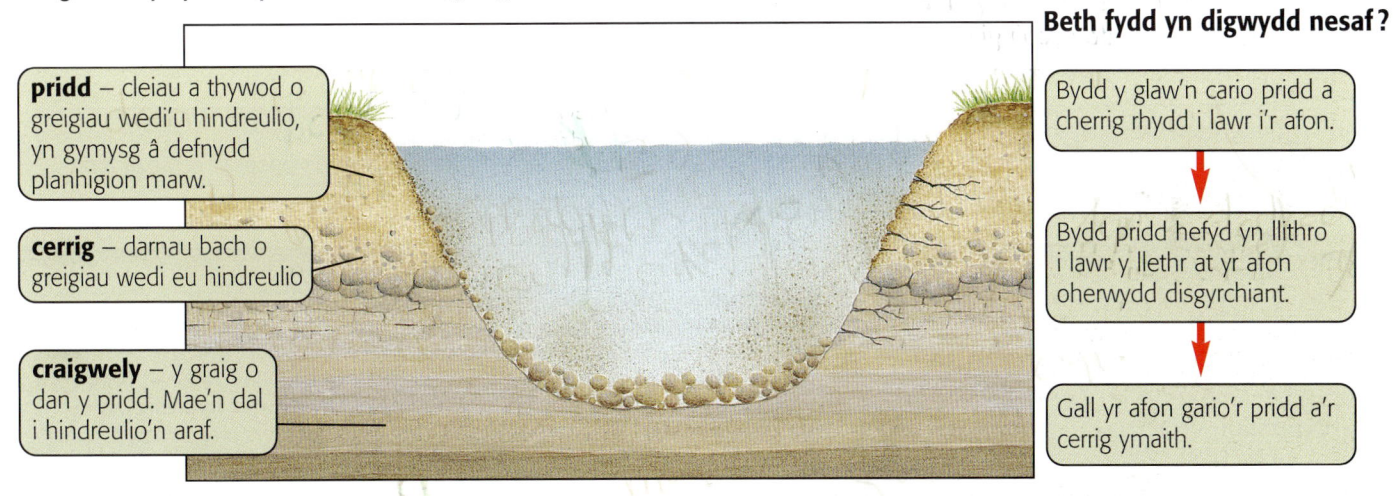

pridd – cleiau a thywod o greigiau wedi'u hindreulio, yn gymysg â defnydd planhigion marw.

cerrig – darnau bach o greigiau wedi eu hindreulio

craigwely – y graig o dan y pridd. Mae'n dal i hindreulio'n araf.

Beth fydd yn digwydd nesaf?

Bydd y glaw'n cario pridd a cherrig rhydd i lawr i'r afon.

↓

Bydd pridd hefyd yn llithro i lawr y llethr at yr afon oherwydd disgyrchiant.

↓

Gall yr afon gario'r pridd a'r cerrig ymaith.

Eich tro chi

1 Copïwch a chwblhewch, gan ddefnyddio geiriau o'r rhestr isod.
___ yw'r broses sy'n chwalu creigiau. Mewn hindreulio ___ , ni chaiff y graig ond ei chwalu'n ___ . Ond mewn hindreulio ___ mae'n ___ ag aer a ___ a chaiff ei newid yn dywod a ___ .

*adweithio   ffisegol   cleiau   cemegol   hindreulio
biolegol   craigwely   dŵr   darnau   organig*

2 Edrychwch ar y ffotograff ar y dde.
  a i O dan y gwair mae pridd. O ble daeth y pridd?
    ii Enwch y broses gyffredinol a gynhyrchodd y pridd.
  b Os byddwch chi'n cloddio i lawr drwy'r pridd, beth dewch chi o hyd iddo?
  c Mae'r graig o dan y pridd yn cael ei hindreulio, er ei bod hi o dan ddaear. Ceisiwch egluro pam.

3 Eglurwch yn eich geiriau eich hun sut mae hindreulio'n helpu'r afon hon i siapio'r tir.

4 Mae peth o'r dŵr mewn afon yn frown iawn. Pam?

6.4 Afonydd wrth eu gwaith

Yn yr uned hon byddwch yn dysgu sut mae afonydd yn siapio'r tir drwy godi defnydd a'i gario a'i ollwng.

Pa waith bydd afon yn ei wneud?

Ni fydd afon byth yn cysgu. Bydd yn gweithio'n ddi-baid, nos a dydd, gan dorri a siapio a llyfnhau'r tir.

Bydd afonydd yn gwneud eu gwaith mewn tri cham:

1 byddant yn codi neu'n **erydu** defnydd o un lle

2 byddant yn ei gario neu'n ei **gludo** i le arall

3 yna byddant yn ei ollwng neu'n ei **ddyddodi**.

Fe edrychwn ni'n awr ar bob un o'r rheiny'n fanylach.

▲ Wrthi'n gweithio'n galed …

1 Erydu

Mae hyn yn dangos y gwahanol ffyrdd y bydd erydu'n digwydd:

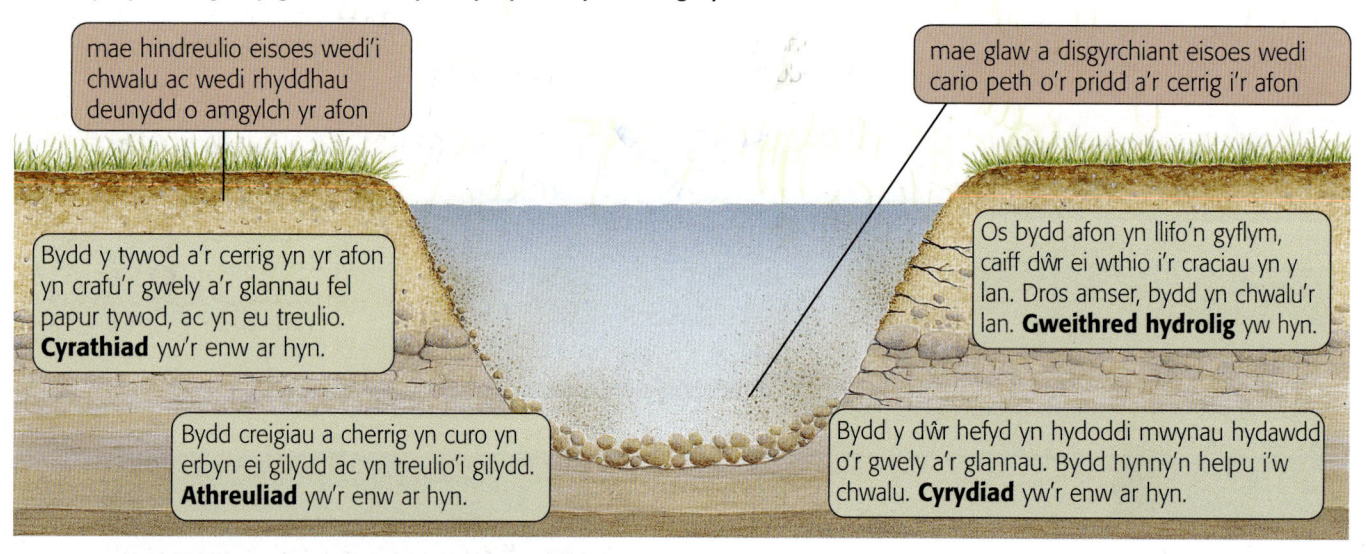

- mae hindreulio eisoes wedi'i chwalu ac wedi rhyddhau deunydd o amgylch yr afon
- mae glaw a disgyrchiant eisoes wedi cario peth o'r pridd a'r cerrig i'r afon
- Bydd y tywod a'r cerrig yn yr afon yn crafu'r gwely a'r glannau fel papur tywod, ac yn eu treulio. **Cyrathiad** yw'r enw ar hyn.
- Os bydd afon yn llifo'n gyflym, caiff dŵr ei wthio i'r craciau yn y lan. Dros amser, bydd yn chwalu'r lan. **Gweithred hydrolig** yw hyn.
- Bydd creigiau a cherrig yn curo yn erbyn ei gilydd ac yn treulio'i gilydd. **Athreuliad** yw'r enw ar hyn.
- Bydd y dŵr hefyd yn hydoddi mwynau hydawdd o'r gwely a'r glannau. Bydd hynny'n helpu i'w chwalu. **Cyrydiad** yw'r enw ar hyn.

Y cyflymaf y bydd yr afon yn llifo, a'r mwyaf o ddŵr fydd ynddi, y cyflymaf y bydd yn erydu.

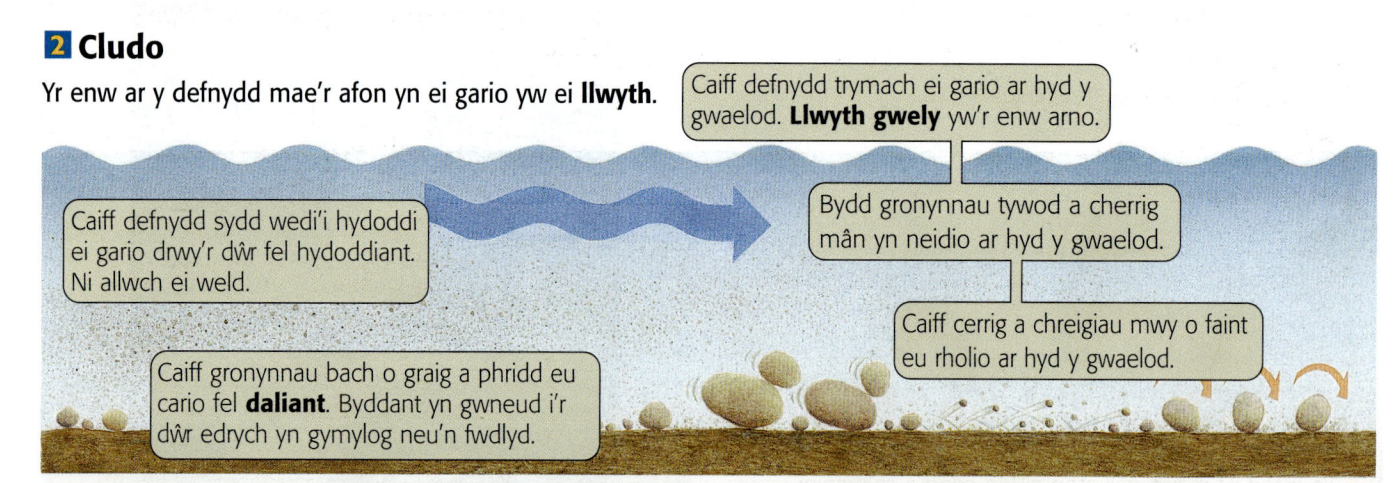

2 Cludo

Yr enw ar y defnydd mae'r afon yn ei gario yw ei **llwyth**.

- Caiff defnydd trymach ei gario ar hyd y gwaelod. **Llwyth gwely** yw'r enw arno.
- Caiff defnydd sydd wedi'i hydoddi ei gario drwy'r dŵr fel hydoddiant. Ni allwch ei weld.
- Bydd gronynnau tywod a cherrig mân yn neidio ar hyd y gwaelod.
- Caiff cerrig a chreigiau mwy o faint eu rholio ar hyd y gwaelod.
- Caiff gronynnau bach o graig a phridd eu cario fel **daliant**. Byddant yn gwneud i'r dŵr edrych yn gymylog neu'n fwdlyd.

Y cyflymaf y bydd afon yn llifo, a'r mwyaf a ddŵr sydd ynddi, y mwyaf yw'r llwyth y gall hi ei gario.

78

AFONYDD

3 Dyddodi

Pan fydd yr afon yn cyrraedd tir mwy gwastad, bydd yn arafu. Am nad oes ganddi'r egni i gario'i llwyth erbyn hyn, bydd yn ei ddyddodi – yn union fel y byddwch chi'n rhoi pethau i lawr pan fyddwch wedi blino. **Gwaddod** yw'r enw ar y defnydd sy'n cael ei ddyddodi.

Ond bydd defnydd sydd wedi'i hydoddi yn aros yn y dŵr, a chaiff ei gario allan i'r llyn neu'r môr.

Wrth i'r afon arafu, mae'n dyddodi'r cerrig a'r cerigos mwyaf yn gyntaf, yna'r rhai llai ac, yn olaf, y gronynnau lleiaf un.

Yr arafaf y bydd afon yn llifo, y mwyaf o ddefnydd y mae'n ei ddyddodi.

Ble mae hyn i gyd yn digwydd?

Erydu yw'r prif waith yn rhan uchaf yr afon, lle mae'r gwely'n fwyaf serth a garw.

Yn y rhan ganol, caiff peth defnydd ei erydu a pheth ohono ei ddyddodi.

Wrth i'r afon lifo dros dir mwy a mwy gwastad, bydd yn colli egni – ac yn dyddodi.

Bydd yn dyddodi'r rhan fwyaf o'i llwyth yn y gorlifdir gwastad, a'r gweddill lle bydd yn llifo i'r môr.

Eich tro chi

1. **A** cario defnydd ymaith **B** erydu
   codi defnydd   dyddodi
   gollwng defnydd   cludo

   a Mae rhestr A yn dangos beth sy'n digwydd mewn afon. Rhowch nhw yn y drefn gywir.
   b Wrth ochr pob un, ysgrifennwch y term cywir o B.

2. Edrychwch ar y ffotograff ar dudalen 78.
   a Pa waith, dybiwch chi, mae'r afon yn ei wneud yma? Dywedwch pam rydych chi'n meddwl hynny.
   b Pa ran sy'n cael ei chwarae yn y gwaith hwnnw gan:
      i y dŵr ei hun?   ii y cerrig yn yr afon?

   Rhowch enw cywir pob proses y soniwch amdani.

3. a Edrychwch ar y ffotograff hwn. Pa waith mae'r afon yn ei wneud yn X?
   b Ydych chi'n credu bod yr afon yn llifo'n gyflym, neu'n araf, yma? Eglurwch pam rydych chi'n credu hynny.
   c A yw'r darn tir hwn yn y gorlifdir? Eglurwch eich ateb.

4. Yn ystod llif mawr, gall afon gludo coed a chlogfeini mawr. Eglurwch pam.

5. Edrychwch unwaith eto ar y ffotograff ar dudalen 78. Fe'i tynnwyd ym mis Mawrth ar ôl llawer o law trwm.
   a Ym mha ffyrdd y gallai'r afon fod yn wahanol ar ddiwedd haf sych iawn? Rhowch eich rhesymau.
   b Sut gallai hynny effeithio ar y gwaith mae'r afon yn ei wneud?

79

6.5 Y tirffurfiau bydd afon yn eu creu

Yn yr uned hon byddwch yn dysgu am y tirffurfiau mae afon yn eu creu (fe'u gwelwch isod) drwy erydu a dyddodi defnydd.

Labeli ar y diagram: dyffryn ar ffurf V, rhaeadr, ceunant, ystum afon, ystumllyn

Dyffryn ar ffurf V

Bydd yr afon yn torri drwy'r tir fel llif. **Erydu tuag i lawr** yw'r enw ar hyn.

Yna, bydd glaw a disgyrchiant yn cario pridd a cherrig i lawr y llethrau, gan ledu'r V.

Rhaeadr

Bydd y dŵr yn arllwys dros ysgafell o graig galed.

Mae rhaeadr yn arwydd bod gwahanol haenau o graig o dan yr afon.

Nid yw'r graig yn yr haen uchaf yn erydu'n rhwydd. Mae'n **gwrthsefyll** erydu. Dyna pam bydd y rhaeadr yn ymffurfio.

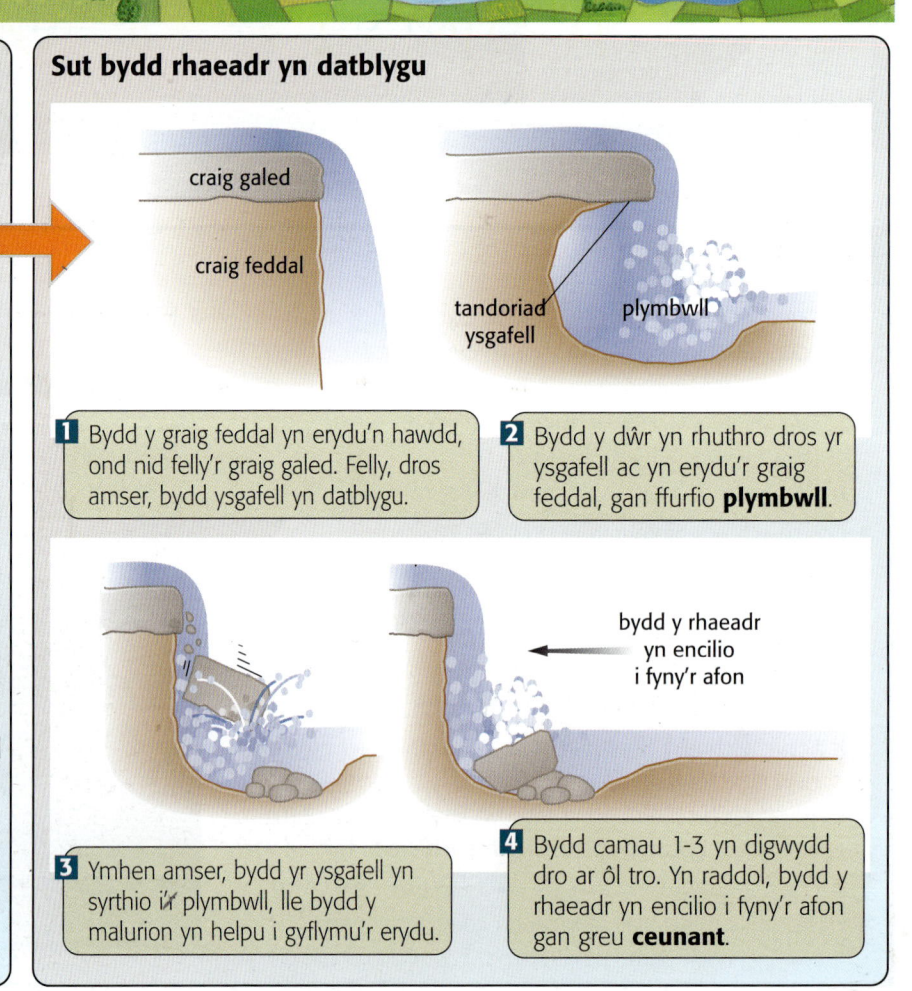

Sut bydd rhaeadr yn datblygu

Labeli: craig galed, craig feddal, tandoriad ysgafell, plymbwll, bydd y rhaeadr yn encilio i fyny'r afon

1 Bydd y graig feddal yn erydu'n hawdd, ond nid felly'r graig galed. Felly, dros amser, bydd ysgafell yn datblygu.

2 Bydd y dŵr yn rhuthro dros yr ysgafell ac yn erydu'r graig feddal, gan ffurfio **plymbwll**.

3 Ymhen amser, bydd yr ysgafell yn syrthio i'r plymbwll, lle bydd y malurion yn helpu i gyflymu'r erydu.

4 Bydd camau 1-3 yn digwydd dro ar ôl tro. Yn raddol, bydd y rhaeadr yn encilio i fyny'r afon gan greu **ceunant**.

Sut bydd ystum afon yn datblygu?
Bydd ystum afon yn cychwyn fel tro graddol. Edrychwch ar y ffordd y bydd yn datblygu:

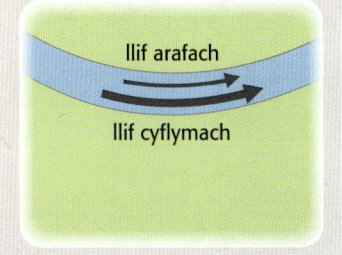

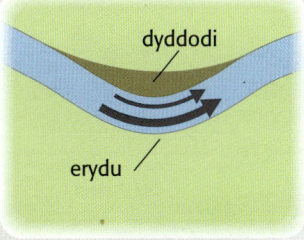

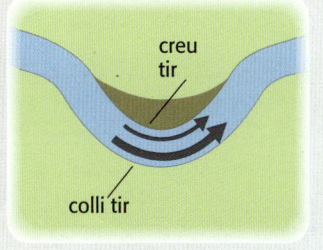

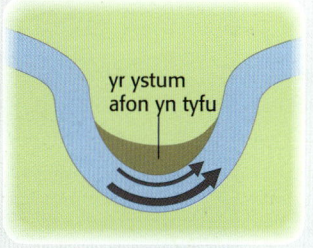

(Diagram 1: llif arafach / llif cyflymach)
(Diagram 2: dyddodi / erydu)
(Diagram 3: creu tir / colli tir)
(Diagram 4: yr ystum afon yn tyfu)

1 Bydd y dŵr yn llifo gyflymaf ar ochr allanol y tro, ac arafaf ar yr ochr fewnol. Felly …

2 … caiff y lan allanol ei herydu ond caiff defnydd ei ddyddodi ar y lan fewnol. Dros amser …

3 … wrth i'r lan allanol gael ei herydu ac i'r lan fewnol gynyddu, bydd ystum afon yn ymffurfio.

4 Wrth i'r broses barhau, bydd tro'r ystum afon yn cynyddu.

Sut bydd ystumllyn yn datblygu?

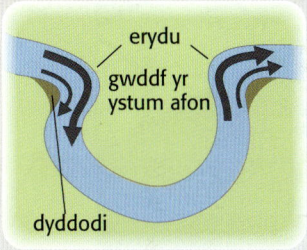

(Diagram 1: erydu / gwddf yr ystum afon / dyddodi)
(Diagram 2: yr afon yn torri'n syth ar draws)
(Diagram 3: ystumllyn)
(Diagram 4: y llyn yn cael ei lenwi)

1 Mae ystumllyn yn cychwyn fel ystum afon mawr fel hwn. Oherwydd erydu a dyddodi …

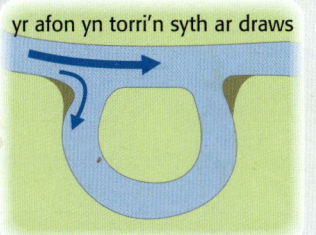

2 … bydd y gwddf yn culhau fwy a mwy. Ac yn y pen draw bydd yr afon yn torri ar draws.

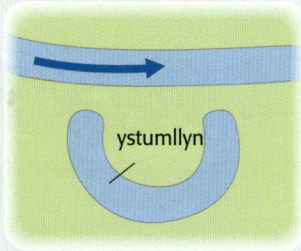

3 Cyn hir, caiff dau ben yr ystum eu selio. Bydd yn troi'n ystumllyn.

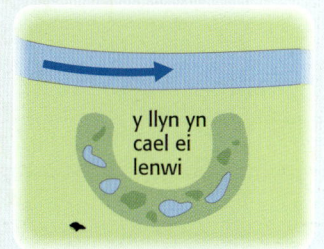

4 Ymhen amser, caiff y llyn ei orchuddio â chwyn. Bydd pridd yn ei lenwi, a bydd yn diflannu.

Eich tro chi

1 Lluniwch dabl fel hwn a chwblhewch ef ar gyfer y tirffurfiau afon sydd i'w gweld ar y ddwy dudalen hyn.

Tirffurf	Cafodd ei greu gan …
Dyffryn ar ffurf V	erydu

2 Beth yw ceunant? (Chwiliwch yn yr eirfa.)

3 Mae afon yn llifo dros haenau o graig, fel hyn:

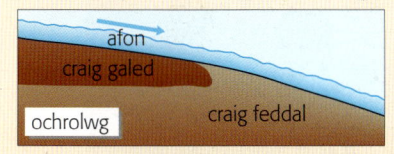

(Diagram: afon / craig galed / craig feddal / ochrolwg)

a Ai'r graig galed neu'r graig feddal fydd yn erydu gyflymaf?
b Tynnwch ddiagramau i ddangos sut bydd rhaeadr yn datblygu yn y pen draw.
c Yna, dangoswch sut bydd ceunant yn ymffurfio.

4 Edrychwch ar yr olygfa uchod.
a Beth sy'n digwydd yn A? Pam?
b Beth sy'n digwydd yn B? Pam?
c Tynnwch fraslun i ddangos sut olwg allai fod ar yr afon ymhen 500 mlynedd.

7 Ymdopi â llifogydd

Y darlun mawr

Pennod am lifogydd, a sut byddwn ni'n ymdopi â nhw, yw hon. Dyma brif syniadau'r bennod:

- Mae llifogydd wedi digwydd erioed. Maent yn berygl naturiol. Ond rydyn ni'n gwneud pethau'n waeth.
- Byddwn ni'n ymateb i lifogydd yn y tymor byr drwy helpu'r dioddefwyr.
- Byddwn ni'n ymateb i lifogydd yn y tymor hirach drwy geisio'u rhwystro.
- Mae sawl ffordd o'u rhwystro – ond nid yw'r un ohonynt yn berffaith, a gall rhai ohonynt wneud mwy o ddrwg nag o les.
- Gall fod yn ddrud iawn i helpu dioddefwyr a rhwystro llifogydd. Efallai na fydd gwledydd tlawd yn gallu fforddio gwneud hynny.

Erbyn diwedd y bennod hon …

Erbyn diwedd y bennod hon dylech allu ateb y cwestiynau hyn:

- Beth yw ystyr y termau hyn?

  *gorlifo   gorlifdir   arglawdd   isadeiledd
  gwasanaethau brys   ymateb tymor-byr   ymateb tymor-hir
  rheoli llifogydd   silt   delta*

- Beth sy'n achosi llifogydd?
- Pa ffactorau *naturiol* sy'n cynyddu'r perygl y bydd llifogydd?
- Ym mha ffyrdd rydym ni fel pobl wedi cynyddu'r perygl o lifogydd?
- Pam mae Bangladesh yn dioddef gwaeth llifogydd na'r DU?
- Sut byddwn ni'n ymdopi â llifogydd yn y DU – ac a yw'r sefyllfa'r un fath yn Bangladesh?
- Pam gall gwledydd mwy cyfoethog ddygymod yn well â llifogydd (a pheryglon naturiol eraill) nag y gall gwledydd tlotach?
- Sut byddwn ni'n ceisio atal lleoedd rhag cael eu gorlifo, a pha ffordd yw'r un orau?

Felly …

Pan orffennwch chi'r bennod, dewch yn ôl i'r dudalen hon i weld a ydych wedi ateb y cwestiynau uchod!

Wyddech chi?
- Yn y DU, mae rhyw 1 o bob 12 ohonom yn byw mewn ardal sydd mewn perygl o lifogydd. (Beth amdanoch chi?)

Wyddech chi?
- Yr afon waethaf yn y byd am farwolaethau oherwydd llifogydd yw Afon Huang (Afon Felen) yn China.
- Ym 1887 boddwyd 900 000 o bobl gan ei llifogydd.
- Yn ddiweddarach, bu miliynau farw oherwydd newyn a chlefydau.

Wyddech chi?
- Gallai'r newid yn yr hinsawdd achosi cynnydd o ddeg gwaith yn y gorlifo yn y DU yn ystod y ganrif hon.

Eich man cychwyn

Edrychwch ar y ffotograff ar dudalen 82. Beth sy'n digwydd yno?

Beth, dybiwch chi, yw teimladau pobl ynghylch hynny?

Yn eich barn chi, pa fathau o broblemau mae'n eu hachosi? (Chwiliwch yn fanwl am gliwiau!)

A ydych yn credu bod rhywun ar fai?

Beth, dybiwch chi, fydd yn digwydd i'r holl ddŵr? Pryd?

Does byth cwch yma pan fydd angen un.

7.1 Rhybudd llifogydd!

Yn yr uned hon byddwch yn dysgu beth yw llifogydd, beth sy'n eu hachosi, pa ddifrod maent yn ei wneud – a sut gallwn ni fel pobl wneud pethau'n waeth.

Beth yw llifogydd?
Bydd llifogydd yn digwydd pan gaiff afon fwy o ddŵr nag y gall ei sianel ei ddal. Bydd y dŵr, felly, yn gorlifo i'r gorlifdir.

Beth sy'n eu hachosi?
Fel arfer, caiff llifogydd eu hachosi gan law trwm – ond weithiau gan iâ neu eira'n ymdoddi.

Gall glaw trwm iawn achosi **fflachlif** sydyn. Gan nad oes dim rhybudd, gall pobl gael eu dal, a boddi.

Mae'r diagram hwn yn egluro sut bydd gorlif yn digwydd.

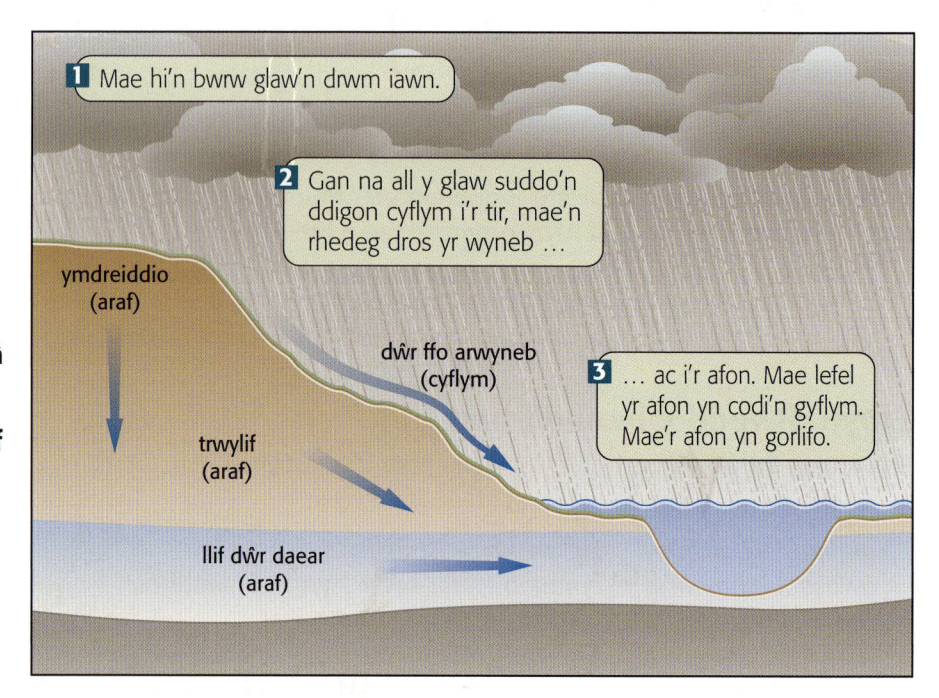

1 Mae hi'n bwrw glaw'n drwm iawn.

2 Gan na all y glaw suddo'n ddigon cyflym i'r tir, mae'n rhedeg dros yr wyneb …

3 … ac i'r afon. Mae lefel yr afon yn codi'n gyflym. Mae'r afon yn gorlifo.

ymdreiddio (araf)
dŵr ffo arwyneb (cyflym)
trwylif (araf)
llif dŵr daear (araf)

Ffactorau sy'n cynyddu'r perygl o lifogydd
Bydd unrhyw beth sy'n atal glaw rhag suddo i'r ddaear yn nalgylch yr afon yn cynyddu'r perygl o lifogydd. Dyma rai enghreifftiau.

Craig anathraidd
Os oes craig anathraidd, fel gwenithfaen, o dan y pridd, ni all y glaw suddo drwyddo.

Pridd sych a chaled
Os bydd tywydd sych wedi sychu'r pridd yn grimp, ni all y glaw suddo drwyddo'n rhwydd. Yn lle hynny, bydd yn llifo drosto.

Pridd gwlyb iawn
Os yw'r pridd eisoes yn ddirlawn, ni all rhagor o law suddo iddo. (Bydd clai gwlyb yn chwyddo ac yn selio dŵr allan!)

Llethrau serth
Bydd glaw'n rhedeg i lawr llethr serth yn gyflym – cyn iddo gael cyfle i suddo drwy'r ddaear.

Torri coed
Bydd dail yn atal glaw rhag cyrraedd y ddaear. Bydd gwreiddiau'n amsugno dŵr. Felly, os byddwch yn torri llawer o goed, cewch ragor o lifogydd.

Adeiladu yn nalgylch yr afon
Ni all glaw ymdreiddio i strydoedd a phalmentydd. Y mwyaf o adeiladau sydd yno, y mwyaf yw'r perygl o lifogydd.

YMDOPI Â LLIFOGYDD

Y difrod y bydd llifogydd yn ei wneud

Dyma beth all ddigwydd pan fydd afon yn gorlifo.

> Gallwch gael eich ysgubo i ffwrdd a boddi. (Gall dim ond 15 cm o ddŵr sy'n llifo'n gyflym eich bwrw oddi ar eich traed.)

> Bydd anifeiliaid fferm yn boddi.

> Bydd yr afon yn gorlifo i gartrefi. Caiff lloriau a dodrefn eu difetha. Caiff gwifrau eu difrodi – a gallech gael sioc drydan.

> Caiff cnydau eu difetha. Mewn gwledydd tlawd, gallai hyn olygu y bydd pobl yn newynu.

> Gall llifddwr ledu clefydau. Er enghraifft, bydd pobl mewn gwledydd tlawd yn aml yn cael **teiffoid** ar ôl llifogydd.

> Gall ffyrdd gael eu golchi i ffwrdd.

> Caiff siopau a swyddfeydd eu gorlifo. Bydd busnes yn stopio. Bydd ysgolion yn cau.

> Gall ceir gael eu hysgubo i ffwrdd, a chaiff eu peiriannau eu difetha.

> Os caiff systemau carthffosiaeth eu gorlifo, gall carthion lygru dŵr yfed. Byddwch yn teimlo'n sâl iawn ac yn cyfogi.

Y **gorlifdir** yw'r tir o amgylch yr afon sy'n debyg o gael ei orchuddio â dŵr pan fydd yr afon yn gorlifo.

Y mwyaf o bobl sy'n byw ac yn gweithio ar y gorlifdir, y mwyaf o ddifrod y bydd llifogydd yn ei wneud.

Eich tro chi

1 Mae'r brawddegau hyn yn egluro sut bydd llifogydd yn digwydd. Maent yn y drefn anghywir. Ysgrifennwch nhw yn y drefn gywir.
   ◆ Bydd yr afon yn llenwi â dŵr.
   ◆ Bydd y tir yn wlyb iawn.
   ◆ Bydd rhagor o law'n rhedeg dros y tir ac i'r afon.
   ◆ Bydd hi'n bwrw glaw'n drwm am amser hir.
   ◆ Bydd y dŵr yn codi dros y glannau.
   ◆ Bydd yr ymdreiddio'n arafu.

2 a Tynnwch fap corryn i ddangos y ffactorau sy'n cynyddu'r perygl o lifogydd. Fel hyn:

   Ffactorau sy'n cynyddu'r pergyl o lifogydd — glaw trwm — pridd dwrlawn (gwlyb iawn)

   b Tanlinellwch y ffactorau 'naturiol' mewn un lliw a'r ffactorau 'dynol' mewn lliw arall.

3 Eglurwch y ffeithiau hyn am lifogydd.
   a Gall beidio â bod yn ddiogel i chi fyw yn eich cartref am wythnosau.
   b Ar ôl llifogydd, mae'n syniad da berwi dŵr tap cyn ei yfed.
   c Gall effaith llifogydd barhau am flynyddoedd.
   ch Gall gostio miliynau i atgyweirio difrod llifogydd.

4 Tynnwyd y ffotograff uchod ar gyrion Peterborough, adeg y Pasg 1998. Afon Nene sydd wedi gorlifo.
   a Mae'r llun yn dangos llawer o adeiladau sydd wedi'u gorlifo. Pa fath o adeiladau ydyn nhw?
   b Maent wedi'u codi ar orlifdir Afon Nene. Bydd llawer o adeiladu'n digwydd ar orlifdiroedd. Pam, yn eich barn chi, y bydd hynny'n digwydd? A yw'n syniad da? Eglurwch.
   c Yr adeilad â ● wrtho yw'ch cartref chi. Ysgrifennwch e-bost at gyfaill yng Nghanada i ddweud wrthi sut daeth y dŵr i mewn, a sut gwnaethoch chi ymateb. Er enghraifft, wnaethoch chi geisio arbed unrhyw beth? Ffonioch chi rywun? Beth ddigwyddodd nesaf?

7.2 Llifogydd yn y DU, 2000

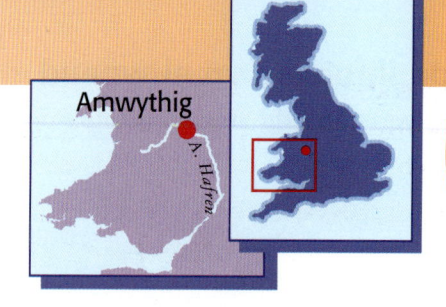

Yn yr uned hon byddwch chi'n gweld sut, a pham, yr effeithiodd llifogydd ar dref yn y DU.

Bwrw hen wragedd a ffyn !

Hydref 2000 oedd yr hydref gwlypaf yn y DU ers dechrau cadw cofnodion dros 270 o flynyddoedd yn ôl.

Dechreuodd fwrw glaw ym mis Medi, a bwrw glaw'n drwm am 7 wythnos a rhagor. Roedd y tir yn wlyb. Llenwodd yr afonydd yn gyflym. Cafwyd llifogydd mewn 700 o leoedd.

- Bu'n rhaid i 11 000 o deuluoedd adael eu cartrefi
- gorlifwyd 10 000 o gartrefi a busnesau
- costiodd y difrod dros £1.3 biliwn.

Ar hyd Afon Hafren, gwelwyd llifogydd mawr mewn sawl tref. Amwythig oedd un ohonynt.

Pa fath o le yw Amwythig ?

Hen dref hanesyddol yw Amwythig. Codwyd llawer o'i hadeiladau yn yr Oesoedd Canol. Mae ganddi boblogaeth o ryw 100 000.

Mae'r rhan fwyaf o ganol yr hen dref wedi'i chodi yn un o ddolenni Afon Hafren. (Edrychwch ar y map ordnans.) Mae hynny'n ychwanegu at apêl y dref – ac at berygl llifogydd. Unwaith bob 10 mlynedd, ar gyfartaledd, bydd llifogydd yn achosi difrod difrifol.

Yn ystod hydref 2000, cafodd y dref ei llifogydd gwaethaf am hanner canrif a rhagor. Trowch i dudalen 82 i weld yr olygfa.

Wyddech chi?
- Mae perygl i afonydd neu'r môr orlifo i dros 2 filiwn o gartrefi yn y DU.

Afon Hafren yn llifo drwy Amwythig

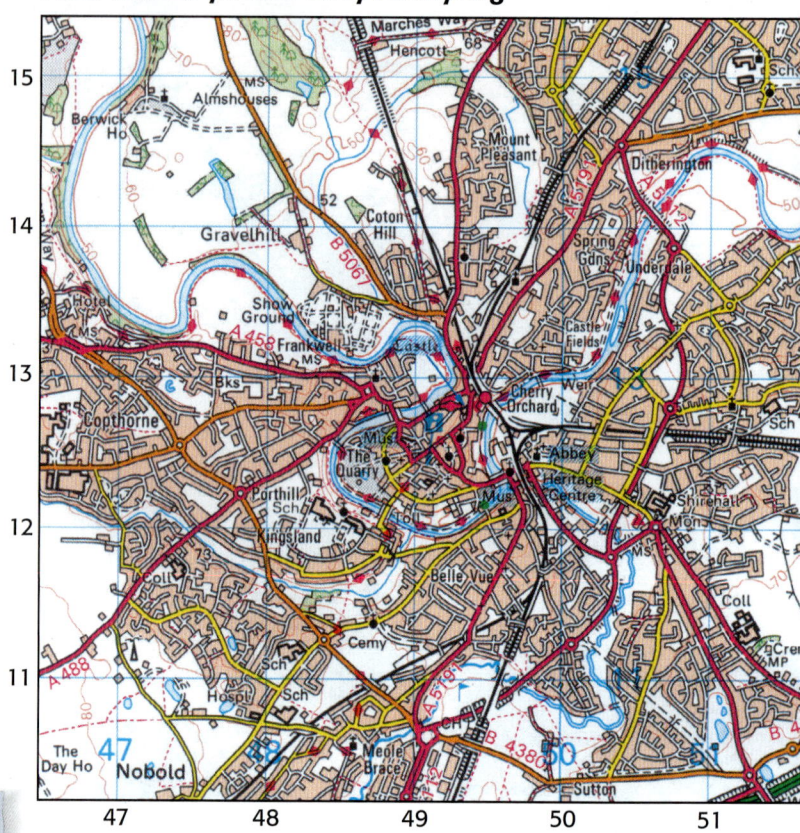

Graddfa 1: 50 000

Amwythig o dan ddŵr

Wrth i'r bisgedi a'r bagiau te lifo heibio i'w fferau, penderfynodd Tom Burns ei bod hi'n bryd cau'r siop.

Tom oedd un o'r miloedd a ddioddefodd wrth i Afon Hafren orlifo i strydoedd Amwythig. Erbyn y bore 'ma, roedd llawer o'r dref o dan ddŵr, ac ni allai traffig fynd drwyddi.

Oherwydd y llifogydd, mae llawer o bobl wedi gadael eu cartrefi ac wedi mynd i aros at gyfeillion a pherthnasau. Mae rhai wedi'u symud i ganolfan achub. Mae rhai wedi cael ystafelloedd am ddim yng ngwestai'r dref.

'Rwy'n falch na wnaeth neb foddi,' meddai Sheila Nelson, 'ond mae'n gas gen i feddwl sut olwg sydd ar fy nhŷ erbyn hyn. Pan adewais, roedd y dŵr yn yr ystafell fyw yn droedfedd o ddyfnder yn barod. Roedd ar fin cyrraedd gwaelod y set deledu. Bydd y carpedi a phopeth wedi'u difetha. Bydd hi'n cymryd misoedd i gael popeth yn ôl i drefn.'

Addaswyd o bapur newydd lleol, 2 Tachwedd 2000.

▲ Bwyd yn mynd gyda'r llif.

YMDOPI Â LLIFOGYDD

Pwy, felly, sydd ar fai?

'Nid ar y glaw mae'r bai i gyd,' meddai arbenigwr. 'Mae hyn yn rhybudd i bob un ohonon ni.'

'Yn gyntaf, rydym yn achosi newidiadau yn yr hinsawdd drwy losgi cymaint o danwydd ffosil. Felly, gallwn ddisgwyl gweld rhagor o law a rhagor o stormydd – a rhagor o lifogydd fel hyn.'

'Yn ail, rydym yn gwneud pethau'n waeth drwy adeiladu ar orlifdiroedd. Ym 1997-2000, ar orlifdiroedd y codwyd 11% o'r cartrefi newydd yn Lloegr – sy'n golygu bod perygl iddyn nhw gael eu gorlifo. Nid yw hynny'n gwneud synnwyr!'

'Rwy'n credu y dylai cynghorau lleol atal pobl rhag adeiladu ar orlifdiroedd. Ac os caiff adeiladwyr ganiatâd i adeiladu yno, rhaid iddyn nhw dalu i godi amddiffynfeydd rhag llifogydd.'

Addaswyd o bapur newydd, Tachwedd, 2000.

▲ Mynd adref, yn Amwythig.

▲ Te a chysur mewn canolfan achub.

Wyddech chi?
- Dechreuodd pobl ymgartrefu yn Amwythig tua 500 OC.
- Roedd dolen Afon Hafren yn cynnig diogelwch iddynt.
- Daeth y Normaniaid yma ym 1074 a chodi castell.

Wyddech chi?
- Afon Hafren yw'r afon hiraf yn y DU (354 km).
- Mae'n codi yn Uwchdiroedd Cymru ac yn llifo i Fôr Hafren.

Eich tro chi

1 Edrychwch ar y map ordnans o Amwythig. Pa gliw(iau) sydd ynddo i ddangos bod perygl i'r afon orlifo i'r dref?

2 Edrychwch ar y ffotograff ar dudalen 82.
  a Tafarn yw'r adeilad a farciwyd â ●, yn y gornel isaf ar y chwith. Ei gyfeirnod ar y map ordnans yw 490126. I ba gyfeiriad roedd y camera'n wynebu?
  b A yw'r afon i'r dde, neu i'r chwith, o'r coed?

3 A allai'r ffeithiau hyn fod wedi chwarae rhan yn llifogydd Amwythig? Rhowch resymau. (Gall tudalen 84 eich helpu.)
  a Bu'n bwrw glaw am saith wythnos cyn y llifogydd.
  b Mae Afon Hafren yn draenio rhan helaeth o Uwchdiroedd Cymru. (Edrychwch ar dudalen 127.)
  c Caiff uwchdiroedd Cymru lawer o law (tudalen 61.)
  ch Mae sawl llednant yn ymuno ag Afon Hafren cyn iddi gyrraedd Amwythig.
  d Dros y blynyddoedd, gwelwyd mwy a mwy o adeiladu ar y gorlifdir yn Amwythig.

4 Dychmygwch mai chi yw Sheila Nelson (o dudalen 86). Ar ôl mynd adref, beth fydd yn rhaid i chi ei wneud i gael eich tŷ yn ôl i drefn?
  a Ysgrifennwch restr o'r tasgau. (Meddyliwch am wyth, o leiaf.)
  b Rhowch nhw yn eu trefn, gan roi'r un pwysicaf gyntaf.
  c Wrth ochr pob tasg, nodwch faint o amser, yn eich barn chi, y bydd yn ei gymryd i wneud y gwaith, a faint fydd y gost.

5 Dychmygwch mai chi yw Tom Burns (o dudalen 86). Ysgrifennwch lythyr at y cyngor lleol i ddweud:
  - sut mae'r llifogydd wedi effeithio arnoch chi, a
  - beth y dylid ei wneud, yn eich barn chi, i ddiogelu Amwythig yn y dyfodol.

6 'Mae llifogydd yn berygl naturiol, ond byddwn ni'n eu gwneud nhw'n waeth.'
  a Enwch dair ffordd y byddwn ni'n gwneud hynny.
  b Awgrymwch bethau y gallem eu gwneud i leihau ein heffaith ar lifogydd. Rhowch eich ateb ar ffurf pwyntiau bwled.

7.3 Llifogydd yn Bangladesh, 2004

Yn yr uned hon byddwch yn darganfod pam mae Bangladesh yn cael cymaint o lifogydd.

500 yn marw yn y llifogydd yn Bangladesh

Erbyn hyn, mae nifer y rhai sydd wedi marw yn llifogydd Bangladesh eleni wedi cyrraedd 500. Ar ôl tair wythnos o'r llifogydd gwaethaf mewn 15 mlynedd, mae dros ddwy ran o dair o'r wlad o dan ddŵr.

Oherwydd glawogydd trwm y monsŵn yn Bangladesh a'r gwledydd cyfagos, mae tair afon fawr y wlad wedi gorlifo yr un pryd.

Yn Dhaka, cerddodd miloedd o bobl drwy ddŵr brwnt i chwilio am le diogel mewn adeilad uchel, ysgol neu loches. 'Mae hyn yn ofnadwy', meddai Fatima Begum wrth iddi geisio cario'i dau blentyn. 'Llifodd y dŵr i'r system garthffosiaeth ac mae carthion ym mhobman erbyn hyn. Mae hynny wedi llygru'r cyflenwad dŵr a does gennym ni ddim dŵr glân. Rwy'n poeni'n fawr y bydd fy mhlant yn mynd yn sâl.'

Mae dŵr yn un broblem. Problem arall yw bwyd – mae'n fwy a mwy anodd dod o hyd iddo. Ac mae'r ceblau byw sy'n hongian ym mhobman yn ychwanegu at y perygl.

Yng nghefn gwlad, mae'r sefyllfa'n druenus. Mae Reeza Lal a'i deulu'n cysgodi o dan hen len blastig ar arglawdd mwdlyd. O danynt, yn nŵr yr afon, mae cyrff gwartheg ac ieir marw, powlenni tun, trawstiau toeon a rhannau o ddodrefn yn llifo gyda'r afon.

'Wn i ddim beth i'w wneud,' meddai Reeza. 'Does gennym ni ddim bwyd na dŵr. Wyddon ni ddim pryd cawn ni fynd adref eto. Mae fy nghnydau wedi mynd gyda'r llif. Mae fy anifeiliaid wedi boddi. Rydym ni wedi colli'r cyfan.'

O adroddiadau papur newydd, 30 Gorffennaf 2004

Ffeithiau am y llifogydd

Hyd: 1 mis
Bu farw: dros 600 o bobl
Digartref: dros 7 miliwn o bobl
Dinistriwyd neu difrodwyd yn ddrwg: 2.6 miliwn o gartrefi
11 000 o ysgolion
3000 o bontydd
30 000 km o ffyrdd
2 filiwn o hectarau o gnydau
Cost y difrod: £4 biliwn

Wyddech chi?
- Ar gyfartaledd, caiff Bangladesh bron 3 gwaith cymaint o law y flwyddyn â'r DU.

▲ Fe achubon nhw gymaint ag y gallen nhw ar ôl i'r afon orlifo'u cartref.

▲ Lefel y llifogydd yn codi yn strydoedd Dhaka.

YMDOPI Â LLIFOGYDD

Pam mae cymaint o lifogydd yn Bangladesh?

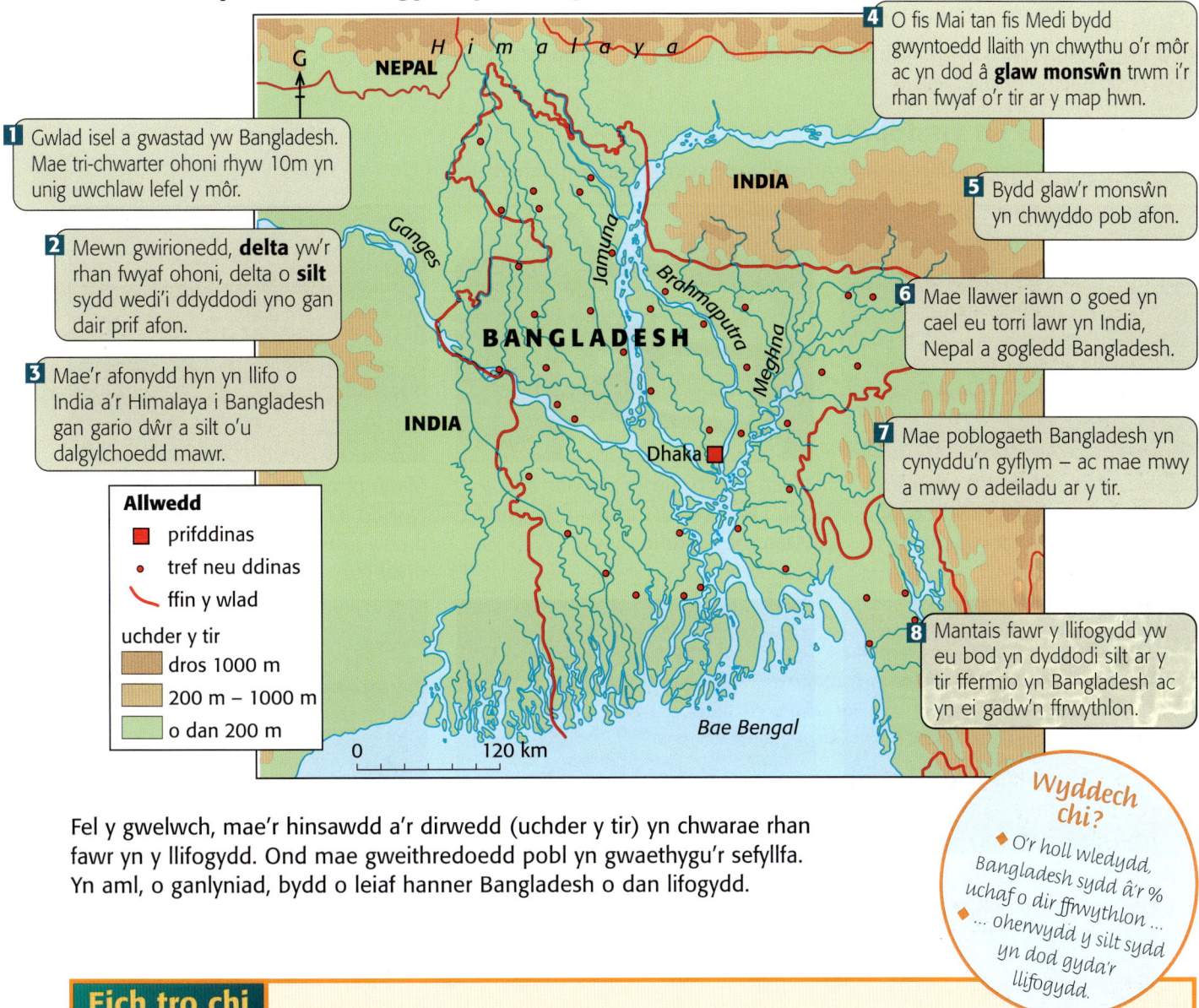

1 Gwlad isel a gwastad yw Bangladesh. Mae tri-chwarter ohoni rhyw 10m yn unig uwchlaw lefel y môr.

2 Mewn gwirionedd, **delta** yw'r rhan fwyaf ohoni, delta o **silt** sydd wedi'i ddyddodi yno gan dair prif afon.

3 Mae'r afonydd hyn yn llifo o India a'r Himalaya i Bangladesh gan gario dŵr a silt o'u dalgylchoedd mawr.

4 O fis Mai tan fis Medi bydd gwyntoedd llaith yn chwythu o'r môr ac yn dod â **glaw monsŵn** trwm i'r rhan fwyaf o'r tir ar y map hwn.

5 Bydd glaw'r monsŵn yn chwyddo pob afon.

6 Mae llawer iawn o goed yn cael eu torri lawr yn India, Nepal a gogledd Bangladesh.

7 Mae poblogaeth Bangladesh yn cynyddu'n gyflym – ac mae mwy a mwy o adeiladu ar y tir.

8 Mantais fawr y llifogydd yw eu bod yn dyddodi silt ar y tir ffermio yn Bangladesh ac yn ei gadw'n ffrwythlon.

Allwedd
- ■ prifddinas
- • tref neu ddinas
- ─ ffin y wlad

uchder y tir
- dros 1000 m
- 200 m – 1000 m
- o dan 200 m

Fel y gwelwch, mae'r hinsawdd a'r dirwedd (uchder y tir) yn chwarae rhan fawr yn y llifogydd. Ond mae gweithredoedd pobl yn gwaethygu'r sefyllfa. Yn aml, o ganlyniad, bydd o leiaf hanner Bangladesh o dan lifogydd.

Wyddech chi?
- O'r holl wledydd, Bangladesh sydd â'r % uchaf o dir ffrwythlon …
- … oherwydd y silt sydd yn dod gyda'r llifogydd.

Eich tro chi

1. Ble yn y byd mae Bangladesh? Pa wlad sy'n ei hamgylchynu?

2. *Delta* yw Bangladesh. Beth yw ystyr hynny? (Chwiliwch yn yr eirfa?)

3. Mae llifogydd yn achosi problem enfawr i Bangladesh. Allwch chi egluro'r rhan mae pob un o'r rhain yn ei chwarae:
   a Mae'n ddalgylch tair afon fawr.
   b Mae'n isel ac yn wastad.
   c Ni chaiff yr un faint o law ar hyd y flwyddyn. Bydd y rhan fwyaf ohono'n syrthio mewn cyfnod o 5 mis.
   ch Bu'r boblogaeth bron â dyblu rhwng 1975 a 2005.
   d Caiff 2 biliwn o dunelli metrig o silt eu cario i Bangladesh bob blwyddyn, a chaiff y rhan fwyaf ohono ei ddyddodi ar welyau'r afonydd.

4. Ar y cyfan, mae llawer mwy o berygl o orlifo yn Bangladesh nag yn y DU. Rhowch o leiaf dri rheswm i egluro pam.

5. Ar ôl llifogydd yn Bangladesh, bydd miliynau o bobl yn dioddef am fisoedd, neu hyd yn oed am flynyddoedd. Isod, fe welwch rai o'r rhesymau dros hyn. Copïwch a chwblhewch nhw yn eich geiriau eich hun.
   a Mae llawer o'r tai'n fregus, ac felly …
   b Does gan y bobl ddim arian wrth gefn, ac felly …
   c Bydd llawer o ffermwyr yn colli eu cnydau, ac felly …
   ch Un meddyg yn unig sydd i bob 4300 o bobl, ac felly …

6. 'Bydd dioddefwyr llifogydd yn Bangladesh yn dioddef yn fwy na dioddefwyr llifogydd yn y DU.' Ydych chi'n cytuno? Rhowch resymau dros eich ateb.

7.4 Ymdopi â llifogydd

Yn yr uned hon byddwch yn cymharu sut mae'r DU a Bangladesh yn ymdopi â llifogydd, ac yn ceisio egluro'r gwahaniaethau.

Sut mae'r DU yn ymdopi?
Yng Nghymru a Lloegr, Asiantaeth yr Amgylchedd sy'n gofalu am afonydd.

Mewn ardaloedd lle mae perygl mawr o orlifo, maen nhw'n codi amddiffynfeydd – fel y glannau neu'r **argloddiau** hyn.

Maen nhw'n mesur uchder a llif y dŵr i weld a yw'r afon ar fin gorlifo. (Mae mesuryddion yn y cwt hwn.)

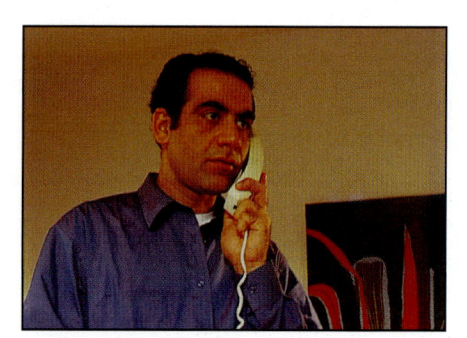

Maen nhw'n gweithio â phobl y tywydd a'r heddlu i'n rhybuddio dros y radio, y teledu a'r ffôn, neu drwy guro ar ddrysau.

Bydd pobl leol hefyd yn helpu eu hunain. Er enghraifft, drwy osod bagiau o dywod i gadw'r dŵr allan.

Bydd y **gwasanaethau brys** – y frigâd dân, yr heddlu a'r fyddin – yn gweithredu pan fydd eu hangen.

Bydd mudiadau fel y Groes Goch, a siopau ac ysgolion lleol, yn helpu drwy gynnig bwyd a lloches.

Ond mae codi amddiffynfeydd yn broses ddrud iawn. Ni allwn eu codi ym mhobman. Felly, gall llifogydd yn y DU ddal i wneud llawer iawn o ddifrod.

Cymharu'r DU a Bangladesh

Mae'r DU wedi datblygu mwy na llawer gwlad. Mae ganddi **isadeiledd** da. (Hynny yw, ffyrdd, system ffôn, cyflenwad dŵr, cyflenwad trydan ac ati.)

Ac mae gan y rhan fwyaf o bobl ddigon o arian i fyw arno.

Mae Bangladesh yn llai datblygedig, fel y gwelwch yn y tabl hwn. Mae'r isadeiledd yno'n wael. Nid oes wyneb ar 90% o'r ffyrdd – nid ydynt ond traciau garw. Mae llawer o'r bobl yn dlawd ofnadwy.

Mae llawer o resymau dros hynny. Byddwch yn dysgu amdanynt yn nes ymlaen yn eich cwrs.

Cymharu'r DU a Bangladesh

	Y DU	Bangladesh
Poblogaeth (miliynau)	59	136
Arwynebedd (km sgwâr)	243 000	144 000
Nifer y bobl am bob km sgwâr	244	1042
Enillion blynyddol cyfartalog	£18 600	£124
Y canran o'r bobl sy'n byw mewn ardaloedd gwledig	10%	84%
Hyd y ffyrdd ag wyneb arnynt am bob 1000 km sgwâr o dir	1531 km	138 km
Nifer y llinellau ffôn am bob 1000 o bobl	587	4
Nifer y setiau radio am bob 1000 o bobl	1406	45
Nifer y setiau teledu am bob 1000 o bobl	508	6

YMDOPI Â LLIFOGYDD

Sut mae Bangladesh yn ymdopi?

Mae'r llifogydd yn Bangladesh yn llawer gwaeth nag yn y DU. Sut mae'r wlad yn ymdopi?

Caiff llawer o adeiladau – fel y tŷ hwn – eu codi ar stiltiau i'w diogelu rhag llifogydd.

Mae cannoedd o km o argloddiau. Maent yn cadw pobl yn ddiogel – ond nid ydynt i'w cael ym mhobman.

Er bod yno system rybuddio, mae'n anodd rhybuddio'r bobl yn yr ardaloedd gwledig.

Pan ddaw'r llifogydd, bydd yr heddlu a'r fyddin yn gwneud eu gorau glas – ond ni allant wneud popeth.

Codwyd rhai llochesau – ond dim hanner digon. Bydd pobl yn llochesu lle bynnag y gallant.

Ar ôl llifogydd mawr, bydd angen help gweddill y byd arnynt: bwyd, pebyll, hadau, moddion, arian.

Eich tro chi

1 a Pa sefydliad sy'n gofalu am afonydd Cymru a Lloegr?
   b Beth yw *gwasanaethau brys*?
2 Mae A–C isod yn rhai o'r ymatebion i lifogydd yn y DU.
   a Yn eich barn chi, pa ymateb(ion) sydd:
      i yn dymor byr? ii yn dymor hir? (Chwiliwch yn yr eirfa?)
      A Mae Asiantaeth yr Amgylchedd yn codi amddiffynfeydd rhag llifogydd.
      B Mae'r gwasanaethau brys bob amser yn barod.
      C Bydd cymdogion yn rhoi pryd o fwyd poeth i'r rhai sydd wedi dioddef llifogydd.
   b Chwiliwch am enghraifft arall o bob un o'r mathau o ymateb (tymor-byr a thymor-hir) i lifogydd yn y DU.
   c Ewch ati i weld a allwch chi sylwi ar *ddwy* enghraifft o bob math o ymateb yn achos Bangladesh.
3 Ym mha ffyrdd mae'r ymatebion i lifogydd yn Bangladesh a'r DU: **a** yn debyg? **b** yn wahanol?

4 Edrychwch ar y data yn y tabl ar dudalen 90.
   a Rhowch resymau pam mae'n fwy anodd rhybuddio pobl am lifogydd yn Bangladesh nag yn y DU.
   b Eglurwch pam mae'n fwy anodd mynd â help at ddioddefwyr llifogydd yn Bangladesh.
   c Eglurwch pam mae mwy o bobl yn dioddef yn Bangladesh nag yn y DU pan fydd afon yn gorlifo.
5 'Y mwyaf datblygedig yw gwlad, y mwyaf fydd ei gallu i ddygymod â llifogydd a thrychinebau eraill.'
   Ydych chi'n cytuno? Eglurwch mewn *dim llai na* 50 gair.
6 Ar y cyfan, bydd y DU yn ymdopi'n dda â llifogydd. Ond beth fyddai'n digwydd petai hanner y wlad o dan ddŵr am wythnosau (fel yn Bangladesh)? Sut byddem yn ymdopi bryd hynny? Disgrifiwch sut fywyd a allai fod gennych erbyn wythnos 4.

7.5 Rheoli llifogydd

Yn yr uned hon byddwch yn dysgu am ffyrdd o rwystro llifogydd.

Sut mae rheoli neu rwystro llifogydd?

Pan fydd afonydd yn gorlifo, gallwn helpu'r dioddefwyr drwy roi lloches a bwyd iddynt. Ond ateb tymor-byr yw hynny. Byddwn hefyd yn ceisio rhwystro llifogydd yn y dyfodol. Dyma bedair ffordd o wneud hynny:

1 Rheoli lefel y dŵr
- Codi **argae** i ddal a storio'r dŵr, a rheoli'r ffordd y caiff y dŵr ei ryddhau. (Mae modd defnyddio argae i gynhyrchu trydan hefyd.)
- Codi **gorsafoedd pwmpio**. Pan fydd lefel y dŵr yn codi, gallwch bwmpio'r dŵr allan i fasnau storio dros dro.

2 Codi rhwystrau
- Rhoi pridd neu goncrid ar y glannau i wneud **argloddiau**, i gadw'r dŵr i mewn.
- Codi **muriau llifogydd** o amgylch ardaloedd adeiledig i gadw'r dŵr allan.

3 Newid sianel yr afon
- **Ei sythu**. Gan fod hynny'n cyflymu llif y dŵr i'r llyn neu'r môr, mae llai o siawns o orlifo.
- **Ei lledu a'i dyfnhau.** Tynnu defnydd o'r gwely a'r glannau er mwyn i'r sianel allu dal rhagor o ddŵr.

4 Rheoli'r defnydd tir o amgylch yr afon
- Atal pobl rhag adeiladu ar y gorlifdir.
- Plannu rhagor o goed yn nalgylch yr afon.
- Talu ffermwyr i adael i'r afon orlifo i'w caeau sydd ar lannau'r afon. (Bydd hynny'n golygu llai o orlifo mewn lleoedd eraill.)

Pa un yw'r ffordd orau?

Does dim ffordd 'berffaith' o atal llifogydd. Mae pob dull yn codi problemau – a gall fethu! I wneud y dewis gorau, rhaid i chi ystyried:
- pa mor aml bydd yr afon yn gorlifo'n drwm
- faint o ddifrod gall ei wneud
- cost pob dull unigol
- faint gallwch chi fforddio'i wario!

Rhai anfanteision

♦ Bydd llifogydd yn gollwng silt ar gaeau ar y gorlifdir. Bydd hynny'n cadw'r pridd yn ffrwythlon. Felly, os rhwystrwch chi'r llifogydd, bydd y pridd yn llai ffrwythlon.

Byddai hynny'n broblem fawr yn Bangladesh, lle mae'r ffermwyr yn dibynnu ar y silt ac yn methu fforddio gwrtaith.

♦ Gall argloddiau mewn un lle achosi gorlifo gwaeth mewn mannau eraill. (Rhaid i'r dŵr fynd i rywle!)

♦ Bydd newidiadau i afon yn gyrru bywyd gwyllt i ffwrdd.

▲ Codi'r offer rhwystro llifogydd yn Amwythig yn 2002. Byddant yn cael eu tynnu i lawr ar ôl i'r llifogydd gilio.

Eich tro chi

1 Edrychwch ar y llun ar dudalen 92.
   a Enwch y nodweddion yn A, B, C ac CH, a dywedwch pa waith bydd pob un ohonynt yn ei wneud.
   b Beth sy'n digwydd yn D? Sut gall hyn rwystro llifogydd?

2 Mae'r pedwar panel glas yn dangos pedwar dull o atal llifogydd. Yn eich barn chi, pa ddull:
   a sy'n costio fwyaf?   b sydd orau i'r bywyd gwyllt?
   c sy'n costio leiaf?   ch sydd orau i olwg yr afon?
   d yw'r un mwyaf cynaliadwy? (Chwiliwch yn yr eirfa?)
   Rhowch resymau dros eich atebion.

3 Ar ôl y llifogydd yn 2000, lluniodd Asiantaeth yr Amgylchedd gynlluniau i amddiffyn Amwythig (tudalen 86). Rhaid i chi ddyfalu pam y gwrthododd hi bob un o syniadau **A–CH** isod. Rhowch atebion mor llawn â phosibl, gan ddefnyddio beth rydych chi wedi'i ddysgu hyd yn hyn – a'r cliwiau ychwanegol yn y blwch cliwiau!
   A Carthu'r afon.
   B Adeiladu sianel i greu llwybr byr ar draws dolen yr afon pan fydd llifogydd. (Edrychwch ar y llinellau toredig ar y map isod.)
   C Codi muriau llifogydd ar hyd y ddolen i rwystro llifogydd.
   CH Codi argae yn uwch i fyny'r afon.

4 Yn y diwedd, penderfynodd Asiantaeth yr Amgylchedd gael rhwystrau cludadwy i atal llifogydd yn ardal Frankwell.
   a Beth yw *rhwystrau cludadwy*? (Y ffotograff!)
   b Pam maen nhw'n syniad da ar gyfer Amwythig?
   c Pam gwnaeth yr Asiantaeth ddewis Frankwell yn ardal allweddol i'w hamddiffyn? (Edrychwch ar y mapiau ar dudalen 86 ac isod.)

5 Eich gwaith chi yw ceisio rheoli llifogydd yn Bangladesh. Dyma'ch dewisiadau:
   ① Codi argaeau yng ngogledd Bangladesh.
   ② Symud pawb oddi ar y gorlifdiroedd.
   ③ Codi argloddiau ar hyd yr afonydd i gyd.
   ④ Codi argloddiau o amgylch trefi a dinasoedd yn unig.
   ⑤ Codi gorsafoedd pwmpio ar hyd yr afonydd.
   ⑥ Plannu llawer o goed yn Bangladesh.
   ⑦ Carthu'r afonydd a defnyddio'r gwaddod i godi tir uwch lle gall pobl fyw'n ddiogel.
   ⑧ Sythu'r afonydd.
   ⑨ Gofyn i India a Nepal blannu llawer o goed.
   Cewch ddewis mwy nag un o'r uchod.

   a Yn gyntaf, ewch drwy'r dewisiadau. Penderfynwch a fydd pob un ohonynt yn gweithio, a dywedwch pam. Bydd y map ar dudalen 89 yn eich helpu i benderfynu.
   b Ysgrifennwch adroddiad i lywodraeth Bangladesh. Dylai fod tair rhan iddo:
   ♦ Beth rydych yn bwriadu ei wneud.
   ♦ Pa mor dda mae'n debyg o weithio. (A fydd yn atal y llifogydd i gyd? Beth yw'r anfanteision?)
   ♦ Pa bethau eraill dylid eu gwneud i amddiffyn pobl? (Meddyliwch am dai, llochesau rhag llifogydd, ac ati.)
   Cewch ddefnyddio lluniadau i wneud eich cynllun yn glir.

Blwch cliwiau

Byddai'r pontydd yn y ffordd. Ac os dechreuwch, rhaid i chi ddal ati i wneud hyn!	Byddai'n rhaid boddi tir ffermio i godi hwn – a byddai'n achosi llifogydd mewn pentrefi ymhellach i fyny'r afon.
Mae'r olygfa dros yr afon yn rhan fawr o apêl Amwythig.	
Byddai angen twnnel enfawr o dan y ffyrdd, y rheilffordd a thir y mae pobl yn berchen arno. Y gost: hyd at £100 miliwn!	

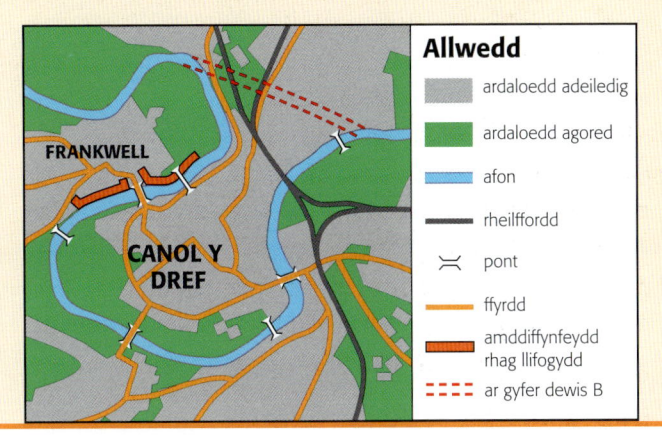

Allwedd
- ardaloedd adeiledig
- ardaloedd agored
- afon
- rheilffordd
- pont
- ffyrdd
- amddiffynfeydd rhag llifogydd
- ar gyfer dewis B

8 Pêl-droed

Y darlun mawr

Mae daearyddiaeth yn wych – mae hyd yn oed yn trafod chwaraeon!
Pêl-droed yw'r enghraifft yn y bennod hon. Dyma brif syniadau'r bennod:

- Mae pêl-droed yn cysylltu pobl a lleoedd ar hyd a lled y byd.
- Mae'n hwyl – ond mae hefyd yn fusnes mawr, ac mae llawer o bobl (yn ogystal â'r chwaraewyr) yn gwneud eu bywoliaeth ohono.
- Bydd rhai'n ennill arian mawr ohono. Ond ychydig iawn o dâl a gaiff y bobl yn y gwledydd tlawd sy'n gwneud y dillad a'r offer.
- Gall stadiwm pêl-droed gael effaith fawr ar yr ardal o'i gwmpas.

Mae'r syniadau hyn yn wir am lawer o chwaraeon eraill hefyd.

Erbyn diwedd y bennod hon …

Erbyn diwedd y bennod hon, dylech allu ateb y cwestiynau hyn:

- Ym mha ffyrdd mae pêl-droed yn cysylltu pobl a lleoedd ar hyd a lled y byd?
- A yw timau mwyaf llwyddiannus y DU yn y trefi a'r dinasoedd mwyaf? Os felly, pam?
- Beth yw ystyr y termau hyn?

    gweithgaredd economaidd   sector cynradd   sector eilaidd   sector trydyddol

- Pa fathau o swyddi sy'n gysylltiedig â phêl-droed?
- Pam caiff pêl-droed ei ddisgrifio fel busnes mawr?
- Pa fath o effaith a gaiff stadiwm ar ardal?
- Pan fydd clwb yn symud i stadiwm newydd, pwy sy'n ennill a phwy sy'n colli?
- Pam caiff cymaint o'r offer a'r dillad chwaraeon a gaiff eu gwerthu yma eu gwneud mewn gwledydd tlawd?

Felly …

Pan orffennwch chi'r bennod, dewch yn ôl i'r dudalen hon i weld a ydych wedi ateb y cwestiynau uchod!

Wyddech chi?
- Yn China tua 200 CC, roedd chwarae pêl-droed yn golygu cicio pêl ledr, a oedd yn llawn o wallt a phlu, drwy agoriad a oedd yn llai na 50 cm o led.

Wyddech chi?
- Ym 1314 cafodd chwarae pêl-droed ei wahardd yn Llundain gan y Maer am ei fod yn achosi cymaint o helynt yn y ddinas. Petai pobl yn cael eu dal yn ei chwarae, gallent gael eu hanfon i garchar.

Wyddech chi?
- Erbyn hyn, pêl-droed yw'r brif gamp a gaiff ei chwarae gan ferched a menywod yn y DU.

Eich man cychwyn

Daearyddiaeth ar waith yw pêl-droed!

Edrychwch ar y ffotograff ar dudalen 94.

Cafodd y bêl ei gwneud yn Pakistan, a'r esgidiau yn India. Caiff y gêm ei gwylio ar y teledu yn Nigeria a Japan a llawer o wledydd eraill.

Pa gysylltiadau eraill â daearyddiaeth sydd yn y ffotograff? Rhestrwch gymaint ag y gallwch chi.

Dewch yn eich blaenau!

8.1 # Ymchwilio i lwyddiant mewn pêl-droed

Yn yr uned hon byddwch yn ymchwilio i rai o'r rhesymau sy'n egluro pam mae rhai timau – a rhai gwledydd – yn fwy llwyddiannus wrth chwarae pêl-droed na'i gilydd.

Enillwyr ym myd pêl-droed

▲ *Enillwyr Cwpan y Byd, 2002: Brasil*

▲ *Pencampwyr Pêl-droed Olympaidd, 2004 : UDA*

Mae pob clwb, a phob gwlad, yn hoffi ennill gemau pêl-droed.

Pam, felly, mae rhai'n gwneud yn well na'i gilydd? Mater o dalent yn unig? Neu faint y lle? Neu fater o gyfoeth? Ewch ati i ymchwilio!

Eich tro chi

Cynhesu'n gyntaf

1 Eich tasg yw cysylltu pob dot ar y map hwn â'r tîm cywir o'r rhestr isod.

Sheffield Wednesday
Newcastle United
Manchester United
Dinas Caerdydd/Cardiff City
Lerpwl
Brighton
Arsenal
Blackpool
Hull City
Celtic

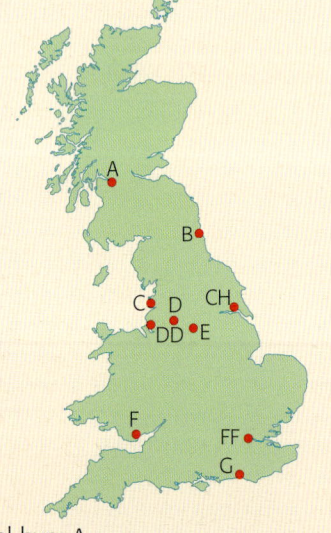

Ysgrifennwch eich ateb fel hyn: A = _____
(A dim chwarae'n fudur neu fe gewch chi'ch anfon o'r cae!)

2 Mae timau pêl-droed mewn gwahanol **gynghreiriau**, yn ôl pa mor dda ydyn nhw. Enwch gymaint o gynghreiriau ag y gallwch ar gyfer Cymru a Lloegr, gan roi'r gorau'n gyntaf.

A yw llwyddiant yn gysylltiedig â maint y lle?

3 A oes tuedd i'r dinasoedd mwyaf fod â'r timau pêl-droed gorau? Mae'n bryd dod o hyd i'r ateb. Mae'r tabl cyntaf ar dudalen 97 yn dangos 24 o drefi a dinasoedd yng Nghymru a Lloegr (y tu allan i Lundain) sydd â thimau yn y pedair cynghrair uchaf.

a Pa un yw'r ddinas neu'r dref *fwyaf* ar y rhestr sydd *heb* dîm yn yr Uwch-Gynghrair?

b Pa un yw'r ddinas neu'r dref *leiaf sydd â* thîm yn yr Uwch-Gynghrair?

4 a Gwnewch gopi mawr o'r graff gwasgariad sydd wedi'i gychwyn yma. (Defnyddiwch bapur graff os gallwch. Defnyddiwch dudalen lawn wedi'i throi ar ei hochr.) Dylech gynnwys yr holl linellau a ddangosir yma.

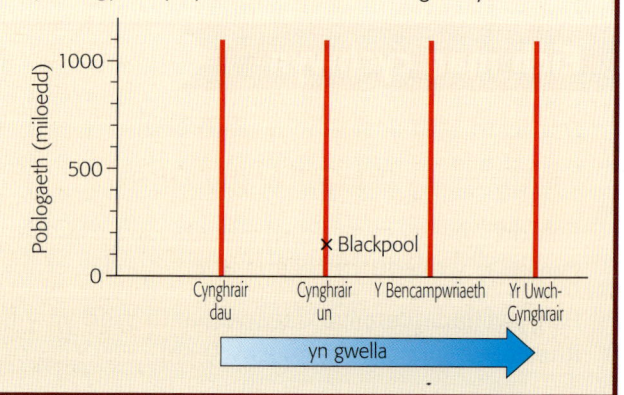

96

PÊL-DROED

Dinas neu dref yn y DU	Poblogaeth (miloedd)	Tîm/Timau	Y Gynghrair (2004–05)
Amwythig	100	Shrewsbury Town	Dau
Birmingham	977	Aston Villa	Yr Uwch-Gynghrair
		Birmingham City	Yr Uwch-Gynghrair
Blackpool	142	Blackpool	Un
Bournemouth	163	Bournemouth	Un
Caerdydd	305	Dinas Caerdydd / Cardiff City	Y Bencampwriaeth
Caerlŷr	280	Leicester City	Y Bencampwriaeth
Darlington	98	Darlington	Dau
Derby	289	Derby County	Y Bencampwriaeth
Ipswich	117	Ipswich Town	Y Bencampwriaeth
Lerpwl	439	Lerpwl	Yr Uwch-Gynghrair
		Everton	Yr Uwch-Gynghrair
Luton	184	Luton Town	Un
Macclesfield	150	Macclesfield Town	Dau
Manceinion	393	Manchester United	Yr Uwch-Gynghrair
		Manchester City	Yr Uwch-Gynghrair
Northampton	194	Northampton Town	Dau
Oldham	217	Oldham Athletic	Un
Peterborough	156	Peterborough United	Un
Portsmouth	187	Portsmouth	Yr Uwch-Gynghrair
Rhydychen	134	Oxford United	Dau
Sheffield	513	Sheffield United	Y Bencampwriaeth
		Sheffield Wednesday	Un
Southampton	217	Southampton	Yr Uwch-Gynghrair
Southend	160	Southend United	Dau
Swindon	180	Swindon Town	Un
Walsall	253	Walsall	Un
Wolverhampton	234	Wolverhampton Wanderers	Y Bencampwriaeth

b Cwblhewch eich graff ar gyfer pob un o'r 24 lle yn y tabl.

c Edrychwch ar eich graff gwasgariad. A yw'n dangos cysylltiad rhwng poblogaeth lleoedd a llwyddiant eu timau? Disgrifiwch unrhyw duedd *gyffredinol* a welwch.

ch Ceisiwch feddwl am resymau sy'n egluro'r duedd honno.

5 a Tynnwch gopi mwy o'r siart llif hwn.

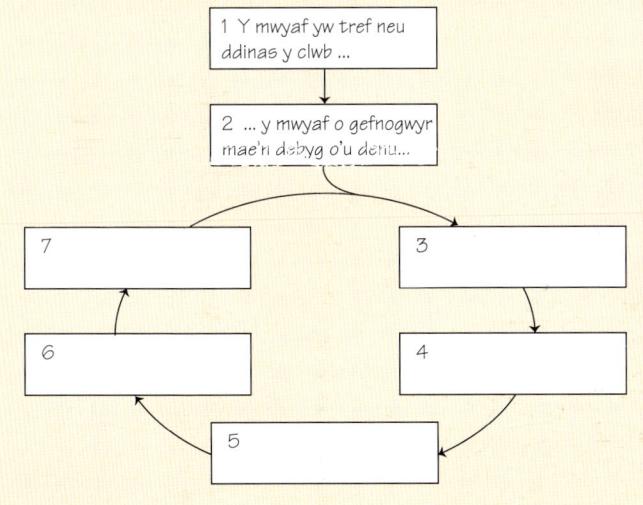

[Siart llif: 1 Y mwyaf yw tref neu ddinas y clwb ... → 2 ... y mwyaf o gefnogwyr mae'n debyg o'u denu... → 3 → 4 → 5 → 6 → 7 → (yn ôl i 2)]

b Ysgrifennwch y pum brawddeg isod yn y blychau cywir, i gwblhau'r siart llif. (Un ym mhob blwch.)

... felly, gall brynu rhagor o chwaraewyr da ...
... felly, gall werthu rhagor o docynnau i'w gemau ...
... felly, bydd yn ennill rhagor o gemau ...
... felly, bydd yn cael rhagor o gefnogwyr ...
... ac felly bydd yn gwneud rhagor o arian ...

c Ar ôl cwblhau eich siart llif ar gyfer **b**, edrychwch arno. A yw'n helpu i egluro'r patrwm a welsoch yn **4**?

ch A ydych yn cytuno â'r rhesymeg yn eich siart llif? Rhowch farc allan o 10 iddi.

A yw gwledydd tlawd yn llai llwyddiannus wrth chwarae pêl-droed?

6 *'Nid yw gwledydd tlawd mor llwyddiannus â gwledydd cyfoethog wrth chwarae pêl-droed.'*
Ydych chi'n cytuno? Atebwch *Ydw*, *Nac ydw* neu *Ddim yn siŵr*.

7 Mae'r tabl isod yn dangos safleoedd gwledydd pêl-droed y byd yn 2004 ym marn FIFA, a chyfoeth cyfartalog pob person yn y gwledydd hynny (mewn doleri UDA).

Gwlad	Safle yn 2004 yn ôl FIFA	Cyfoeth cyfartalog y person (mewn $UDA)
Almaen, Yr	8	27 000
Ariannin	5	10 000
Brasil	1	8000
Cameroon	12	2000
Croatia	42	9000
Eidal, Yr	10	25 000
Ffrainc	2	26 000
Japan	23	28 000
Kenya	79	1000
Lloegr	17	25 000
Mali	46	900
Morocco	33	4000
Niger	170	800
Nigeria	16	900
UDA	9	38 000

a Ym mha un o'r gwledydd hynny y mae pobl gyfoethocaf, ar gyfartaledd? Ym mha un y maen nhw dlotaf?

b Tynnwch graff gwasgariad ar sail y data yn y tabl. Bydd angen echelinau *hir* arno. Labelwch nhw fel y dechreuwyd yma:

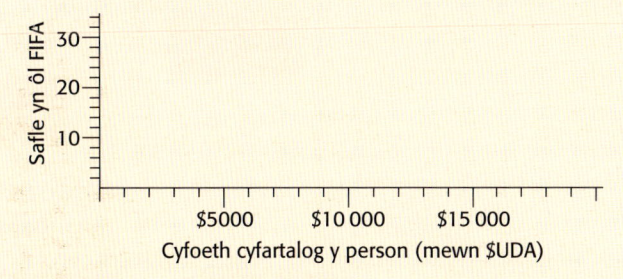

[Graff: echelin-y "Safle yn ôl FIFA" 10, 20, 30; echelin-x "Cyfoeth cyfartalog y person (mewn $UDA)" $5000, $10 000, $15 000]

c Astudiwch eich graff gwasgariad. Yna atebwch gwestiwn **6** unwaith eto – a'r tro hwn rhowch eich tystiolaeth.

ch Allwch chi awgrymu unrhyw beth arall y gallech ei wneud i weld a oes cysylltiadau rhwng cyfoeth a llwyddiant mewn pêl-droed? (Mae dros 200 o wledydd yn y byd!)

8 Edrychwch unwaith eto ar y tabl uchod. Defnyddiwch ef i egluro:

a pam mae rhai o chwaraewyr gorau Brasil wedi ymuno â thimau yn Lloegr

b pam nad yw chwaraewyr o Loegr yn ymuno â thimau ym Mrasil.

8.2 Ennill bywoliaeth o bêl-droed

Yn yr uned hon byddwch yn dysgu am y gwahanol swyddi sy'n gysylltiedig â phêl-droed

Y swyddi mewn clwb pêl-droed
Does dim rhaid i chi chwarae pêl-droed i gael swydd mewn clwb pêl-droed! Edrychwch ar y rhain:

Wyddech chi?
Mae Manchester United yn cyflogi:
- rhyw 500 o staff amser-llawn
- rhyw 1350 o staff ar ddiwrnod gêm.

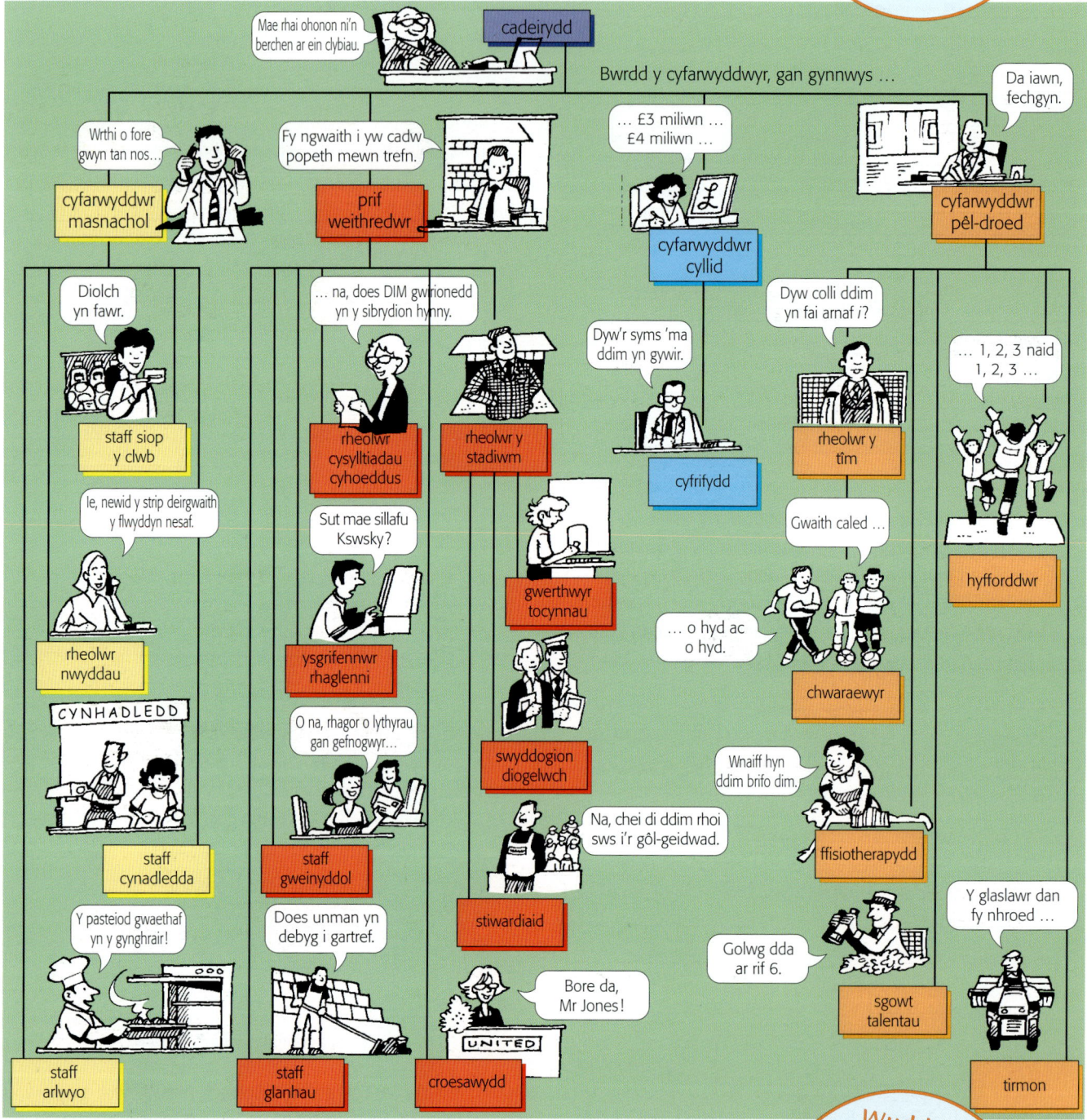

Mae rhai ohonon ni'n berchen ar ein clybiau. — **cadeirydd**

Bwrdd y cyfarwyddwyr, gan gynnwys ...

Wrthi o fore gwyn tan nos... — **cyfarwyddwr masnachol**

Fy ngwaith i yw cadw popeth mewn trefn. — **prif weithredwr**

... £3 miliwn ... £4 miliwn ... — **cyfarwyddwr cyllid**

Da iawn, fechgyn. — **cyfarwyddwr pêl-droed**

Diolch yn fawr. — **staff siop y clwb**

... na, does DIM gwirionedd yn y sibrydion hynny. — **rheolwr cysylltiadau cyhoeddus**

Dyw'r syms 'ma ddim yn gywir. — **cyfrifydd**

rheolwr y stadiwm

Dyw colli ddim yn fai arnaf i? — **rheolwr y tîm**

... 1, 2, 3 naid 1, 2, 3 ... — **hyfforddwr**

Ie, newid y strip deirgwaith y flwyddyn nesaf. — **rheolwr nwyddau**

Sut mae sillafu Kswsky? — **ysgrifennwr rhaglenni**

gwerthwyr tocynnau

Gwaith caled ... o hyd ac o hyd. — **chwaraewyr**

staff cynadledda

O na, rhagor o lythyrau gan gefnogwyr... — **staff gweinyddol**

swyddogion diogelwch

Na, chei di ddim rhoi sws i'r gôl-geidwad. — **stiwardiaid**

Wnaiff hyn ddim brifo dim. — **ffisiotherapydd**

Y glaslawr dan fy nhroed ... — **tirmon**

Y pasteiod gwaethaf yn y gynghrair! — **staff arlwyo**

Does unman yn debyg i gartref. — **staff glanhau**

Bore da, Mr Jones! — **croesawydd**

Golwg dda ar rif 6. — **sgowt talentau**

Swyddi eraill sy'n dibynnu ar bêl-droed
Mae cannoedd o swyddi eraill *y tu allan* i'r clybiau yn dibynnu ar bêl-droed hefyd. Swyddi fel:
- gwnïo'r strip pêl-droed (y dillad y bydd y chwaraewyr yn eu gwisgo)
- ysgrifennu am bêl-droed i bapur newydd
- rhedeg y pyllau pêl-droed.

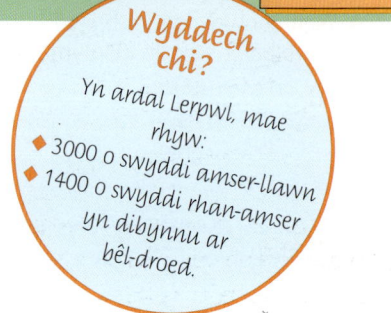

Wyddech chi?
Yn ardal Lerpwl, mae rhyw:
- 3000 o swyddi amser-llawn
- 1400 o swyddi rhan-amser yn dibynnu ar bêl-droed.

PÊL-DROED

Eich tro chi

1. Edrychwch ar y lluniad o'r clwb pêl-droed ar dudalen 98.
   a. Pwy sydd â gofal y chwaraewyr?
      Allwch chi enwi rhywun go-iawn sydd â'r swydd honno?
   b. Beth mae'r staff arlwyo yn ei wneud?
   c. Beth mae ffisiotherapydd yn ei wneud?
   ch. Beth mae'r tirmon yn ei wneud?
   d. Eglurwch yn eich geiriau eich hun beth yw bwrdd cyfarwyddwyr.

2. Mae *gweithgaredd economaidd* yn golygu gwaith y cewch eich talu am ei wneud. (Efallai i chi ddod ar draws hyn ar dudalen 66.) Mae modd ei rannu'n bedwar math neu **sector**:

   cynradd – casglu pethau o'r Ddaear. Ffermio, pysgota, mwyngloddio.

   eilaidd – gwneud neu **gynhyrchu** pethau. Fel esgidiau, cadeiriau, paent.

   trydyddol – darparu **gwasanaethau**. Fel dysgu, neu ofalu am bobl sy'n sâl.

   cwaternaidd – gwaith **uwch-dechnoleg**. Fel datblygu cyffuriau newydd i iacháu clefydau.

   Edrychwch unwaith eto ar y swyddi yn y clwb pêl-droed.
   a. A oes unrhyw un ohonynt yn y sector cwaternaidd?
   b. A oes unrhyw un ohonynt yn perthyn i'r sectorau cynradd neu eilaidd? (A gawsoch chi drafferth penderfynu? Os do, pam?)
   c. Ar y cyfan, beth allwch chi ei ddweud am swyddi mewn clwb pel-droed?

3. a. Tynnwch fap corryn mawr i ddangos swyddi – *y tu allan i'r clwb* – sy'n gysylltiedig â phêl-droed. Rhowch gymaint â phosibl. Gallech ddechrau fel hyn:

   Swyddi sy'n gysylltiedig â phêl-droed (y tu allan i'r clwb)
   — ysgrifennu am bêl-droed
   — dylunydd y strip

   b. Ar eich map corryn, tanlinellwch unrhyw swyddi yn y sector cynradd mewn un lliw, y rhai yn y sector eilaidd mewn lliw arall, ac yn y blaen. Ychwanegwch allwedd i egluro'r lliwiau.

4. Dyma hanes replica o strip unrhyw glwb pêl-droed:

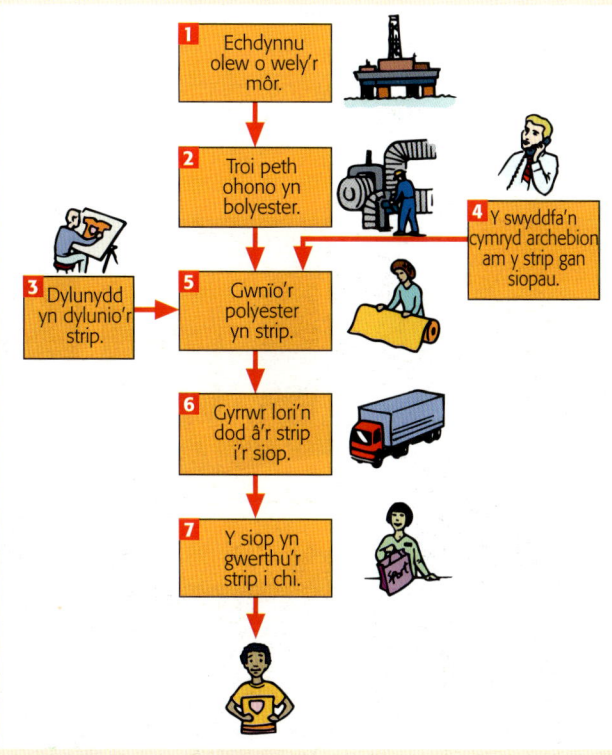

   1. Echdynnu olew o wely'r môr.
   2. Troi peth ohono yn bolyester.
   3. Dylunydd yn dylunio'r strip.
   4. Y swyddfa'n cymryd archebion am y strip gan siopau.
   5. Gwnïo'r polyester yn strip.
   6. Gyrrwr lori'n dod â'r strip i'r siop.
   7. Y siop yn gwerthu'r strip i chi.

   a. Gwnewch eich copi eich hun o'r siart llif. (Peidiwch â chynnwys y lluniau!)
   b. Tanlinellwch unrhyw weithgareddau cynradd mewn un lliw, y rhai eilaidd mewn lliw arall, ac yn y blaen.
   c. Ychwanegwch allwedd i ddangos ystyron y lliwiau.

5. Bydd llawer o bobl yn ennill bywoliaeth o bêl-droed – ond bydd rhai'n ennill mwy na'i gilydd! Dyma'r cyflogau mewn un clwb:

Swydd	Cyflog am y flwyddyn
glanhawr	£10 000
rheolwr arlwyo	£36 000
hyfforddwr	£85 000
rheolwr stadiwm	£60 000
chwaraewr	£250 000
rheolwr tîm	£100 000
staff gweinyddol	£24 000

   a. Tynnwch siart bar i ddangos y data hyn. (Trowch eich papur graff ar ei ochr?) Dangoswch y cyflogau yn eu trefn, gan ddechrau gyda'r un mwyaf.
   b. Mae'r chwaraewr yn ennill _____ gwaith yn fwy na'r glanhawr. Beth yw'r rhif sydd ar goll?
   c. Ydych chi'n meddwl ei fod yn gweithio _____ gwaith mor galed â'r glanhawr?
   ch. Ydych chi'n meddwl bod y gwahaniaeth mawr yn eu cyflogau yn deg? Rhowch resymau.

8.3 Y busnes pêl-droed

Yn yr uned hon byddwch yn dysgu sut mae'r clybiau pêl-droed mawr yn ennill arian – a sut mae chwaraewyr da a stadiwm da yn helpu.

Mae'n fusnes mawr

Mae pêl-droed yn fwy na gêm – mae'n fusnes mawr. Bydd y clybiau mwyaf yn ennill, ac yn gwario, miliynau o bunnoedd y flwyddyn. Yn y ffotograffau hyn cewch gliwiau ynghylch sut maen nhw'n ennill eu harian. (Bydd yn rhaid i chi gysylltu'r rhifau â'r geiriau yn ddiweddarach.)

Wyddech chi?
- Gwerthodd Manchester United David Beckham am £17.2 miliwn.

Edrychwch ar y rhestr ar y dde. Mae'n dangos sut mae clybiau'n gwario arian. Bydd rhai ohonynt yn mynd i drafferthion am eu bod yn gwario mwy nag y maen nhw'n ei ennill!

Sut mae clybiau'n gwario arian
- talu'r chwaraewyr
- talu'r staff eraill
- prynu chwaraewyr newydd
- gwella'u stadiwm
- cynnal gemau
- mynd i gemau oddi cartref
- hyfforddi timau ieuenctid
- gweithio gydag ysgolion

100

PÊL-DROED

Ac nid i'r clybiau'n unig

Ac nid y clybiau pêl-droed mawr yn unig sy'n gwneud arian o bêl-droed.

Bydd siopau, caffis, tafarnau a thai bwyta lleol i gyd yn brysurach nag arfer ar ddiwrnod gêm.

▶ Bydd chwant bwyd a diod arnyn nhw ar ôl hyn.

Eich tro chi

Sut mae clwb pêl-droed mawr yn gwneud arian

Dull o wneud arian	Allai'r clwb ennill rhagor o hyn ...	
	drwy gael gwell chwaraewyr?	drwy symud i stadiwm mwy a gwell?
❶ gwerthu tocynnau i'r gemau		gallai
❷		

1 Dyma'r ffyrdd y bydd clwb pêl-droed mawr yn gwneud arian:
   ◆ gwerthu tocynnau i'r gemau
   ◆ arlwyo (barrau a thai bwyta)
   ◆ gwerthu nwyddau (strip, sgarffiau, ac ati)
   ◆ ffioedd teledu (am gemau a gaiff eu dangos ar y teledu)
   ◆ rhentu ystafelloedd ar gyfer cynadleddau
   ◆ rhentu blychau gwylio preifat
   ◆ nawdd

   Rhaid i chi eu cysylltu â'r rhifau 1–7 yn y ffotograffau ar dudalen 100. Gwnewch hyn.

   a Lluniwch dabl ac arno benawdau fel yr un uchod. Estynnwch y tabl i ddangos rhesi rhif 1–7.
   b Ysgrifennwch yr eitemau cywir yng ngholofn 2, i gyd-fynd â'r rhifau yng ngholofn 1. (Dewiswch nhw o'r rhestr uchod.)
   c Ydych chi'n credu y bydd clwb yn gwerthu rhagor o docynnau os oes ganddo well chwaraewyr? Ysgrifennwch *ydw* neu *nac ydw* yn rhes 1, colofn 3.
   ch Llenwch golofn 3 ar gyfer pob un o'r rhesi eraill.
   d A fydd symud i stadiwm newydd yn effeithio ar yr arian y gall y clwb ei ennill am bob eitem? Penderfynwch ar eich ateb a llenwch y golofn olaf.

2 Tynnwch fap corryn i ddangos pwy arall sy'n elwa pan fydd clwb pêl-droed yn llwyddiannus. Gallai ddechrau fel hyn:

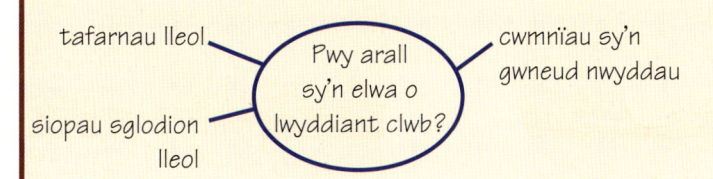

   tafarnau lleol — **Pwy arall sy'n elwa o lwyddiant clwb?** — cwmnïau sy'n gwneud nwyddau
   siopau sglodion lleol

3 Fel pob busnes, mae angen i glybiau pêl-droed wneud arian. Bydd llawer ohonyn nhw'n prynu chwaraewyr o bob rhan o'r byd i'w helpu i wneud hynny. Dyma sut mae hynny'n gweithio:

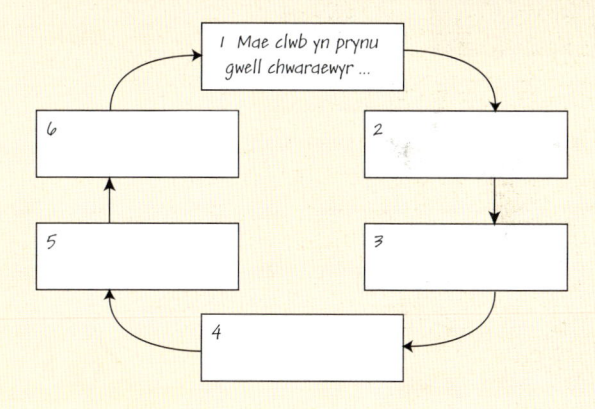

   [Siart llif gyda 6 blwch wedi eu rhifo 1–6:
   1 Mae clwb yn prynu gwell chwaraewyr ...
   2, 3, 4, 5, 6]

   Gwnewch gopi mwy o'r siart llif hwn.
   Yna, ysgrifennwch y rhain yn y blychau cywir ...

   ... felly, gall fforddio rhagor o chwaraewyr gorau'r byd.
   ... sy'n golygu y bydd yn gwerthu rhagor o docynnau a rhagor o nwyddau.
   Felly, bydd y clwb yn tyfu'n fwy a mwy cyfoethog ...
   ... ac felly bydd yn ennill mwy a mwy o gemau ...
   Bydd hefyd, felly, yn gwneud rhagor o arian o deledu a nawdd.

4 Ac yn olaf, yn ôl i'r stadiwm. Mae sawl clwb ym mhob rhan o'r DU wedi symud i stadiwm newydd, neu'n ystyried gwneud hynny. Gan ddefnyddio'ch tabl ar gyfer **1** i'ch helpu, ysgrifennwch baragraff i egluro pam.

101

8.4 Arsenal yn symud

Yn yr uned hon byddwch yn dysgu am benderfyniad Arsenal i symud i stadiwm newydd – ac yn ymchwilio i effaith y symud.

Mae'r Gunners ar eu ffordd!

Chwaraeodd Arsenal ei gêm gyntaf yn Highbury ym 1913. Yn 2006, 93 o flynyddoedd yn ddiweddarach, bydd yn chwarae ei gêm gyntaf yn ei gartref newydd yn Ashburton Grove.

'Rydym yn drist wrth adael Highbury' meddai'r rheolwr Arsene Wenger, 'ond rhaid i ni wneud hynny er mwyn tyfu. Roedd Highbury yn dal 38 500 o bobl yn unig. Bydd y stadiwm newydd yn dal 60 000. Fe ddaw â llawer mwy o arian – a bydd y cefnogwyr yn falch o weld bod rhagor o docynnau ar werth.'

Nid stadiwm yn unig

Nid stadiwm yn unig yw hwn. Mae'r ailddatblygu yn Ashburton Grove yn cynnwys:
- 2000 o dai newydd neu dai wedi eu gwella
- lle ar gyfer siopau a busnesau eraill
- canolfan chwaraeon-a-chymuned newydd i'r bobl leol
- 2 gampfa newydd
- 4 canolfan iechyd gymunedol.

Mae Arsenal yn addo y daw'r ailddatblygu â 1800 o swyddi newydd i'r ardal. Ond cafwyd ambell broblem. Gwrthwynebodd llawer o bobl leol gynlluniau Arsenal. Aeth dau ohonynt hyd yn oed i'r Uchel Lys i'w hymladd!

Llythyrau at y Golygydd

Annwyl Syr

Gan fod Arsenal yn awr wedi cael eu ffordd, mae hi ar ben arnom ni. Bydd 60 000 o gefnogwyr yn glanio ar ein pennau bob rhyw 10 diwrnod. Sut wnawn ni ymdopi?

Nid y cefnogwyr yw fy unig gwyn. Roeddwn i'n rhedeg busnes ar safle Ashburton Grove tan i'r cyngor fy ngorfodi i symud er mwyn i'r stadiwm allu cael ei godi!

Pam dylai pobl fel fi gael ein gwthio allan am fod ar glwb pêl-droed barus eisiau gwneud rhagor o arian? Dyw hi ddim yn deg.

Rwyf bob amser wedi casáu pêl-droed. A dyma bêl-droed wedi difetha fy mywyd.

Yn siomedig dros ben

Bill Simmonds

Eich tro chi

1. Beth oedd prif reswm Arsenal dros symud?
2. Pan soniodd y clwb gyntaf am symud, cawsant lawer o awgrymiadau gan y cefnogwyr. Dyma ddau ohonynt:

   A: PEIDIWCH Â GADAEL HIGHBURY! GWNEWCH Y STADIWM YN FWY!
   B: BETH AM SYMUD Y STADIWM ALLAN O'R DDINAS!

   Rhowch resymau dros i'r clwb ddweud 'na' wrth y naill a'r llall.

3. a Lluniwch dabl ac ynddo benawdau fel y rhai isod.

Dod o hyd i safle newydd i stadiwm pêl-droed	
Pethau i'w hystyried	Sgôr Ashburton Grove
Yn ddigon mawr?	
Cludiant cyhoeddus gerllaw?	
Yn ymyl ein cefnogwyr?	

   b Yn y golofn gyntaf, rhestrwch yr holl bethau y byddech yn eu hystyried wrth orfod chwilio am safle newydd i stadiwm.
   c Yn yr ail golofn, rhowch sgôr i Ashburton Grove am bob peth. (0 = gwael, 5 = rhagorol.)

4. Edrychwch ar yr awyrlun ar dudalen 103. I ba gyfeiriad roedd y camera'n wynebu?
5. Gorfododd y cyngor lleol Arsenal i godi rhai pethau i helpu'r bobl leol, yn gyfnewid am ganiatâd i ddefnyddio'r safle. Darllenwch y rhestr uchod i weld a allwch chi weld pa rai oedden nhw.
6. a Gwnewch dabl mawr fel yr un sydd wedi'i ddechrau isod. Gallech ddefnyddio tudalen newydd a'i throi ar ei hochr.

Effaith yr ailddatblygu yn Ashburton Grove			
ar Glwb Pêl-droed Arsenal		ar bobl leol	
cadarnhaol	negyddol	cadarnhaol	negyddol
....	....	....	....

   b Llenwch y tabl. O dan *cadarnhaol*, rhestrwch y manteision. O dan *negyddol*, rhestrwch yr anfanteision. Ceisiwch feddwl am bopeth. Er enghraifft, beth fydd yr effaith ar draffig? Ar orsafoedd y trên tanddaearol?
   c Ar y cyfan:
   i a yw Arsenal wedi elwa mwy nag maent wedi'i golli?
   ii a yw'r bobl leol wedi elwa mwy nag maent wedi'i golli?

Ardal cartref Arsenal

Caiff rhai o eisteddleoedd Highbury eu troi'n fflatiau. Caiff coed eu plannu ar y cae.

gorsaf y trên tanddaearol

hen stadiwm Highbury

Ashburton Grove, safle'r stadiwm newydd

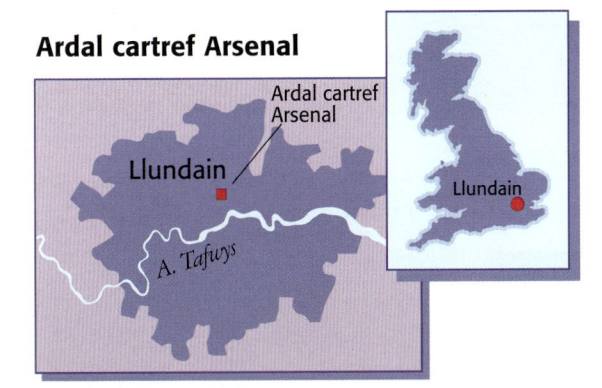

Graddfa 1 cm : 250 m

▲ Map ordnans (2002) sy'n dangos safleoedd yr hen stadiwm a'r stadiwm newydd. Does fawr o bellter rhyngddynt.

Tir gwastraff oedd peth o'r safle hwn – ond nid y cyfan ohono. Bu'n rhaid i fwy na 60 o fusnesau symud i wneud lle i'r stadiwm newydd.

◀ Codi'r stadiwm newydd yn Ashburton Grove yn 2004. Edrychwch ar hen stadiwm Highbury yn y cefndir.

◀ Y datblygiad newydd o amgylch y stadiwm

◀ Y stadiwm newydd yn Ashburton Grove.

103

8.5 Pwy sy'n colli?

Yn yr uned hon byddwch yn dysgu bod rhai gweithwyr 'pêl-droed' yn cael tâl annheg iawn.

Sgiliau pêl-droed

Enillodd y chwaraewr hwn tua £1500 heddiw am gicio'r bêl hon. (Sgoriodd gôl yn fedrus dros ben.)

Mae'r bêl-droed hon wedi'i gwneud o rwber a lledr synthetig. Mae hi o'r safon uchaf. Byddai'n costio £65 yn y siopau.

Cafodd ei gwnïo yn fedrus dros ben gan Omar, sy'n 14 oed. Cymerodd 3 awr i wneud hynny. Cafodd 65c o dâl.

Mae Omar yn byw ar gyrion Sialkot yn Pakistan.

Yn y ddinas honno, a'r pentrefi o'i hamgylch, y caiff 75% o beli troed y byd eu pwytho â llaw. Cynhyrchant gymaint â 35 miliwn o beli troed y flwyddyn.

Cylch dieflig

Pam caiff Omar gyn lleied o dâl? Dyma'r hyn sy'n digwydd:

Bydd y cwmni hwn ym Mhrydain yn cyflenwi peli troed. Bydd yn trefnu iddynt gael eu gwneud ...

... ac yna'n eu gwerthu i glybiau a siopau chwaraeon, am elw.

Y lleiaf y bydd yn talu am y peli troed, y mwyaf fydd yr elw a wnaiff ...

... ac felly, mae'n chwilio'r byd am ffatri i'w gwneud nhw'n rhad.

Rhaid i ni wneud rhagor o elw ...

Dyna fy nghynnig gorau.

Caiff y peli troed eu hanfon i'r DU. Maent wedi'u gwneud yn dda. Mae'r cwmni ym Mhrydain yn hapus.

Ni allant adael am fod angen y gwaith arnynt. Os na fydd swyddi ganddynt, byddant yn llwgu.

Gan ei fod ef hefyd yn dymuno gwneud cymaint o elw â phosibl, ychydig iawn y bydd yn ei dalu i'w weithwyr.

Mae ar berchennog y ffatri yn Sialkot eisiau'r gwaith – ond ni fydd yn ei gael os bydd yn codi gormod.

Ond beth allwn ni ei wneud?

Dyna'r gorau y gallaf ei gynnig.

Nid mater i gwmnïau Prydain yn unig yw hyn. Bydd yn digwydd ym mhob un o'r gwledydd cyfoethog. Caiff pethau eu gwneud yn y gwledydd tlawd lle mae'r cyflogau'n is.
Nid peli troed yn unig, ond y strip pêl-droed, ac esgidiau, a llu o eitemau chwaraeon eraill.
Cewch wybod rhagor am hyn yn ddiweddarach yn eich cwrs.

Stori Omar

Rydw i'n pwytho peli troed er pan oeddwn i'n 8 oed.

Dw i ddim yn mwynhau'r gwaith rhyw lawer. Ond mae'n rhaid i mi ei wneud am fod fy nhad wedi marw, ac mae angen yr arian arnom. Byddai fy mam yn arfer gwneud hyn hefyd ond gan ei bod hi'n cael trafferth gyda'i llygaid erbyn hyn, fi sy'n gorfod cynnal fy nheulu.

Rwy'n gweithio mewn canolfan bwytho. Bydda i'n cychwyn am 7 y bore ac yn aml yn gweithio tan 8 y nos. Gallaf wneud 4 pêl-droed mewn diwrnod – ac ennill £2.60 y dydd. Ond fe allen nhw gael gwared arna i unrhyw bryd. Wn i ddim beth wna i os bydd hynny'n digwydd.

Bydda i'n blino ar wnïo drwy'r dydd. Mae fy ysgwyddau'n mynd yn stiff. Mae fy llygaid yn brifo. Mae fy mysedd i'n boenus. Byddwn wrth fy modd petawn i'n cael mynd i'r ysgol – ond does dim gobaith o hynny!

Gwelais un o gemau Cwpan y Byd ar y teledu yn nhŷ fy ewythr. Efallai mai fi wnïodd y bêl honno. Ond doedd neb yn y gêm yn gwybod amdana i!

▲ Omar wrth ei waith.

Eich tro chi

1. Mae pêl-droediwr penodol yn yr Uwch-Gynghrair yn ennill £15 000 yr wythnos. (Mae'r sêr gwirioneddol fawr yn ennill llawer mwy.) Am faint byddai'n rhaid i Omar weithio i ennill cymaint â hynny?

2. Os ydych chi'n gwario £50 ar bêl-droed a gafodd ei gwneud yn Sialkot, i ble mae'r arian yn mynd? Gallai fynd fel hyn:

	£
Y siop lle prynoch chi hi	10.00
Y cyflenwr ym Mhrydain	31.00
Cwmnïau llongau a lorïau	1.50
Perchennog y ffatri yn Sialkot	5.00
Y cwmni a gyflenwodd y defnyddiau ar gyfer y bêl-droed	1.50
Y pwythwr	0.50
Costau eraill y ffatri (goleuo ac ati)	0.50
Cyfanswm	**£50.00**

Pa ganran o'r arian mae perchennog y ffatri yn ei chael? Gallwch gyfrifo'r swm fel hyn:

$$\frac{\text{cyfran perchennog y ffatri}}{\text{y cyfanswm}} \times 100\%$$

$$= \frac{£5}{£50} \times 100 = 10\%$$

  a. Cyfrifwch y canrannau ar gyfer y rhai eraill ar y rhestr.
  b. Tynnwch siart cylch i ddangos sut caiff yr arian ei rannu.
  c. Pwy sy'n cael: y gyfran fwyaf?   y gyfran leiaf?

3. Edrychwch ar y 'cylch dieflig' ar dudalen 104. Beth allai ddigwydd:
   a. petai'r pwythwyr yn mynd ar streic?
   b. petai rheolwr y ffatri yn ceisio codi rhagor ar y cwmni ym Mhrydain?
   c. petai'r cwmni ym Mhrydain yn codi rhagor ar y siopau?
   ch. petai pawb yn gwrthod defnyddio peli troed sydd wedi'u gwneud yn Pakistan?
   d. petai rhywun yn dyfeisio peiriant a allai bwytho peli troed yn berffaith?

4. Mewn rhai ffyrdd, mae bywyd Omar hefyd yn gylch dieflig.

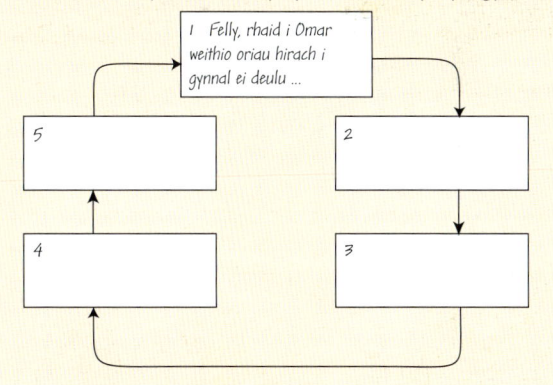

   1 Felly, rhaid i Omar weithio oriau hirach i gynnal ei deulu …

   5   2

   4   3

   Gwnewch gopi mwy o'r diagram uchod. Yna, ysgrifennwch y canlynol yn y blychau cywir.

   … ond bob blwyddyn bydd bwyd a dillad yn costio ychydig yn rhagor …

   … felly, ni all gael swydd sy'n talu'n well …

   … felly, mae ganddo lai byth o siawns o fynd i'r ysgol …

   … felly, ni all ddysgu sgiliau newydd (fel darllen ac ysgrifennu) …

5. Beth fyddech chi'n ei wneud er mwyn i fywyd fod yn llai annheg i'r pwythwyr? Rhowch eich ateb mewn 150 o eiriau, o leiaf.

9 Platiau, daeargrynfeydd a llosgfynyddoedd

PLATIAU, DAEARGRYNFEYDD A LLOSGFYNYDDOEDD

Y darlun mawr

Mae'r bennod hon yn sôn am ddaeargrynfeydd a llosgfynyddoedd, a'r holl slabiau neu **blatiau** enfawr mae cramen y Ddaear wedi'i rhannu iddynt. Dyma brif syniadau'r bennod:

- Mae daeargrynfeydd ac echdoriadau folcanig wedi lladd miliynau o bobl ac wedi difetha miliynau o fywydau.
- Cânt eu hachosi gan geryntau o graig feddal boeth y tu mewn i'r Ddaear yn llusgo platiau'r Ddaear o le i le.
- Ni allwn eu hatal. Y cyfan gallwn ei wneud yw helpu'r goroeswyr, a dod o hyd i ffyrdd o amddiffyn pobl yn y dyfodol.
- Gall hynny gostio llawer o arian. Ond am nad oes gan wledydd tlawd lawer o arian, gall fod angen cymorth gwledydd eraill arnynt.

Erbyn diwedd y bennod hon …

Erbyn diwedd y bennod hon, dylech allu ateb y cwestiynau hyn:

- Beth yw ystyr y termau hyn?

    cramen   mantell   craidd   lithosffer   cerrynt darfudol
    cramen gefnforol   cramen gyfandirol

- Beth yw platiau'r Ddaear, a pham maent yn symud?
- Beth sy'n achosi daeargrynfeydd, a pha ddifrod maent yn ei wneud?
- Beth yw ystyr y termau hyn?

    ffawt   canolbwynt   uwchganolbwynt   ton seismig   ôl-gryniad

- Beth yw llosgfynyddoedd, a pha ddifrod mae echdoriadau yn ei wneud?
- Beth yw ystyr y termau hyn?

    magma   lafa   crater   llif pyroclastig   lleidlif   lludw

- Beth yw'r cysylltiad rhwng platiau, daeargrynfeydd a llosgfynyddoedd?
- Sut mae bodau dynol yn ymateb i ddaeargrynfeydd ac echdoriadau?
- Pam gallai'r digwyddiadau hyn fod yn fwy trychinebus mewn gwledydd tlawd?
- Pam mae pobl yn dal i fyw mewn lleoedd peryglus?

Ac yna …

Pan orffennwch chi'r bennod, dewch yn ôl i'r dudalen hon i weld a ydych wedi ateb y cwestiynau uchod!

Wyddech chi?
- Rydych yn byw ar slab o graig sy'n symud.
- Mae'n symud tua'r un mor gyflym ag mae'ch ewinedd yn tyfu!

Wyddech chi?
- China yw'r lle gwaethaf yn y byd am ddaeargrynfeydd sy'n achosi marwolaethau.
- Ym 1556, lladdodd un daeargryn yn China 830 000 o bobl.

Wyddech chi?
- Caiff y DU 200-300 o ddaeargrynfeydd y flwyddyn.
- Mae'r rhan fwyaf ohonynt mor fach nes nad yw pobl yn eu teimlo.

Wyddech chi?
- Mae mwy o weithgaredd folcanig o dan y cefnforoedd nag ar dir!

Wyddech chi?
- Indonesia yw'r wlad sydd â'r nifer fwyaf o losgfynyddoedd.

Eich man cychwyn

Edrychwch ar y ffotograff ar dudalen 106. Beth, yn eich barn chi, ddigwyddodd yma?

Allai unrhyw un fod wedi'i atal?

Sut, dybiwch chi, roedd y bobl yn teimlo amdano?

I ble, yn eich barn chi, maent wedi mynd?

Ydych chi'n credu y daw pobl yn ôl i fyw yma byth?

9.1 Trawstoriad o'r Ddaear

Yn yr uned hon byddwch yn dysgu am y tair haen sydd i'r Ddaear – ac yna'n edrych yn fwy manwl ar yr haen rydych chi'n byw arni!

Tair haen y Ddaear

1 Y gramen
Dyma'r haen rydych yn byw arni. Haen denau o graig o amgylch y Ddaear yw hi, fel croen afal (y llinell las denau sy'n ei dangos yma.)

2 Y fantell
Mae'n ffurfio tua hanner y Ddaear. Mae wedi'i gwneud o graig drymach.
Mae rhan uchaf y fantell yn galed. Ond mae'r graig o dani'n boeth a meddal, fel taffi meddal. Mewn mannau, mae'n eithaf hylif.

3 Y craidd
Haearn yw hwn yn bennaf, yn gymysg ag ychydig o nicel. Mae'r **craidd allanol** yn hylif. Mae'r **craidd mewnol** yn solid.

- Mae'r gramen yn 8–65 km o drwch.
- Mae'r graig yn galed yn y fantell allanol …
- … ac yn feddal yn is i lawr.
- Mae'r craidd allanol yn hylif (haearn a nicel).
- Mae'r craidd mewnol yn solid (haearn a nicel).

Wyddech chi?
- Mae'r Ddaear yn 4.6 biliwn o flynyddoedd oed.
- Mae pobl fel ni wedi bod yma am 200 000 o flynyddoedd!

Sut ymffurfiodd yr haenau?

Beth amser ar ôl i'r Ddaear ymffurfio, aeth hi mor boeth nes i bopeth y tu mewn iddi ymdoddi. Suddodd y sylweddau trwm yn yr hylif a chododd y rhai ysgafn, gan ymffurfio'n haenau. Wrth i'r Ddaear oeri, trodd y rhan fwyaf ohonynt yn solid.

Poeth poeth poeth

Mae llawer o wres yn dal i fod wedi'i ddal yng nghrombil y Ddaear. Dyna pam bydd hi'n poethi wrth i chi fynd i lawr drwyddi. 200 km i lawr, mae'r creigiau'n wynias. Yng nghanol y Ddaear, mae'r tymheredd tua 5500 °C.

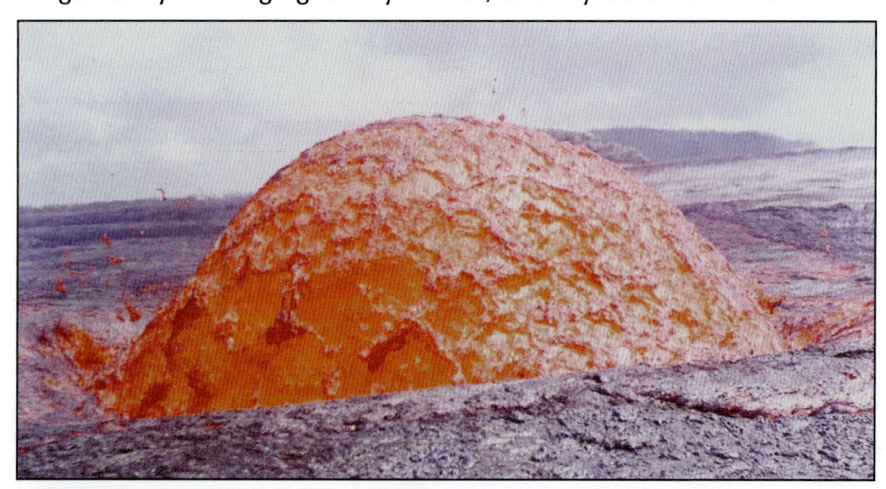

▲ Swigen o graig ferwedig yn cyrraedd arwyneb y Ddaear yn Hawaii.

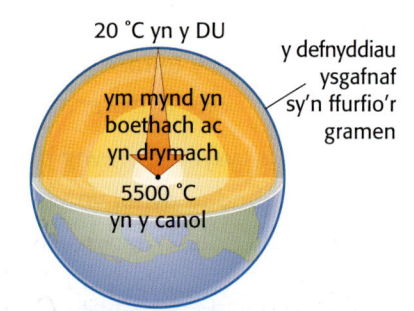

▲ Mae sawl gwlad wrthi'n cloddio tyllau i ddysgu rhagor am gramen y Ddaear. Mae'r twll dyfnaf yn Rwsia – dros 12 km!

PLATIAU, DAEARGRYNFEYDD A LLOSGFYNYDDOEDD

Rhagor am gramen y Ddaear

Mae dau fath o gramen. Enw'r gramen o dan y cefnforoedd yw'r **gramen gefnforol**. Haen denau o graig drom yw hi. Mae'r **gramen gyfandirol** wedi'i gwneud o graig ysgafnach ac yn ffurfio'r cyfandiroedd.

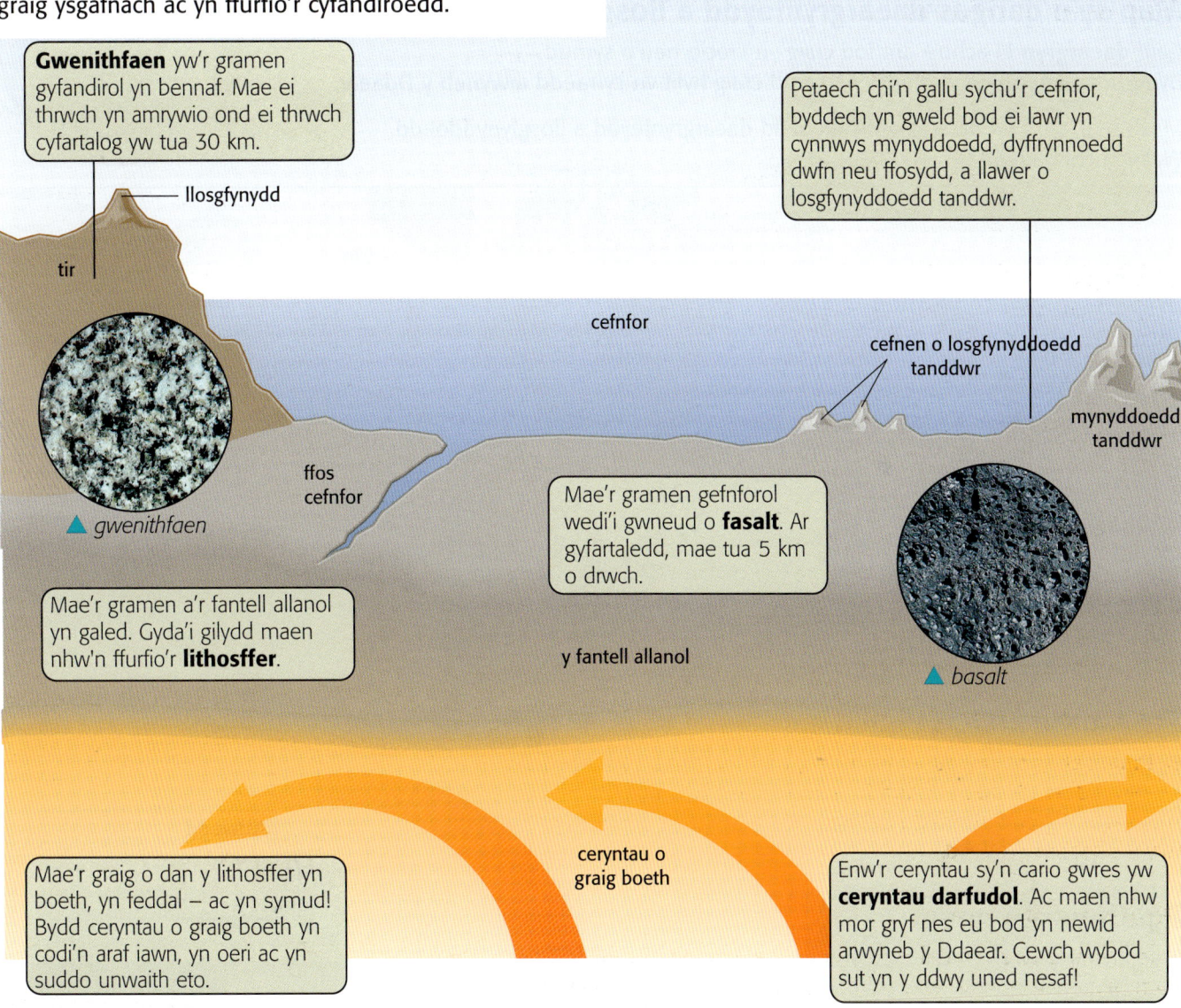

Gwenithfaen yw'r gramen gyfandirol yn bennaf. Mae ei thrwch yn amrywio ond ei thrwch cyfartalog yw tua 30 km.

llosgfynydd

tir

▲ gwenithfaen

Mae'r gramen a'r fantell allanol yn galed. Gyda'i gilydd maen nhw'n ffurfio'r **lithosffer**.

Petaech chi'n gallu sychu'r cefnfor, byddech yn gweld bod ei lawr yn cynnwys mynyddoedd, dyffrynnoedd dwfn neu ffosydd, a llawer o losgfynyddoedd tanddwr.

cefnfor

cefnen o losgfynyddoedd tanddwr

mynyddoedd tanddwr

ffos cefnfor

Mae'r gramen gefnforol wedi'i gwneud o **fasalt**. Ar gyfartaledd, mae tua 5 km o drwch.

y fantell allanol

▲ basalt

ceryntau o graig boeth

Mae'r graig o dan y lithosffer yn boeth, yn feddal – ac yn symud! Bydd ceryntau o graig boeth yn codi'n araf iawn, yn oeri ac yn suddo unwaith eto.

Enw'r ceryntau sy'n cario gwres yw **ceryntau darfudol**. Ac maen nhw mor gryf nes eu bod yn newid arwyneb y Ddaear. Cewch wybod sut yn y ddwy uned nesaf!

Eich tro chi

1 Gwnewch dabl fel hwn, a llenwch ef ar gyfer haenau'r Ddaear.

Haen	Wedi'i (g)wneud o...	Solid neu hylif?	Trwch?
cramen			
mantell			
craidd			
– allanol			
– mewnol			

2 **a** Beth yw radiws y Ddaear, mewn km, lle mae'r gramen ar ei mwyaf trwchus?
 b Petaech chi'n seiclo 20 km yr awr, faint o amser fyddai hi'n ei gymryd i chi seiclo i ganol y Ddaear?

3 Gwnewch ddarlun mwy fel hyn, a chwblhewch y labeli.

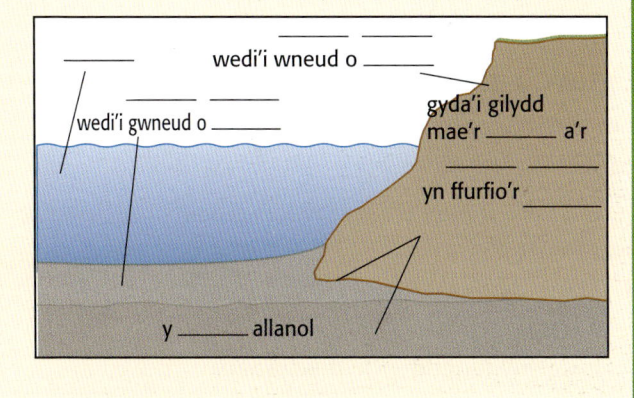

wedi'i wneud o _____

wedi'i gwneud o _____

gyda'i gilydd mae'r _____ a'r _____ yn ffurfio'r _____

y _____ allanol

109

9.2 Daeargrynfeydd, llosgfynyddoedd a phlatiau

Yn yr uned hon byddwch yn dysgu beth yw platiau'r Ddaear – a'u cysylltiad â daeargrynfeydd a llosgfynyddoedd.

Map sy'n dangos daeargrynfeydd a llosgfynyddoedd

Caiff **daeargryn** ei achosi am fod craig yn cracio neu'n symud.
Bydd **llosgfynydd** yn ymffurfio pan fydd craig hylif yn cyrraedd arwyneb y Ddaear.

Mae'r map isod yn dangos prif safleoedd daeargrynfeydd a llosgfynyddoedd. Welwch chi batrwm?

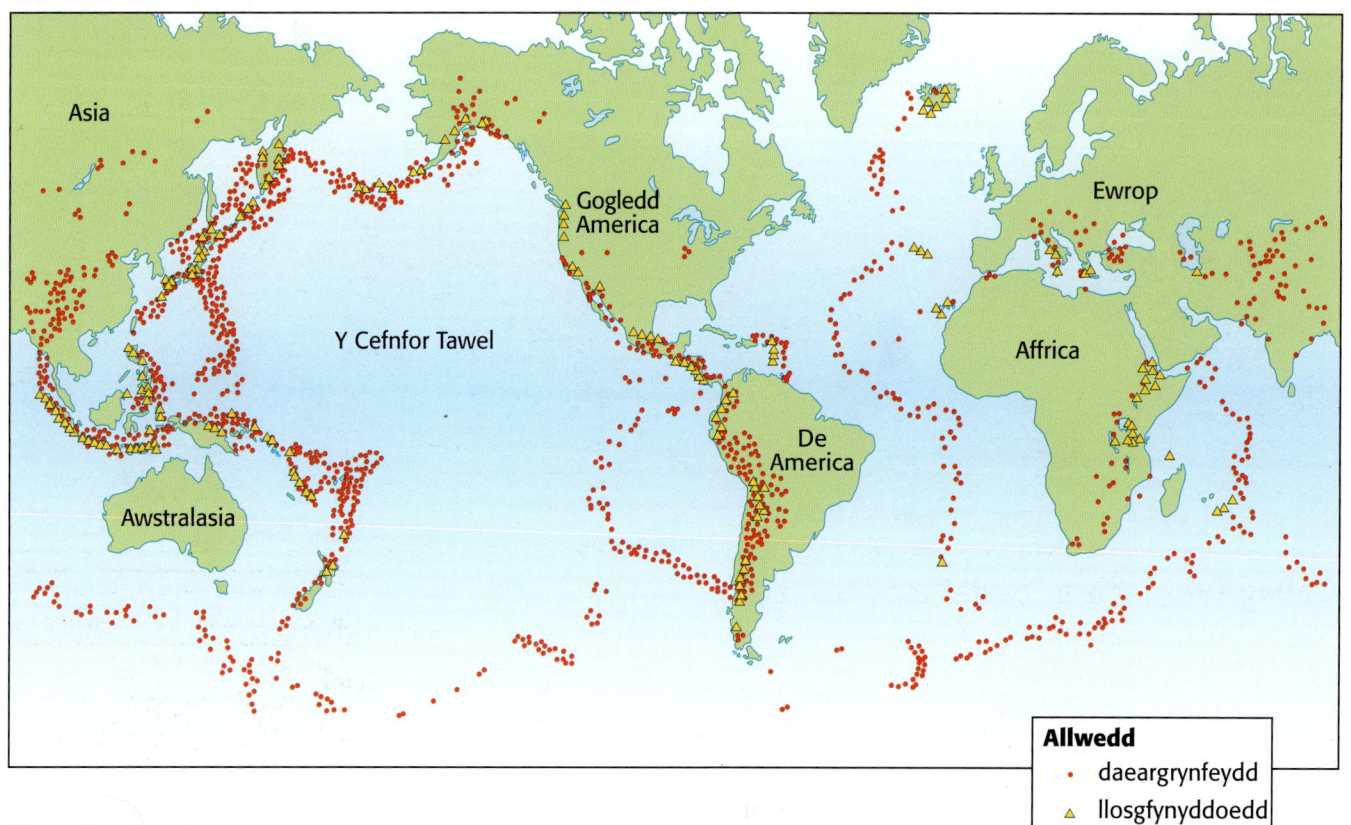

Wyddech chi?
- Y 'Cylch Tân' yw'r enw ar y cylch o losgfynyddoedd o amgylch y Cefnfor Tawel.

Allwedd
- • daeargrynfeydd
- ▲ llosgfynyddoedd

Y patrwm

O edrych ar y map fe welwch hyn:

- Nid yw daeargrynfeydd a llosgfynyddoedd yn digwydd yn rhywle rhywle. Tueddant i ddigwydd ar hyd llinellau.
- Byddant yn aml yn digwydd gyda'i gilydd.
- Byddant yn digwydd yn y cefnfor yn ogystal ag ar y tir.

Egluro'r patrwm

Am flynyddoedd, roedd gwyddonwyr yn methu deall y patrwm. Yna daethant o hyd i'r eglurhad:

- Mae arwyneb y Ddaear wedi'i gracio'n ddarnau fel plisgyn wy.
- Mae'r darnau'n symud o hyd.
- Y symudiadau sy'n achosi daeargrynfeydd a llosgfynyddoedd ar hyd y craciau.

Fe alwon nhw'r darnau hynny yn **blatiau**.

▲ Caiff llongau ymchwil fel hon eu defnyddio i astudio llawr y cefnfor. Nhw helpodd y gwyddonwyr i ddatrys dirgelwch y platiau.

110

PLATIAU, DAEARGRYNFEYDD A LLOSGFYNYDDOEDD

Map o blatiau'r Ddaear

Mae'r map isod yn dangos y prif blatiau a'u henwau. Bydd rhai platiau'n cario cyfandiroedd a chefnfor, ac eraill yn cario cefnfor yn unig. Symudant yn araf i gyfeiriadau gwahanol.

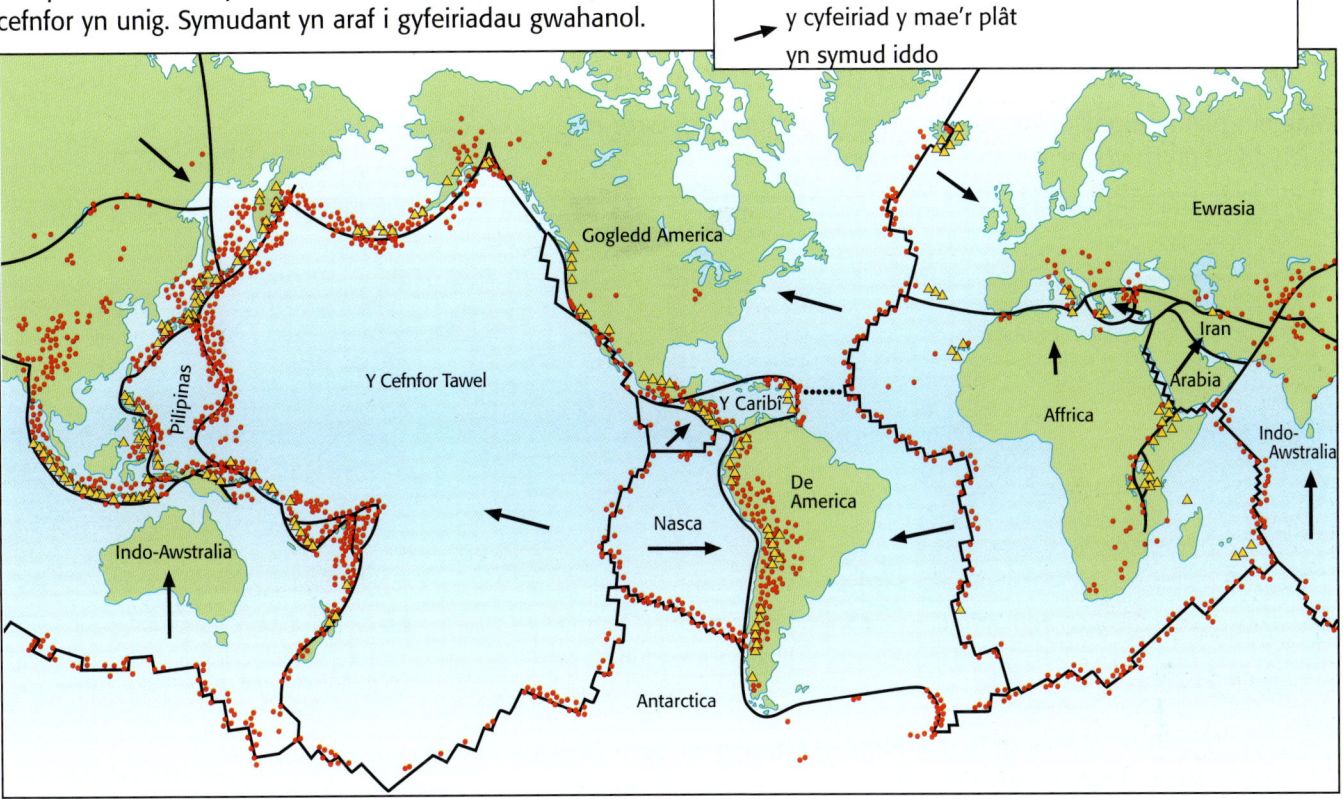

Allwedd
- ﹏ ffin (ymyl) plât
- · daeargrynfeydd
- ⋯ ansicrwydd ynghylch ffin y plât
- △ llosgfynyddoedd
- → y cyfeiriad y mae'r plât yn symud iddo

Platiau a labelwyd ar y map: Gogledd America, Ewrasia, Pilipinas, Y Cefnfor Tawel, Y Caribî, Affrica, Iran, Arabia, Indo-Awstralia, De America, Nasca, Indo-Awstralia, Antarctica

Golwg fanylach ar y platiau

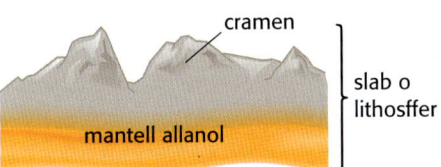

cramen, slab o lithosffer, mantell allanol

Mae'r platiau'n slabiau o'r **lithosffer** – cramen a mantell allanol y Ddaear. Maent yn arnofio ar y graig feddal a phoeth sydd o danynt.

mae'r cerrynt darfudol fel cludfelt / cerrynt darfudol

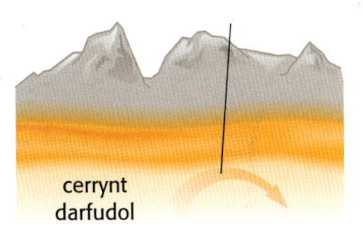

Bydd y platiau'n symud am fod y **ceryntau darfudol** grymus yn y graig feddal a phoeth yn eu llusgo gyda nhw.

Os gorweddaf yn llonydd am 10 mlynedd fe symudaf hanner metr.

Ychydig o gentimetrau y flwyddyn yn unig y bydd y platiau'n symud – ond dros amser mae'n gwneud gwahaniaeth! Er enghraifft, mae India wedi symud 2000 km tua'r gogledd yn ystod y 70 miliwn o flynyddoedd diwethaf.

Eich tro chi

1. Mae tuedd i ddaeargrynfeydd a llosgfynyddoedd ffurfio patrwm. Eglurwch pam.

2. Enwch y rhain:
   - a y plât rydych chi'n byw arno
   - b plât sy'n symud i ffwrdd oddi wrth eich un chi
   - c plât sy'n symud tua'r gogledd
   - ch plât sy'n cario cefnfor yn unig
   - d y plât oddi ar arfordir gorllewinol De America
   - dd y plât sydd â'r Cylch Tân o'i gwmpas.

3. Tynnwch eich lluniad eich hun i ddangos beth sydd yn y platiau a pham maent yn symud. Rhowch deitl bachog iddo!

4. Nid oes yr un llosgfynydd byw yn y DU. Awgrymwch pam.

5. Ydych chi'n credu y bydd map o'r Ddaear yn edrych yn wahanol ymhen 100 miliwn o flynyddoedd? Eglurwch eich ateb.

6. Sialens! Mae symud 1° tua'r de yn gyfartal â 440 km. Petai ein plât ni'n dechrau symud tua'r de 5 cm y flwyddyn, tua faint o amser byddai'n ei gymryd i Newcastle gyrraedd y cyhydedd? (Mae Newcastle tua 55° G.)

111

9.3 Symudiadau'r platiau

Yn yr uned hon byddwch yn dysgu sut mae platiau'r Ddaear yn symud – a sut mae eu symudiadau'n cynhyrchu daeargrynfeydd, llosgfynyddoedd, a hyd yn oed mynyddoedd!

1 Mae rhai platiau'n symud oddi wrth ei gilydd

Mae ein plât ni a phlât Gogledd America yn symud oddi wrth ei gilydd o dan Gefnfor Iwerydd. (Edrychwch ar y map ar dudalen 111.)

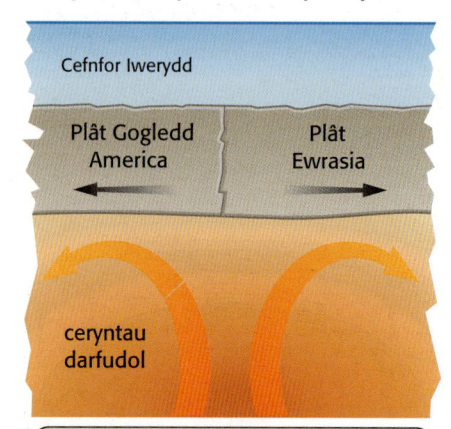

Wyddech chi?
- Mae Llundain yn symud 2 cm ymhellach oddi wrth Efrog Newydd bob blwyddyn ...
- ... am fod llawr Cefnfor Iwerydd yn lledu.

1 Caiff y platiau eu tynnu oddi wrth ei gilydd gan y ceryntau darfudol yn y graig feddal o danynt.

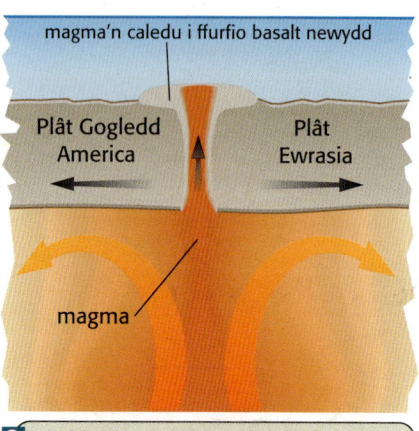

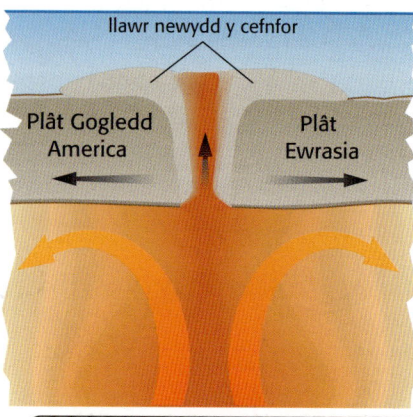

2 Bydd craig hylif neu **fagma** yn codi rhwng y platiau. Bydd yn caledu'n fasalt ...

3 ... sy'n ffurfio llawr newydd y cefnfor. Felly, mae llawr y cefnfor yn lledu – o ryw 2 cm y flwyddyn.

Mae'r magma sy'n codi yn ffurf ar echdoriad folcanig. Ac wrth i'r platiau trwm symud oddi wrth ei gilydd, cewch ddaeargrynfeydd hefyd! Felly, pryd bynnag bydd platiau'n symud oddi wrth ei gilydd, cewch ddaeargrynfeydd ac echdoriadau a chaiff llawr newydd i'r cefnfor ei ffurfio.

2 Mae rhai platiau'n gwrthdaro

Mae Plât Nasca a Phlât De America'n gwrthdaro ac yn gwthio i'w gilydd ychydig oddi ar arfordir gorllewinol De America. (Edrychwch ar y map ar dudalen 111.)

Y canlyniad yw daeargrynfeydd a llosgfynyddoedd.

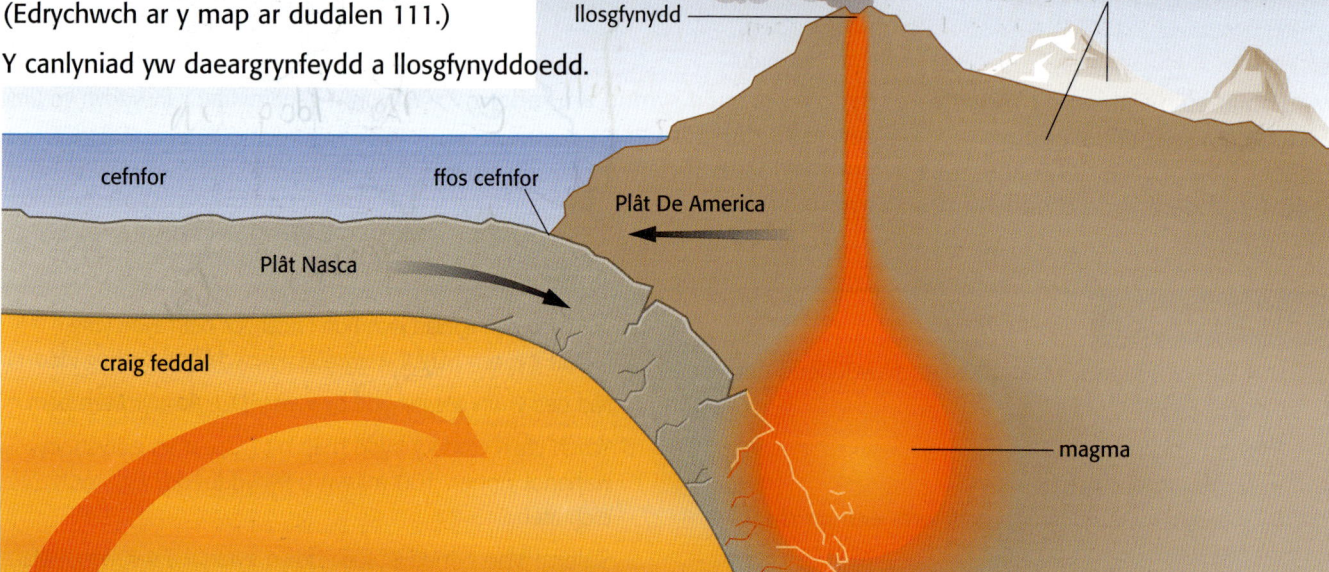

1 Gan fod Plât Nasca'n drymach (mae cramen gefnforol yn drymach), caiff ei wthio o dan y plât arall lle mae ffos yn y cefnfor.

2 Bydd y graig yn ysgwyd ac yn malu ei ffordd i lawr gan achosi daeargrynfeydd. Yr un pryd ...

3 ...bydd hi'n poethi. Bydd peth o'r graig yn ymdoddi ac yn gwthio'i ffordd i fyny drwy'r Andes i ffurfio llosgfynydd.

PLATIAU, DAEARGRYNFEYDD A LLOSGFYNYDDOEDD

Pan fydd gwthio'n creu mynyddoedd

Edrychwch ar y ddau blât hyn sy'n gwrthdaro ac yn gwthio i'w gilydd. India sydd ar y naill blât a China sydd ar y llall.

Gan mai cramen gyfandirol yw'r ddau blât, ni chaiff y naill na'r llall ei wthio i lawr. Yn hytrach, caiff y gramen ei gwasgu i fyny i ffurfio mynyddoedd – mynyddoedd yr Himalaya.

Gan fod y platiau'n dal i wthio, mae'r Himalaya'n tyfu'n uwch – ac mae llawer o ddaeargrynfeydd yn China.

Mynyddoedd plyg yw'r Himalaya. Allwch chi weld pam?

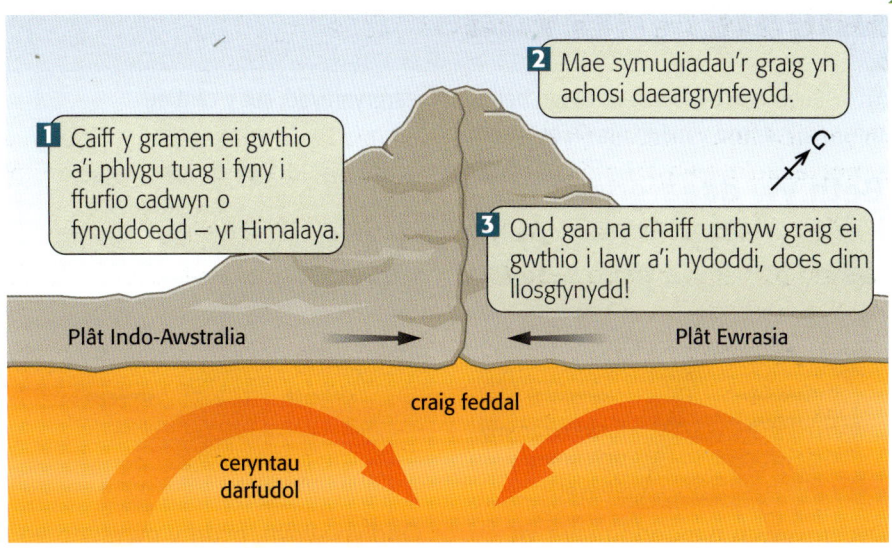

1 Caiff y gramen ei gwthio a'i phlygu tuag i fyny i ffurfio cadwyn o fynyddoedd – yr Himalaya.

2 Mae symudiadau'r graig yn achosi daeargrynfeydd.

3 Ond gan na chaiff unrhyw graig ei gwthio i lawr a'i hydoddi, does dim llosgfynydd!

Plât Indo-Awstralia — Plât Ewrasia
craig feddal
ceryntau darfudol

3 Mae rhai platiau'n llithro heibio i'w gilydd

Mae Plât y Cefnfor Tawel yn llithro heibio i Blât Gogledd America. (Edrychwch ar y map ar dudalen 111.)

Mae'r ddau'n symud i'r un cyfeiriad, ond mae plât y Cefnfor Tawel yn symud yn gynt.

Y canlyniad yw daeargrynfeydd bob hyn a hyn, ond dim un llosgfynydd!

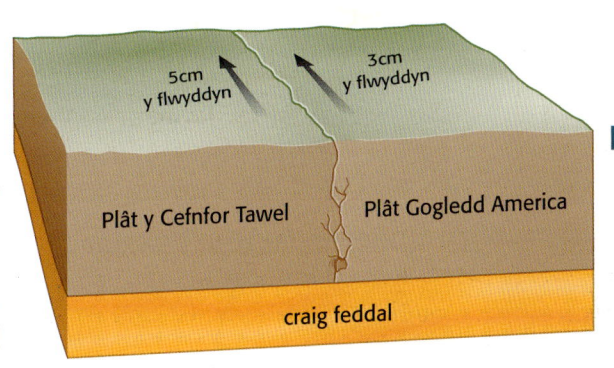

5cm y flwyddyn — 3cm y flwyddyn
Plât y Cefnfor Tawel — Plât Gogledd America
craig feddal

1 Bydd rhannau o'r platiau'n methu symud ac yna'n sboncio'n rhydd gan achosi daeargrynfeydd.

2 Ond gan na chaiff y graig ei gwthio i lawr a'i hydoddi, does dim llosgfynydd.

Eich tro chi

1 Mae'r llun ar y dde yn dangos llawr Cefnfor Iwerydd. Mae'r gefnen lwyd yn gorwedd ar hyd ymylon y platiau.
  a Enwch y platiau sy'n gorwedd bob ochr i'r gefnen.
  b O beth y mae'r gefnen wedi'i gwneud?
  c Eglurwch beth sy'n digwydd ar hyd y gefnen.
  ch Ydych chi'n meddwl bod daeargrynfeydd yn digwydd yno? Eglurwch.
  d Ym mha leoedd eraill y gallech chi ddod o hyd i gefnen fel hon?

2
cefnfor

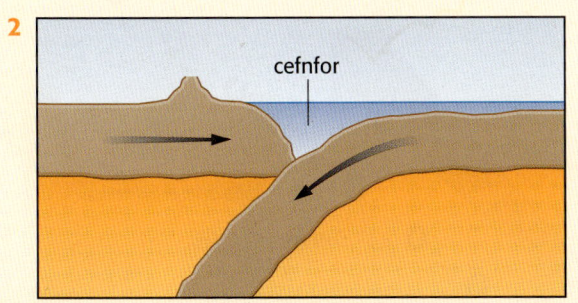

Gwnewch luniad fel hwn. Ar eich lluniad:
  a labelwch blât y cefnfor, y plât cyfandirol a llosgfynydd
  b marciwch y graig hydawdd sy'n bwydo'r llosgfynydd
  c marciwch a labelwch safle daeargryn.

3 Gan ddefnyddio'r mapiau ar dudalennau 111 ac 128-129, eglurwch:
  a pam caiff Periw ddaeargrynfeydd a llosgfynyddoedd
  b pam mae gan Iran fynyddoedd plyg, ond dim llosgfynyddoedd
  c pam caiff yr Eidal ddaeargrynfeydd a pham mae ganddi losgfynyddoedd
  ch pam nad oes gan y DU unrhyw losgfynydd byw.

113

9.4 Daeargrynfeydd

Yn yr uned hon byddwch yn dysgu beth yw daeargrynfeydd, sut y cânt eu mesur, a'r difrod y maen nhw'n ei wneud.

Beth yw daeargryn?

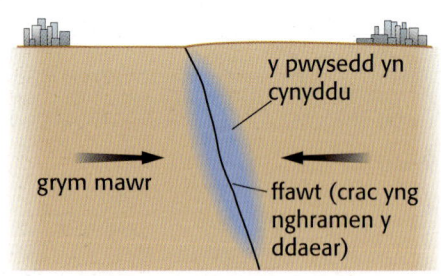

y pwysedd yn cynyddu
grym mawr
ffawt (crac yng nghramen y ddaear)

Dychmygwch rymoedd mawr yn gwthio darnau enfawr o graig i'w gilydd. Bydd y creigiau'n storio'r pwysedd fel **egni straen**.

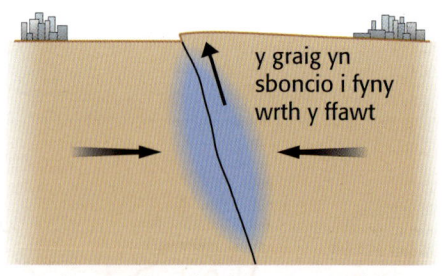

y graig yn sboncio i fyny wrth y ffawt

Ond yn sydyn, bydd y pwysedd yn ormod. Bydd un o'r creigiau'n ildio ac yn sboncio tuag i fyny. Caiff yr egni sydd wedi'i storio ei ryddhau mewn tonnau …

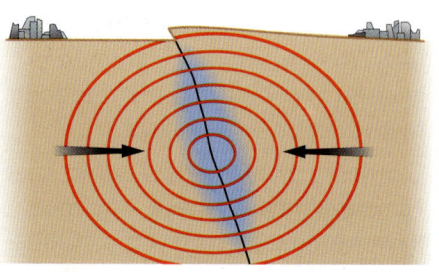

… o'r enw **tonnau seismig**. Byddant yn teithio i bob cyfeiriad drwy'r Ddaear ac yn ysgwyd popeth. Yr enw ar yr ysgwyd hwnnw yw **daeargryn**.

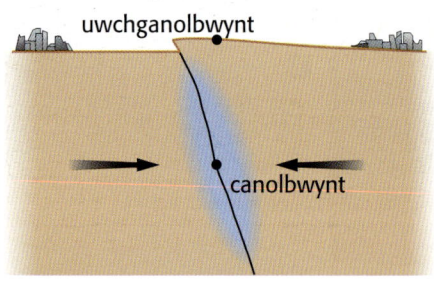

uwchganolbwynt
canolbwynt

Canolbwynt daeargryn yw'r pwynt lle dechreuodd y tonnau. Yr **uwchganolbwynt** yw'r pwynt yn union uwch ei ben ar arwyneb y Ddaear.

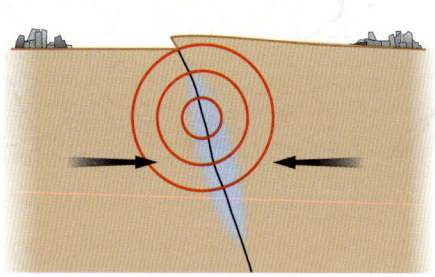

Wrth i'r graig setlo i'w safle newydd, bydd llawer o ddaeargrynfeydd llai o'r enw **ôl-gryniadau**.

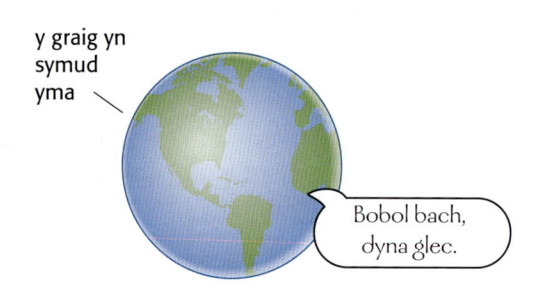

y graig yn symud yma
Bobol bach, dyna glec.

Bydd tonnau seismig yn gwanhau wrth iddynt deithio. Er hynny, mae modd canfod daeargryn mawr filoedd o gilometrau i ffwrdd!

Bydd unrhyw symud mawr a sydyn mewn creigiau yn achosi daeargryn. Dyna pam bydd cymaint o ddaeargrynfeydd yn digwydd ar hyd ymylon platiau. Ond mae cwymp hen siafft mwyngloddio, hyd yn oed, neu ffrwydrad tanddaearol, yn gallu achosi daeargryn bach.

Pa mor fawr?

◆ Caiff daeargrynfeydd eu mesur gan ddefnyddio peiriannau o'r enw **seismomedrau**, sy'n cofnodi'r ysgwyd ar ffurf tonnau ar graff.
◆ Drwy ddarllen y graff, gall gwyddonwyr ddweud faint o egni mae'r daeargryn wedi'i ryddhau.
◆ **Maint** daeargryn yw faint o egni a gaiff ei ryddhau yn ystod y daeargryn.
◆ Byddwn yn dangos ei faint ar **raddfa Richter**. (Ar y dde.)
◆ Mae cynnydd o 1 ar y raddfa honno'n golygu bod yr ysgwyd 10 gwaith yn fwy, a chaiff rhyw 30 gwaith yn fwy o *egni* ei ryddhau. (Ac mae hynny'n golygu y caiff llawer mwy o ddifrod ei wneud!)

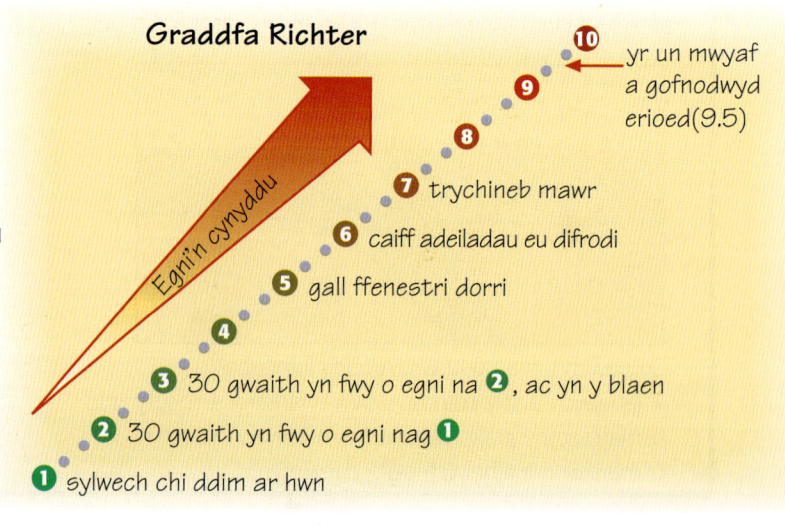

Graddfa Richter

Egni'n cynyddu

❿ yr un mwyaf a gofnodwyd erioed (9.5)
❾
❽
❼ trychineb mawr
❻ caiff adeiladau eu difrodi
❺ gall ffenestri dorri
❹
❸ 30 gwaith yn fwy o egni na ❷, ac yn y blaen
❷ 30 gwaith yn fwy o egni nag ❶
❶ sylwech chi ddim ar hwn

114

PLATIAU, DAEARGRYNFEYDD A LLOSGFYNYDDOEDD

Pa ddifrod y gall daeargrynfeydd ei wneud?

Bydd daeargryn yn ysgwyd y ddaear, sy'n ysgwyd popeth arni. Felly …

> Bydd adeiladau a phontydd yn cracio ac yn syrthio. Bydd ffyrdd yn hollti. Bydd ôl-gryniadau'n gwneud y difrod yn waeth.

> Gall tirlithriadau flocio ffyrdd.

> Gall daeargrynfeydd yn llawr y cefnfor achosi tonnau anferth o'r enw **tswnami** (dywedwch 'sŵn ami') mewn dŵr arfordirol bas. Wrth daro'r tir, gwnânt ddifrod dychrynllyd.

> Bydd prif beipiau dŵr yn hollti – felly fydd dim dŵr.

> Bydd peipiau nwy'n hollti a gwifrau trydan yn syrthio, gan achosi tanau.

> Bydd traffig yn methu symud.

> Yn y cartref, bydd ffyrnau a gwresogyddion yn syrthio drosodd gan gychwyn tanau. Bydd nenfydau'n syrthio. Drysau'n methu agor. Popeth yn llithro oddi ar y silffoedd a'r byrddau.

Eich tro chi

1 Pam mae daeargrynfeydd yn digwydd mor sydyn?

2 Eglurwch yn eich geiriau eich hun ystyr y termau hyn. Defnyddiwch frawddegau cyflawn.
   a tonnau seismig   b canolbwynt   c uwchganolbwynt
   ch maint   d seismomedr

3 Chi yw un o'r bobl yn y ffotograff uchod. (Edrychwch arno'n ofalus!) Mewn rhyw 100 o eiriau, disgrifiwch beth welwch chi o'ch cwmpas.

4 Edrychwch ar y diagram daeargryn ar y dde.
   a A fydd y dirgryniadau'n gryfach yn A nag yn B? Eglurwch.
   b A fydd y difrod yn fwy yn A nag yn B? Pam?
   c A fydd daeargryn o faint 7 yn gwneud mwy, neu lai, o ddifrod na hwn? Pam?
   ch Tua faint o weithiau'n fwy o egni y bydd daeargryn maint 7 yn ei ryddhau, na hwn?
   d Gall daeargryn ddigwydd ar unrhyw adeg o'r dydd. Pryd gallai daeargryn achosi mwy o niwed yn B?
      i am 5 a.m.   ii am 10.30 a.m.
      Eglurwch eich ateb.

5 Y daeargryn mwyaf a gofnodwyd erioed oedd hwnnw ym 1960, *yn y cefnfor oddi ar arfordir Chile*. Roedd yn mesur 9.5 ar raddfa Richter. Defnyddiwch y mapiau ar dudalennau 111 a 128-129 i'ch helpu i ateb y cwestiynau hyn.
   a Beth, yn eich barn chi, a achosodd ef?
   b Fe adawodd ef 2 filiwn o bobl yn ddigartref yn Chile. Eglurwch sut y gwnaeth hynny.
   c 22 awr yn ddiweddarach, fe achosodd i 200 o bobl foddi ar arfordir dwyreiniol Japan. Sut y gwnaeth hynny?

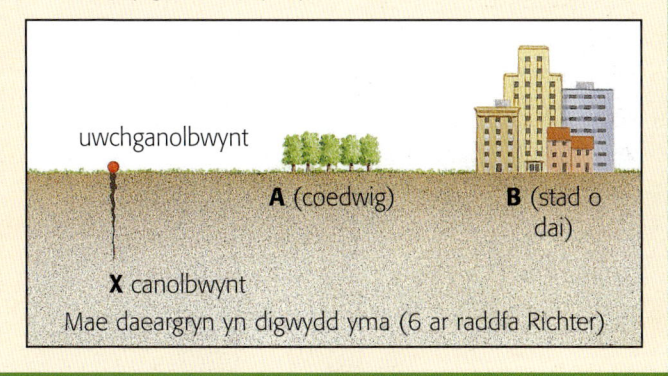

uwchganolbwynt

A (coedwig)   **B** (stad o dai)

X canolbwynt
Mae daeargryn yn digwydd yma (6 ar raddfa Richter)

115

9.5 Daeargryn yn Iran

Yn yr uned hon byddwch yn dysgu am ddaeargryn yn Iran yn 2003, a pham y gwnaeth gymaint o ddifrod.

Y diwrnod y newidiodd Bam am byth

Gwerddon yn y diffeithdir yw tref Bam yn Iran. Mae coed datys a choed orennau'n tyfu yno. Yn 2003, roedd dros 100 000 o bobl yn byw yn Bam. Byddai llawer o dwristiaid yn dod i weld ei chastell enwog, castell a oedd dros 2000 o flynyddoedd oed.

Ond ar 26 Rhagfyr 2003, newidiodd Bam am byth. Am 5.36 y bore, pan oedd pobl yn dal i gysgu, cafwyd daeargryn a fesurodd 6.5 ar y raddfa Richter. Gadawodd y daeargryn 43 000 o bobl yn farw a miloedd ar filoedd yn ddigartref. Roedd dros 70% o Bam yn adfail, gan gynnwys yr hen gastell.

Cymorth mawr mewn cyfyngder

Sioc i'r byd oedd clywed am y trychineb. Dechreuodd byddin Iran a phobl leol chwilio am y bobl a oedd wedi goroesi. Daeth pobl o bob rhan o Iran i helpu. Cafwyd bwyd, blancedi, pebyll, meddyginiaethau ac arian o fwy na 20 o wledydd eraill. Anfonodd Oxfam, y Groes Goch ac asiantaethau cymorth eraill bobl ac offer yno.

▲ Aelod o dîm achub o'r Almaen, a'i gi, wrthi'n chwilio am y bobl a oedd yn dal yn fyw.

▲ Cornel fach o Bam ar ôl y daeargryn. Sylwch faint o adeiladau sydd wedi cwympo.

◂ Does fawr ar ôl o'u hen gartref.

PLATIAU, DAEARGRYNFEYDD A LLOSGFYNYDDOEDD

Beth achosodd y daeargryn?

Cafodd hwn, fel y rhan fwyaf o ddaeargrynfeydd, ei achosi gan symudiadau platiau.

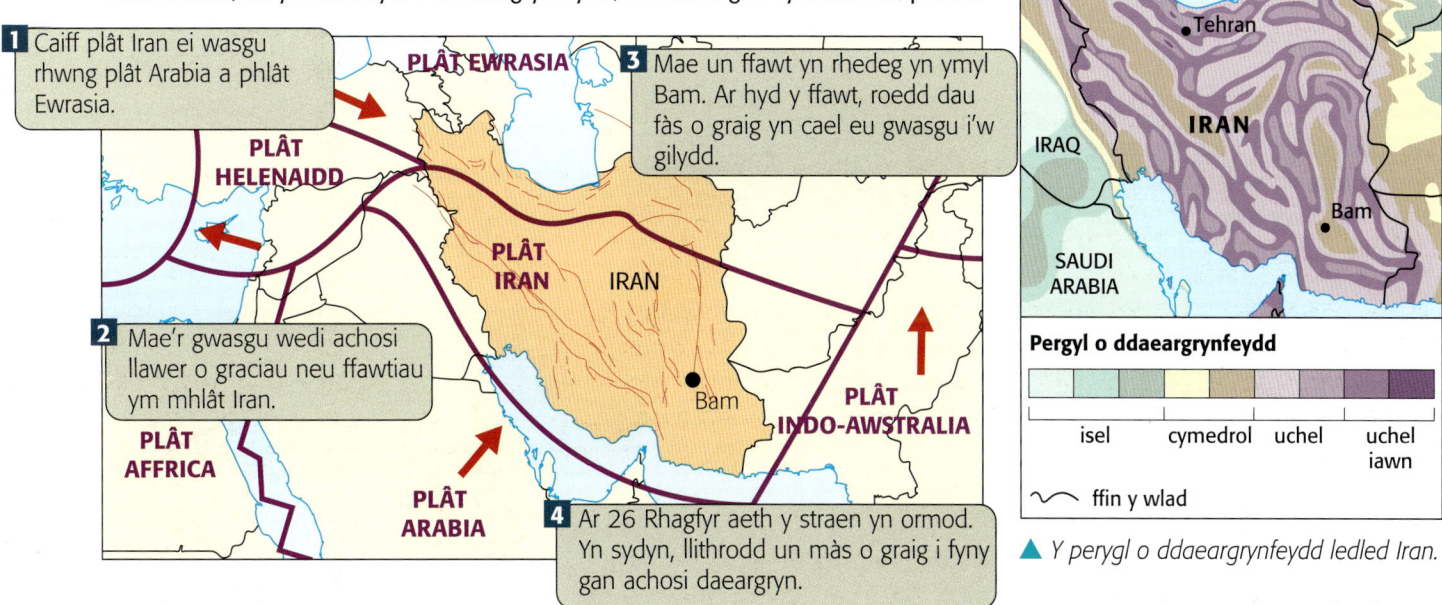

1 Caiff plât Iran ei wasgu rhwng plât Arabia a phlât Ewrasia.

2 Mae'r gwasgu wedi achosi llawer o graciau neu ffawtiau ym mhlât Iran.

3 Mae un ffawt yn rhedeg yn ymyl Bam. Ar hyd y ffawt, roedd dau fàs o graig yn cael eu gwasgu i'w gilydd.

4 Ar 26 Rhagfyr aeth y straen yn ormod. Yn sydyn, llithrodd un màs o graig i fyny gan achosi daeargryn.

▲ Y perygl o ddaeargrynfeydd ledled Iran.

Pam roedd cymaint o ddifrod?

Yn anffodus, roedd llawer o Bam wedi ei godi o frics mwd. Bydd brics mwd yn cracio'n rhwydd. Gan na allai llawer o'r bobl fforddio adeiladwyr, fe godon nhw eu cartrefi gwael eu hunain. Felly, pan ddaeth y daeargryn, cwympodd y rhan fwyaf o'r adeiladau gan ladd y bobl oedd yn cysgu ynddynt.

Galar – a dicter

Roedd llawer o alar yn Iran ynghylch y marwolaethau yn Bam. Cafwyd dicter hefyd. 'Fe wyddom ni oll fod perygl daeargrynfeydd yn Iran', meddai un dyn, 'ond dydyn ni ddim yn barod ar eu cyfer nhw. Mae gennym ni reolau adeiladau, ond does neb yn rhoi llawer o sylw iddyn nhw. Dydy'r llywodraeth ddim yn gorfodi'r rheolau. A dydyn nhw ddim yn dweud wrthyn ni beth i'w wneud mewn daeargrynfeydd. Hyd y gwela i, does ganddyn nhw ddim un cynllun.'

Daeargryn i'w gymharu ag ef

Am 4.31 y bore ar 7 Ionawr 1994, cafodd Northridge, un o faestrefi Los Angeles (California), ei tharo gan ddaeargryn.

Mesurodd y daeargryn 6.7 ar raddfa Richter. Bu farw 57 o bobl. Difrodwyd 20% o'r adeiladau'n eithaf difrifol neu'n ddifrifol iawn. Gadawyd miloedd ar filoedd o bobl yn ddigartref.

Tua 60 000 yw poblogaeth Northridge.

Eich tro chi

1 Ble mae Iran? Dywedwch ar ba gyfandir y mae hi, a pha wledydd sy'n ffinio â hi. (Gall tudalen 129 eich helpu!)

2 Pam digwyddodd y daeargryn? Eglurwch mewn geiriau syml fel petaech chi'n siarad â phlentyn 7 oed.

3 Edrychwch ar y ffotograff ar waelod tudalen 116. Dychmygwch mai chi yw un o'r ddau yno. Ysgrifennwch gofnod dyddiadur i ddisgrifio beth ddigwyddodd i'ch cartref a'ch teulu ar 26 Rhagfyr 2003, a'ch teimladau am hynny.

4 Fel Iran, mae talaith California yn UDA mewn perygl mawr o gael daeargrynfeydd. Caiff yr adeiladwyr yno eu gorfodi i godi adeiladau sy'n gallu gwrthsefyll daeargryn. Mae'r blwch glas uchod yn sôn wrthych am ddaeargryn yn California.
  a Lluniwch dabl fel yr un ar y dde.
  b Llenwch ef ar gyfer daeargrynfeydd Bam a Northridge.

c Ar sail eich tabl, ydych chi'n cytuno y byddai adeiladau cryfach yn Bam wedi arbed bywydau lawer? Rhowch eich tystiolaeth.

5 Edrychwch ar y map o'r perygl o ddaeargrynfeydd yn Iran, uchod.
  a A yw Bam yn debyg o gael rhagor o ddaeargrynfeydd?
  b Addawodd arlywydd Iran y caiff Bam ei hailadeiladu. Rydych chi'n beiriannydd. Ysgrifennwch lythyr at yr arlywydd i roi cyngor iddo ynghylch ailgodi'r dref.

Cymharu dau ddaeargryn

Lleoliad	Bam, Iran	Northridge, UDA
Maint		
% o'r boblogaeth a laddwyd		
% o'r adeiladau a ddinistriwyd		
A oes rheolau caeth mewn grym i sicrhau bod adeiladau'n gwrthsefyll tonnau seismig?		

117

9.6 Llosgfynyddoedd

Yn yr uned hon byddwch yn dysgu beth yw llosgfynyddoedd, a pha ddifrod y gall echdoriad ei wneud.

Beth yw llosgfynydd?

Llosgfynydd yw lle bydd craig hylif neu **fagma** yn saethu allan neu'n **echdorri** drwy arwyneb y ddaear. Uwchlaw arwyneb y ddaear, yr enw ar y graig hylif yw **lafa**.

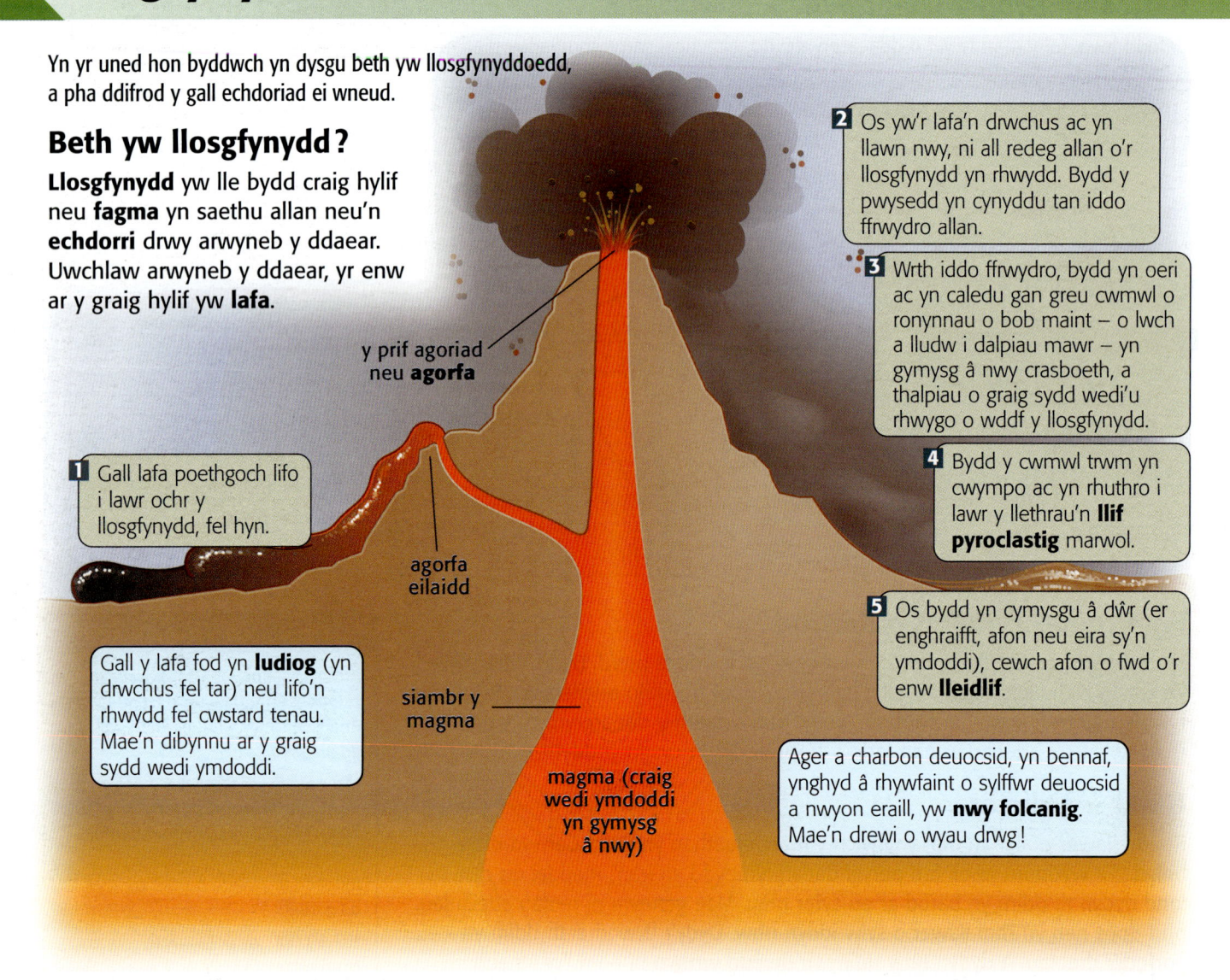

y prif agoriad neu **agorfa**

1. Gall lafa poethgoch lifo i lawr ochr y llosgfynydd, fel hyn.

agorfa eilaidd

Gall y lafa fod yn **ludiog** (yn drwchus fel tar) neu lifo'n rhwydd fel cwstard tenau. Mae'n dibynnu ar y graig sydd wedi ymdoddi.

siambr y magma

magma (craig wedi ymdoddi yn gymysg â nwy)

2. Os yw'r lafa'n drwchus ac yn llawn nwy, ni all redeg allan o'r llosgfynydd yn rhwydd. Bydd y pwysedd yn cynyddu tan iddo ffrwydro allan.

3. Wrth iddo ffrwydro, bydd yn oeri ac yn caledu gan greu cwmwl o ronynnau o bob maint – o lwch a lludw i dalpiau mawr – yn gymysg â nwy crasboeth, a thalpiau o graig sydd wedi'u rhwygo o wddf y llosgfynydd.

4. Bydd y cwmwl trwm yn cwympo ac yn rhuthro i lawr y llethrau'n **llif pyroclastig** marwol.

5. Os bydd yn cymysgu â dŵr (er enghraifft, afon neu eira sy'n ymdoddi), cewch afon o fwd o'r enw **lleidlif**.

Ager a charbon deuocsid, yn bennaf, ynghyd â rhywfaint o sylffwr deuocsid a nwyon eraill, yw **nwy folcanig**. Mae'n drewi o wyau drwg!

Lafa gludiog a nwyol yw'r math mwyaf peryglus. Bydd yn cronni yn y llosgfynydd. Yna, bydd y nwy'n gwthio'r cyfan allan yn un ffrwydrad mawr.

▲ Echdoriad o lafa sy'n llifo yn Hawaii.

▲ Echdoriad bach o ager, nwy a lludw o Fynydd St Helens (UDA). **Crater** yw'r enw ar y pant o amgylch yr agorfa

Pa ddifrod y gall echdoriadau ei wneud?

Gan fod llif pyroclastig yn teithio hyd at 200 km yr awr, allwch chi ddim dianc. Mae'n llosgi ac yn mygu popeth.

Bydd nwy folcanig yn achosi glaw asid. Bydd hwnnw'n lladd coed a llystyfiant dros ardal eang.

Gall y llwch o echdoriad ffrwydrol godi'n uchel i'r atmosffer a rhwystro gwres yr haul rhag cyrraedd y Ddaear. Oherwydd hyn bydd tymereddau'n gostwng ledled y byd.

Gall y llwch hefyd achosi i awyrennau syrthio o'r awyr.

Gall lleidlifau deithio 100 km yr awr. Ysgubant bopeth o'u blaenau. Byddwch yn boddi mewn mwd.

Bydd haen drwchus o ludw yn difetha'r cnydau.

Bydd llifoedd lafa'n dinistrio cnydau ac yn claddu trefi a phentrefi. (Gallent eich lladd chi hefyd – ond gallwch gerdded allan o'r ffordd.)

Mae haen drwchus o ludw yn ddigon trwm i wneud i doeon gwympo.

Bydd y llwch o echdoriad ffrwydrol yn treiddio i bobman – i'ch llygaid, eich gwallt a'ch ysgyfaint. Gall eich mygu.

Eich tro chi

1 Beth yw: **a** magma? **b** lafa?

2 Gwnewch gopi mwy o'r lluniad hwn. Lliwiwch ef ac ychwanegwch y labeli coll.

3 Edrychwch ar y ffotograff uchod. Beth, yn eich barn chi, ddigwyddodd:
 a i do'r eglwys? **b** i'r coed ger yr eglwys?

4 Gall llosgfynydd byw daflu allan bob un o'r rhain:
 cawodydd o ludw   llif pyroclastig   llif o lafa
 cymylau o lwch   nwyon folcanig
 a Rhestrwch nhw yn nhrefn eu perygl, gan ddechrau â'r un peryclaf yn eich barn chi.
 b Wrth ymyl pob eitem ar eich rhestr, dywedwch pa ddrwg mae'n ei wneud.

5 Roeddech chi yno pan echdorrodd Mynydd Pinatubo yn y Pilipinas ym 1991. Chi dynnodd y ffotograff isod. Anfonwch e-bost at eich cyfaill yn Efrog Newydd i ddweud wrtho beth welsoch chi cyn i chi dynnu'r ffotograff – a beth ddigwyddodd nesaf.

9.7 Montserrat: llosgfynydd yn deffro

Yn yr uned hon byddwch yn dysgu sut mae llosgfynydd sy'n echdorri wedi newid ynys yn y Caribî am byth.

Paradwys o ynys

Ddechrau 1995, roedd 11 000 o bobl yn byw ar ynys Montserrat yn y Caribî. Roedd rhai ohonynt yn ffermio i ennill bywoliaeth. Roedd rhai'n gweithio yn yr ychydig ffatrïoedd oedd ar yr ynys. Ond roedd y rhan fwyaf yn dibynnu ar y twristiaid a fyddai'n dod i fwynhau heddwch yr ynys baradwysaidd hon.

Yna, ar 18 Gorffennaf, dechreuodd bywyd ar yr ynys newid am byth. Ar ôl cysgu am bron 400 mlynedd, dechreuodd y llosgfynydd ddeffro.

Y llosgfynydd yn deffro

Yr arwyddion cyntaf oedd synau bygythiol, cawodydd o ludw ac arogl cryf o sylffwr. Gweithredodd y llywodraeth yn gyflym. Galwodd ar **fwlcanolegwyr** (gwyddonwyr llosgfynyddoedd) i wirio neu **fonitro** y llosgfynydd, a gwnaeth gynlluniau i symud pobl i le diogel.

Yn ôl ym 1995 oedd hynny. Mae'r llosgfynydd wedi bod yn brysur byth oddi ar hynny!
- Mae wedi chwydu cymylau o lwch a lludw sydd wedi troi'r awyr yn ddu.
- Mae wedi tyfu pentyrrau o lafa sydd wedi disgleirio yn y nos cyn ffrwydro.
- Mae wedi cynhyrchu llifoedd pyroclastig sydd wedi rhedeg i lawr y llethrau. Trodd rai ohonynt afonydd yn lleidlifau.

Bydd y fwlcanolegwyr yn ei wylio nos a dydd. Ond ni allant ragfynegi pryd bydd yn mynd yn ôl i gysgu unwaith eto.

Mae Montserrat yn rhan o'r **arc** hon o ynysoedd – cyfres o ynysoedd a grëwyd gan echdoriadau folcanig.

▼ Montserrat o'r awyr. Ble mae'r llosgfynydd?

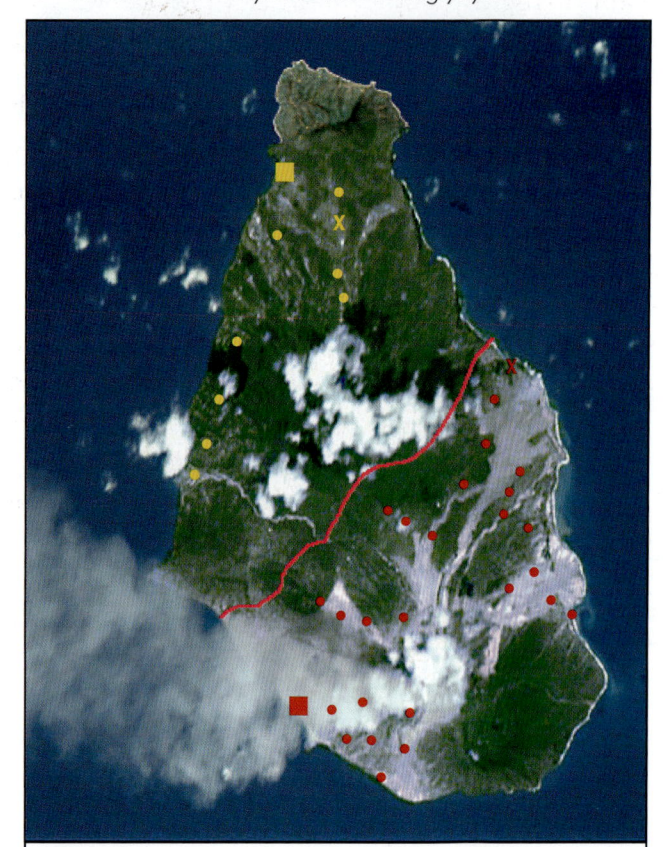

Allwedd
- ■ y brifddinas (Plymouth) wedi'i dinistrio
- × y maes awyr (wedi'i ddinistrio)
- • aneddiadau bach wedi'u gadael neu wedi'u dinistrio
- ～ chaiff pobl ddim mynd i'r de o'r llinell hon
- ■ y brifddinas newydd, o bosibl (Little Bay)
- × y maes awyr newydd (2004)
- • aneddiadau bach sydd heb eu difrodi

◄ Llif pyroclastig arall ar Montserrat.

PLATIAU, DAEARGRYNFEYDD A LLOSGFYNYDDOEDD

Beth sy'n achosi'r echdoriadau?

1 Am filiynau o flynyddoedd, mae platiau trymach Gogledd a De America wedi gwthio o dan blât ysgafnach y Caribî fel hyn.

2 Felly, ymdoddodd y graig a gwthio'i ffordd drwy lawr y cefnfor gan ffurfio llosgfynyddoedd tanddwr.

3 Tyfodd y llosgfynyddoedd gan ffurfio Montserrat ac ynysoedd eraill y Caribî.

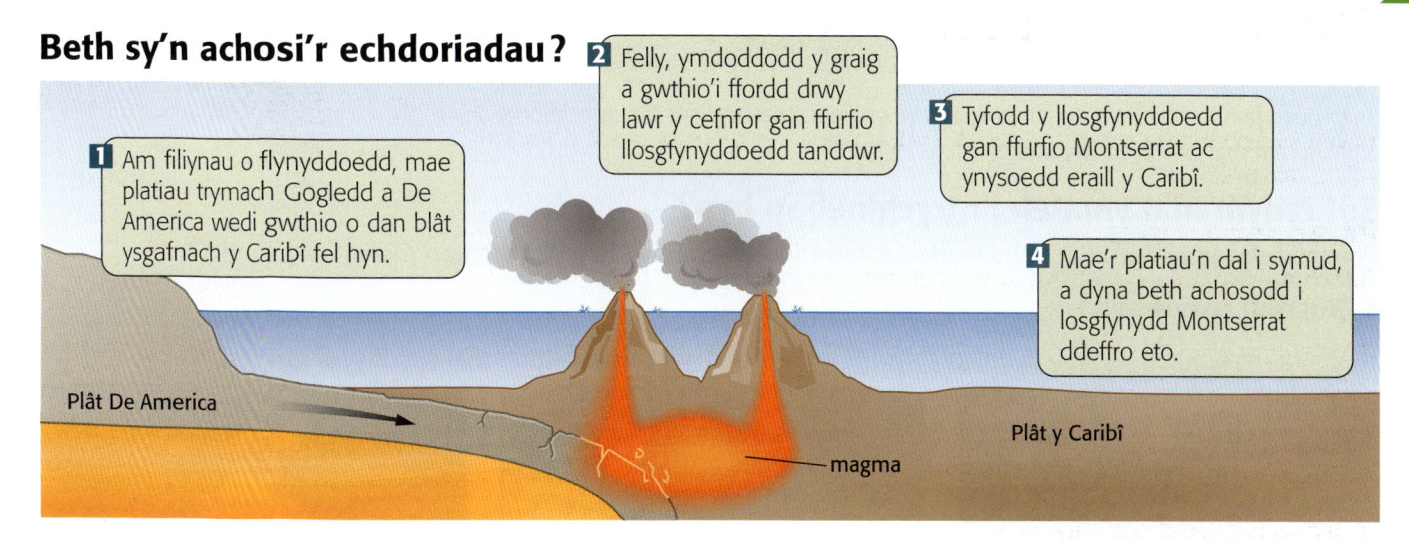

4 Mae'r platiau'n dal i symud, a dyna beth achosodd i losgfynydd Montserrat ddeffro eto.

Plât De America — Plât y Caribî — magma

Pobl yn symud

Wrth i'r llosgfynydd fynd yn fwy ac yn fwy peryglus, cafodd pobl eu symud o ran ddeheuol yr ynys. Aeth rhai i'r ardal 'ddiogel' yn y gogledd i aros gyda chyfeillion neu mewn llochesau. Aeth rhai i ynysoedd eraill y Caribî neu at berthnasau dramor. Erbyn Ebrill 1996 roedd de'r ynys yn wag.

Ond gwrthododd rhai gadw draw. Ar 25 Mehefin 1997, cafodd 19 o bobl a oedd wedi sleifio'n ôl i weithio ar eu ffermydd eu lladd gan lifoedd pyroclastig.

Bywyd yn mynd yn ei flaen

Heddiw, 4500 o bobl yn unig sydd ar ôl ar Montserrat, a hynny yng ngogledd yr ynys. Ni chânt fynd i'r de o hyd. (Os cewch eich dal yno, cewch ddirwy a gallech hyd yn oed gael eich anfon i'r carchar.)

Gan fod cymaint o'r tir wedi'i ddifetha, prin yw'r ffermio yno'n awr a phrin iawn yw'r twristiaid. Mae'r bobl yn dibynnu ar grantiau gan y DU a'r Undeb Ewropeaidd. Adeiladu yw eu prif waith erbyn hyn – codi tai i'r ffoaduriaid a chodi ysgolion, ffyrdd a maes awyr newydd.

Ond ni allant anghofio am y llosgfynydd. Bob hyn a hyn bydd cwmwl o lwch yn yr awyr, neu gawod o ludw neu gerrig mân, yn eu hatgoffa.

▲ *Dim ateb i'r alwad … byth?*

Eich tro chi

1 Eglurwch yn eich geiriau'ch hun pam mae'r llosgfynydd ar Montserrat yn echdorri.

2 Edrychwch ar y ffotograff ar dudalen 106. Mae'n dangos Plymouth, prifddinas Montserrat, ar ôl i'r llosgfynydd ei dinistrio. Yno roeddech chi'n arfer byw. Ysgrifennwch lythyr at eich cefnder yng Nghaernarfon gan ddisgrifio sut olwg sydd ar Plymouth erbyn hyn.

3 Sut bydd yr echdoriadau ar Montserrat wedi effeithio:
a ar ffermwyr? **b** ar berchnogion gwestai? **c** ar yrwyr tacsis?

4 Gobaith Montserrat yw denu twristiaid unwaith yn rhagor – fel ynys y llosgfynydd! Chi sy'n gyfrifol am dwristiaeth.
a Tynnwch linfap o'r ynys gan ddangos y llosgfynydd, y maes awyr newydd a'r gylchfa ddiogel.
b Marciwch ble byddech chi'n rhoi gwesty newydd i dwristiaid.
c Pa weithgareddau fyddwch chi'n eu trefnu i dwristiaid?
ch Sut byddwch chi'n sicrhau bod y twristiaid yn ddiogel?
d Pa fath o gofroddion fyddwch chi'n eu gwerthu iddyn nhw?
dd Lluniwch slogan i ddenu twristiaid i'r ynys.

5 Ers i'r llosgfynydd ddeffro, mae Montserrat wedi cael bron £200 miliwn o gymorth. O'r DU daeth y rhan fwyaf ohono gan ei bod yn un o drefedigaethau Prydain. Barn rhai pobl yw y dylid cau'r ynys yn gyfan gwbl.
a Cynigiwch rai dadleuon o blaid hynny.
b Cynigiwch rai dadleuon yn erbyn hynny.
c Petaech chi'n gorfod gwneud y penderfyniad terfynol,

121

9.8 Ymdopi â daeargrynfeydd ac echdoriadau

Yn yr uned hon byddwch yn dysgu sut rydym yn ymdopi â daeargrynfeydd ac echdoriadau, a pham caiff rhai gwledydd fwy o drafferth na'i gilydd.

Sut rydym ni'n ymateb i'r trychinebau hyn?
Pan fydd daeargrynfeydd ac echdoriadau'n dinistrio lleoedd, byddwn ni'n ymateb mewn dwy ffordd.

1 Ymateb tymor-byr
Yn gyntaf, fe fyddwn ni, yn y dyddiau a'r wythnosau nesaf, yn ceisio helpu'r rhai sydd wedi goroesi.

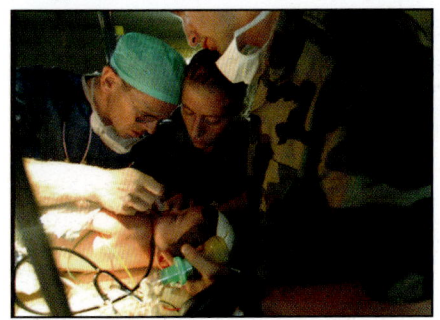

Bydd meddygon, nyrsys, dynion tân a'r fyddin yn rhuthro yno. Caiff pebyll meddygol eu codi. Bydd asiantaethau cymorth fel Oxfam a'r Groes Goch yn cyrraedd.

Caiff pebyll, bwyd, dŵr a dillad eu rhoi i'r bobl sydd wedi colli eu cartrefi. (Gall y rhain fod yn rhoddion gan wledydd eraill.)

Bydd pobl gyffredin fel chi a fi'n rhoi arian i helpu'r rhai sydd wedi goroesi'r trychineb, ac i deuluoedd y rhai sydd wedi marw.

2 Ymateb tymor-hir
Yna, byddwn ni'n ceisio rhwystro trychinebau fel y rhain rhag digwydd yn y dyfodol.

Allwn ni ddim atal daeargrynfeydd ac echdoriadau. Ond o leiaf gallwn ddweud pa leoedd sydd mewn perygl.

Yna, gallwn wneud cynlluniau i amddiffyn y bobl sy'n byw yn y lleoedd hynny. Mae modd i rai o'r cynlluniau …

… gael eu gweithredu'n syth – er enghraifft, cynlluniau i gryfhau adeiladau.

Caiff cynlluniau eraill eu gweithredu y tro nesaf y bydd argyfwng.

Yn y cyfamser, gall gwyddonwyr fonitro'r lleoedd sydd mewn perygl, a cheisio rhagfynegi pryd bydd daeargrynfeydd neu echdoriadau …

… yn digwydd er mwyn iddynt rybuddio pobl mewn pryd i symud i le diogel.

Eich tro chi

1 Mae **A-E** isod yn cyd-fynd â geiriau neu dermau a ddefnyddiwyd ar dudalen 122. Yn achos pob un, rhaid i chi ddewis y gair neu'r term hwnnw. Mynegwch eich atebion fel hyn:

B ar gyfer y misoedd a'r blynyddoedd nesaf = t . . . -hir

- **A** ar gyfer y dyddiau a'r wythnosau nesaf
- **B** ar gyfer y misoedd a'r blynyddoedd nesaf
- **C** sefyllfa sydd, yn sydyn, yn troi'n beryglus
- **CH** arsylwi a gwirio a chymryd mesuriadau
- **D** dweud ymlaen llaw pryd bydd rhywbeth yn digwydd
- **DD** byddant yn astudio creigiau (a daeargrynfeydd!)
- **E** byddant yn casglu arian i helpu pobl sydd mewn angen

Gallai'r eirfa eich helpu!

2 Mae **daeargryn** mawr yn digwydd mewn dinas yn Ne America. Caiff 80 000 o bobl eu lladd.
A–G isod yw'r ymatebion i'r trychineb.

a Gwnewch dabl mawr ac arno benawdau fel hyn:

Ymatebion i drychineb y daeargryn	
Tymor-byr	Tymor-hir

b Yn awr, ysgrifennwch y brawddegau **A–G** yn y colofnau cywir. (Gan roi eu llythrennau hefyd!)

- **A** Bydd 30 o ddynion tân yn hedfan yno o'r Eidal i helpu.
- **B** Mae'r llywodraeth yn sefydlu tîm o ddaearegwyr i geisio rhagfynegi daeargrynfeydd yn y dyfodol.
- **C** Caiff deddf ei phasio fod rhaid i bob adeilad newydd allu ymdopi â chael ei ysgwyd.
- **CH** Caiff pob pont yn y ddinas ei chryfhau.
- **D** Mae gwledydd De America yn cyd-sefydlu system loeren i fonitro symudiadau'r platiau.
- **DD** O hyn ymlaen, bydd pob ysgol yn y wlad yn dysgu'r disgyblion beth i'w wneud mewn daeargryn.
- **E** Mae un o ysbytai'r ddinas yn sefydlu pabell i'r rhai sydd wedi'u hanafu.
- **F** Bydd newyddiadurwyr yn cyrraedd o bedwar ban y byd.
- **FF** Mae Sbaen yn rhoi $500 miliwn i ailgodi'r ddinas.
- **G** Yng Nghaerdydd, mae dosbarth 3A yn casglu £80 ar gyfer y bobl sydd wedi goroesi.

3 Pa rai o'r ymatebion uchod sy'n rhai:
- **a** lleol (yn y ddinas a drawyd)?
- **b** cenedlaethol?
- **c** rhyngwladol?

I ateb, tanlinellwch bob math unigol o ymateb mewn lliw gwahanol yn eich tabl.
Yna, ychwanegwch allwedd i'r lliwiau.

4 Dychmygwch yn awr fod **echdoriad folcanig** anferth ym México yn lladd 9000 o bobl. Dyfeisiwch chwe enghraifft o ymatebion i'r trychineb. Rhaid i chi gynnwys:
- o leiaf ddau ymateb rhyngwladol
- o leiaf un sy'n cynnwys asiantaeth cymorth
- o leiaf un sy'n cynnwys gwyddonwyr.

5

Mae'r ffotograff hwn yn dangos tad trist ar ôl y daeargryn yn Bam yn 2003. Cafodd ei blant eu claddu gan y daeargryn. Cawsant eu cloddio oddi yno ar ôl dau ddiwrnod – ond bu'r ddau farw'n ddiweddarach mewn ysbyty pabell.
Gallai'r pethau isod fod wedi helpu i'w cadw'n ddiogel. Yn achos pob un, ceisiwch egluro pam.
- **a** tîm o arolygwyr i orfodi rheolau adeiladu caeth
- **b** arian i brynu defnyddiau adeiladu cryf
- **c** llawer o arian i ymchwilio i ragfynegi daeargrynfeydd yn y wlad honno
- **ch** rhwydwaith da o draffyrdd
- **d** gwell cynlluniau argyfwng ar gyfer daeargrynfeydd
- **dd** ysbytai sydd ag offer helaeth

6 Y drafferth yw bod diogelu pobl rhag trychinebau yn costio llawer iawn! Edrychwch ar y tabl isod. Mae'n rhoi data ar gyfer tair gwlad lle mae perygl o ddaeargrynfeydd.
- **a** Pa un o'r tair yw'r gyfoethocaf? (Chwiliwch yn yr eirfa?)
- **b** Pa un, yn eich barn chi, sydd fwyaf tebygol o allu:
  - **i** helpu pobl sydd wedi'u hanafu mewn trychinebau?
  - **ii** amddiffyn pobl rhag trychinebau yn y tymor hir?

Rhowch resymau dros eich atebion.

Cymharu rhai gwledydd

Gwlad	Iran	México	UDA
Cynnyrch Mewnwladol Crynswth (CMC) y pen	$6000	$8430	$34 320
Nifer y setiau teledu am bob 1000 o bobl	172	282	937
Nifer y meddygon am bob 10 000 o bobl	11	14	28
Nifer y gwelyau ysbyty am bob 10 000 o bobl	16	11	36
Hyd o draffordd am bob 1000 o km sgwâr o'r wlad	0.54 km	3.34 km	8.17 km

9.9 Pam byw mewn lle peryglus?

Yn yr uned hon byddwch yn darganfod pam mae pobl yn dal i fyw mewn lleoedd peryglus ger ymylon platiau. A hefyd am y ffyrdd mae llosgfynyddoedd o fantais i ni.

Hanner call a dwl?

Mae miliynau o bobl yn byw ger ymylon platiau lle mae perygl mawr o ddaeargrynfeydd ac echdoriadau. Pam na fyddant yn symud i le mwy diogel?

Wyddech chi?
- Mae un o bob rhyw 12 ohonom yn byw mewn lle peryglus (ger ymyl plât).
- Hynny yw, rhyw 500 miliwn o bobl!

Pa berygl? — Los Angeles 1 Filltir

Rhaid i ni fyw yn rhywle.

Wnaiff dim byd ddigwydd i ni!

Ymgartrefodd pobl mewn lleoedd peryglus cyn i ni ddeall y risg. (Wyddem ni ddim byd am blatiau tan y 1960au.)

Erbyn hyn, mae rhai o'r aneddiadau wedi tyfu'n ddinasoedd enfawr – fel México a Tōkyō. I ble gallai'r holl bobl hynny symud?

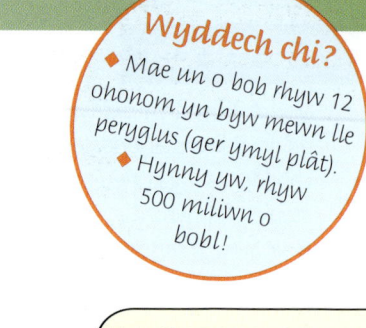

Bydd llawer ohonom yn meddwl mai i bobl eraill yn unig y bydd trychinebau'n digwydd. Byddwn ni'n anwybyddu'r peryglon ac yn mynd ymlaen â'n bywydau.

Dyma'n ffordd ni o fyw.

Mae bywyd yn braf yma.

Byddwn ni'n dibynnu ar y dechnoleg!

Mae llawer yn rhy dlawd i symud. Hyd yn oed ar ôl trychineb, mae ar rai eisiau dychwelyd at y bywyd maent fwyaf cyfarwydd ag ef.

Gall swydd dda a ffordd braf o fyw eich cadw mewn ardal beryglus, hyd yn oed os ydych yn teimlo ychydig bach yn nerfus.

Mae lleoedd fel California a Japan wedi'u paratoi'n dda ar gyfer daeargrynfeydd. Mae hynny'n gwneud i bobl deimlo'n ddiogel.

▲ Un o'r llosgfynyddoedd sy'n denu'r nifer fwyaf o ymwelwyr – Mynydd Fuji, Japan.

▲ Lafa'n bygwth gwinllan ar Fynydd Etna yn yr Eidal.

PLATIAU, DAEARGRYNFEYDD A LLOSGFYNYDDOEDD

A dyma'r newyddion da!

Y newyddion drwg, fel y gwelsoch chi, yw y gall symudiadau'r platiau ladd. Y newyddion da yw eu bod hefyd yn dod â manteision, diolch yn bennaf i losgfynyddoedd.

Pridd da. Wrth i lafa ymddatod, bydd yn troi'n bridd ffrwythlon iawn. Ar fynydd Etna yn Sicilia, bydd ffermwyr yn tyfu cnydau cyfoethog o rawnwin a ffrwythau eraill. Yn Jawa (Java) a Japan byddant yn tyfu reis.

Gwneud arian o dwristiaeth. Bydd ardaloedd folcanig yn denu twristiaid, a bydd twristiaid yn gwario arian! Heidiant i ymweld â Mynydd Etna a Mynydd Fuji a llosgfynyddoedd Gwlad yr Iâ. Cânt weld **geiserau** a **mygdyllau** ac ymlacio yn y ffynhonnau poeth.

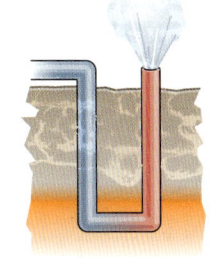

Egni geothermol neu egni o graig boeth. Mewn rhai ardaloedd folcanig, caiff dŵr ei bwmpio i lawr i'r creigiau poeth. Daw'n ôl i fyny fel ager. Caiff yr ager ei ddefnyddio i wresogi cartrefi, neu i yrru tyrbinau i wneud trydan.

Mae dros 70% o'r cartrefi yng Ngwlad yr Iâ yn defnyddio egni geothermol.

Defnyddiau gwerthfawr. Mae copr, arian, aur a phlwm i'w cael mewn llosgfynyddoedd marw. (Byddant yn casglu mewn gwythiennau pan fydd y magma'n caledu eto.) Caiff sylffwr ei fwyngloddio o amgylch hen agorfeydd llosgfynyddoedd. Caiff basalt ei ddefnyddio i adeiladu ffyrdd.

Tanwyddau ffosil. Oherwydd symudiadau'r platiau, caiff llystyfiant toreithiog ei gladdu. Dros filiynau o flynyddoedd, bydd yn troi'n **lo**. Bydd y symudiadau hefyd yn achosi i greaduriaid marw'r môr gael eu claddu – a bydd y rheiny'n troi'n **olew** a **nwy**. Rydym yn dibynnu ar y tanwyddau hynny.

Wrth i boblogaeth y Ddaear gynyddu, bydd hyd yn oed mwy o bobl yn byw mewn lleoedd peryglus. Mae angen inni allu rhagfynegi daeargrynfeydd ac echdoriadau yn well, ac amddiffyn pobl rhag niwed.

▲ *Peidiwch â mynd yn rhy agos at geiser! Dyma un ym Mharc Cenedlaethol Yellowstone, Wyoming, UDA.*

Eich tro chi

1 Gan ddefnyddio'r map o'r byd ar dudalennau 128-129, a'r map o'r platiau ar dudalen 111, enwch chwe dinas sydd fel petaent mewn mannau peryglus.

2 Rhowch:
  a ddau reswm economaidd **b** dau reswm cymdeithasol pam mae pobl yn dal i fyw mewn lleoedd peryglus.

3 Ydych chi'n cytuno â'r unigolyn hwn? Rhowch resymau.

4 Rhestrwch bob un o'r ffyrdd mae symudiadau'r platiau yn eich helpu. (Er enghraifft, nwy i goginio.) Gallech dynnu map corryn i ateb.

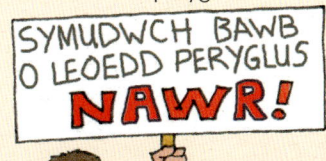

5 Allwch chi feddwl am unrhyw un sy'n elwa o ddaeargrynfeydd? Rhowch gymaint o enghreifftiau â phosibl.

6 Beth yw: **a** geiser? **b** mygdwll? (Chwiliwch yn yr eirfa.)

7 Rydych chi'n beiriannydd. Copïwch y llun hwn a chwblhewch ef i ddangos sut y gallech wresogi'r cartrefi hyn.

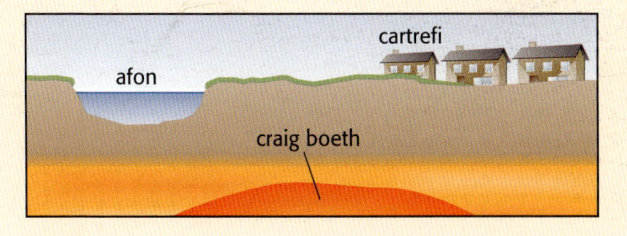

SYMUDWCH BAWB O LEOEDD PERYGLUS NAWR!

125

Symbolau mapiau ordnans

FFYRDD A LLWYBRAU

M1 or A6(M)	Traffordd
A35	Ffordd ddeuol
A31(T) or A35	Priffordd
B3074	Ffordd eilaidd
	Ffordd gul gyda mannau pasio wedi'u nodi
	Ffordd yn cael ei hadeiladu
	Ffordd sy'n lletach na 4 m yn gyffredinol
	Ffordd sy'n gulach na 4 m yn gyffredinol
	Ffordd, dreif neu drac arall wedi neu heb eu ffensio
»»	Rhediad: yn fwy serth na 1 mewn 5; 1 mewn 7 i 1 mewn 5
Ferry	Fferi; Fferi T – teithiwr yn unig
	Llwybr

HAWLIAU TRAMWY CYHOEDDUS

(Ddim yn berthnasol i'r Alban)

1:25 000 / 1:50 000
- Llwybr troed
- Ffordd a defnyddir yn llwybr cyhoeddus
- Llwybr march
- Cilffordd yn agored i bob trafnidiaeth

RHEILFFYRDD

- Trac lluosog
- Trac sengl
- Rheilffordd gul/System gludo ysgafn gyflym
- Heol drosodd; heol o dan; croesfan rheilffordd
- Trychfa; twnnel; arglawdd
- Gorsaf, ar agor i deithwyr; lein aros

FFINIAU

- Cenedlaethol
- Dosbarth
- Sir, Awdurdod Unedol, Dosbarth Prifddinesig neu Fwrdeistref Llundain
- Parc Cenedlaethol

UCHDERAU/ARWEDDION CRAIG

- Cyfuchlinau
- ·144 Uchderau i'r metr agosaf uwchlaw lefel môr cymedrig

brig, clogwyn, sgri

BYRFODDAU

P	Swyddfa'r post	PC	Cyfleusterau cyhoeddus (ardaloedd gwledig)
PH	Tŷ tafarn	TH	Neuadd y dref neu'r cyfryw
MS	Carreg filltir	Sch	Ysgol
MP	Postyn milltir	Coll	Coleg
CH	Tŷ clwb	Mus	Amgueddfa
CG	Gwylwyr y glannau	Cemy	Mynwent
Fm	Fferm		

HENEBION

- VILLA Rhufeinig
- Castle Anrhufeinig
- Maes brwydr (gyda dyddiad)
- ★ Cloddwaith

ARWEDDION TIR

- ruin Adeiladau
- Adeilad cyhoeddus
- Gorsaf fysiau neu drenau
- Lleoedd Addoli { gyda thŵr / gyda meindwr, minarét neu gromen / heb ychwanegiadau o'r fath }
- Simnai neu dŵr
- Tŷ gwydr
- Maes hofrenyddion
- Piler triongli
- Mast
- Pwmp gwynt/Generadur gwynt
- Melin wynt gyda hwyliau neu hebddynt
- Llinellau rhwyllog yn croesi
- Trychfa, arglawdd
- Chwarel
- Tomen wastraff neu domen sbwriel
- Coed conwydd
- Coed di-gôn (collddail)
- Coed cymysg
- Perllan
- Parc neu erddi addurnol
- Tir mynediad y Comisiwn Coedwigaeth
- Ymddiriedolaeth Genedlaethol – ar agor bob amser
- Ymddiriedolaeth Genedlaethol – mynediad cyfyngedig. Rhaid ufuddhau i arwyddion lleol
- Ymddiriedolaeth Genedlaethol yr Alban

ARWEDDION DŴR

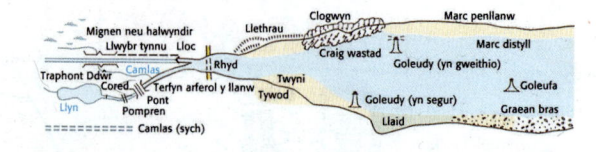

Traphont Ddŵr, Cored, Pont, Pompren, Llyn, Camlas, Mignen neu halwyndir, Llwybr tynnu, Lloc, Rhyd, Terfyn arferol y llanw, Twyni, Tywod, Clogwyn, Llethrau, Craig wastad, Goleudy (yn gweithio), Goleudy (yn segur), Llaid, Marc penllanw, Marc distyll, Goleufa, Graean bras, Camlas (sych)

GWYBODAETH I DWRISTIAID

- P Parcio
- V Canolfan ymwelwyr
- i Canolfan wybodaeth drwy'r flwyddyn/tymhorol
- Ffôn
- Safle gwersyll/Safle carafannau
- Cwrs neu lain golff
- Gwylfa
- PC Cyfleusterau cyhoeddus
- Safle picnic
- Tŷ/tai tafarn
- Eglwys gadeiriol/abaty
- Amgueddfa
- Caer/castell
- Adeilad o ddiddordeb hanesyddol
- English Heritage
- Gardd/gardd goed
- Gwarchodfa natur
- Chwaraeon dŵr
- Pysgota
- Atyniadau eraill i ymwelwyr

Map o Ynysoedd Prydain

• mae labeli coch yn dangos lleoedd a astudir gennych yn y llyfr hwn

Allwedd

- - - - - - ffin ryngwladol
———— ffin genedlaethol
~~~~~ afon
🟦 llyn
▲ y man uchaf yn y DU

trefi
■ dinasoedd mwyaf
● dinasoedd a threfi mawr

Uchder tir
wedi'i fesur mewn metrau uwchlaw lefel y môr

- mwy na 1000 m
- 500 - 1000 m
- 200 - 500 m
- 100 - 200 m
- llai na 100 m
- tir islaw lefel y môr

Graddfa
1 : 4 500 000
Mae un centimetr ar y map yn cynrychioli 45 cilometr ar y ddaear.

0 — 45 — 90 — 135 — 180 km

Tafluniad Mercator Ardraws

Labeli ar y map

Ynysoedd Shetland
Ynysoedd Orkney
Penrhyn Wrath
Hebrides Allanol
Lewis
Skye
Glen Môr
Loch Ness
Afon Spey
UWCHDIROEDD Y GOGLEDD ORLLEWIN
MYNYDDOEDD CAIRNGORM
MYNYDDOEDD GRAMPIAN
Afon Dee
Aberdeen
1344m ▲ Ben Nevis
Mull
A. Tay
YR ALBAN
Loch Lomond
Dundee
Islay
Glasgow
Afon Clyde
Moryd Forth
Caeredin
Y DEYRNAS UNEDIG
UWCHDIROEDD Y DE
A. Tweed
BRYNIAU CHEVIOT
• Warkworth
A. Coquet
Newcastle upon Tyne
Afon Tyne
Sunderland
Stockton-on-Tees
• Darlington
Middlesbrough
ARDAL Y LLYNNOEDD
Afon Eden
Afon Tees
Y PENNINES
GWEUNDIROEDD GOGLEDD EFROG
Môr y Gogledd

GOGLEDD IWERDDON
MYNYDDOEDD ANTRIM
A. Bann
Loch Neagh
Belfast
Afon Erne
GWERINIAETH IWERDDON
Loch Corrib
Afon Shannon
A. Boyne
A. Liffey
Dulyn
MYNYDDOEDD WICKLOW
Barrow
Afon Suir
Afon Blackwater
Corc
CEFNFOR GOGLEDD IWERYDD

Sianel y Gogledd
Moryd Clyde
Ynys Manaw
Môr Iwerddon
Blackpool
Preston
Bradford
Leeds
Kingston-upon-Hull
Afon Ouse
Huddersfield
Afon Aire
Bolton
Manceinion
Lerpwl
Warrington
Stockport
Sheffield
Afon Mersi
Afon Humber
Ynys Môn
LLOEGR
Stoke-on-Trent
Derby
A. Dyfrdwy
Nottingham
Y Wash
A. Trent
Telford
Caelŷr
A. Wensum
Norwich
Amwythig
Wolverhampton
Walsall
Y FFENS
Dudley
Birmingham
Peterborough
UWCHDIROEDD CYMRU
Coventry
Solihull
Northampton
A. Ouse Fawr
Ipswich
Bae Ceredigion
A. Hafren
Afon Avon
A. Stour
Afon Teifi
CYMRU
Afon Wysg
A. Gwy
BRYNIAU COTSWOLD
Milton Keynes
Luton
• Aylesbury
BRYNIAU CHILTERN
Basildon
Southend-on-Sea
Afon Tywi
BANNAU BRYCHEINIOG
Abertawe
Casnewydd
Reading
A. Thames
Llundain
• Clwb Pêl-droed Arsenal (maes)
Caerdydd
• Greenwich
Môr Hafren
Bryste
GWASTADEDD SALISBURY
DOWNS Y GOGLEDD
Sianel San Siôr
EXMOOR
Southampton
DOWNS Y DE
A. Exe
Bournemouth
Poole
Portsmouth
Brighton
Culfor Dover
DARTMOOR
Ynys Wyth
Plymouth
Torbay
Land's End
Ynysoedd Scilly
Y Sianel (Y Môr Udd)
CEFNFOR GOGLEDD IWERYDD

127

Map o'r Byd (gwleiddyddol)

byrfoddau

AWST.	AWSTRIA
BELG.	GWLAD BELG
B-H.	BOSNA-HERCEGOVINA
C.	CROATIA
E.A.U.	YR EMIRADAU ARABAIDD UNEDIG
F.	FYROM (Gweriniaeth Macedonia gynt o fewn Iwgoslafia)
GWER. CAN. AFFRICA	GWERINIAETH CANOLBARTH AFFRICA
ISELD.	YR ISELDIROEDD
L.	LIECHTENSTEIN
LITH.	LITHUANIA
LUX.	LUXEMBOURG
S.	SLOVENIJA
SL.	SLOFACIA
SM.	SERBIA A MONTENEGRO
SWIST.	Y SWISTIR
TS.	GWERINIAETH TSIEC
U.D.A.	UNOL DALEITHIAU AMERICA

— ffin ryngwladol
• prifddinas

Graddfa Gyhydeddol 1: 95 000 000

Wyddech chi?
- Mae'r Ddaear yn 4600 miliwn o flynyddoedd oed.
- Mae'n pwyso 6000 miliwn miliwn miliwn o dunelli metrig.

Y Cyfandiroedd a'r Cefnforoedd

128

Ffeithiau ffantastig!
- Mae dŵr hallt yn gorchuddio bron 70% o'r ddaear.
- Y Cefnfor Tawel sy'n gorchuddio bron traean ohoni.
- Mae rhewlifau'n gorchuddio 10% o'r tir.
- Diffeithdir yw 20% o'r tir.

Pencampwyr y byd
- Y cyfandir mwyaf – Asia
- Yr afon hiraf – Afon Nîl, Yr Aifft
- Y mynydd uchaf – Everest, Nepal
- Y diffeithdir mwyaf – Sahara, Gogledd Affrica
- Y cefnfor mwyaf – Y Cefnfor Tawel

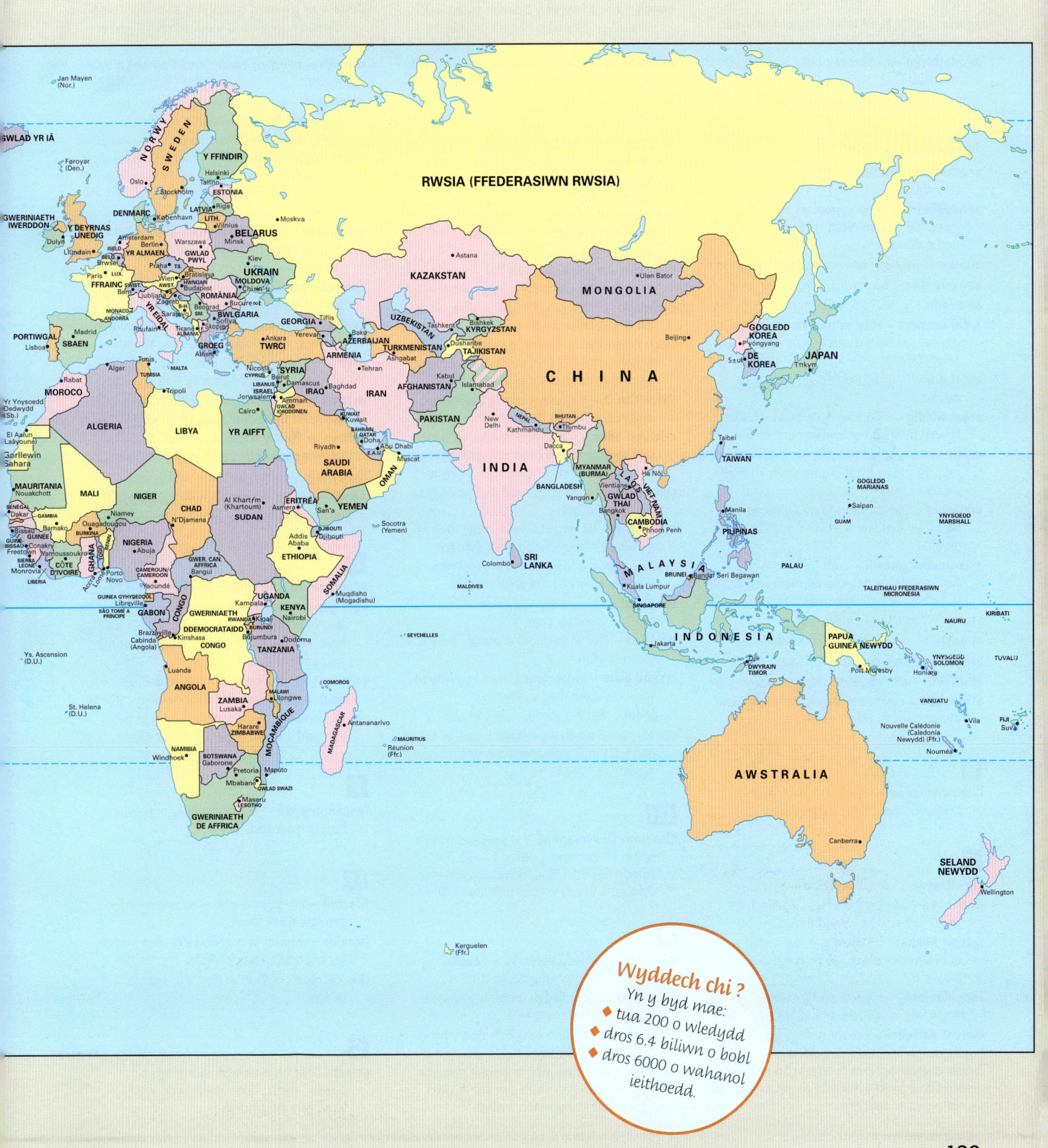

Wyddech chi?
Yn y byd mae:
- tua 200 o wledydd
- dros 6.4 biliwn o bobl
- dros 6000 o wahanol ieithoedd.

129

Geirfa

A

adfywio trefol – pan gaiff ardal drefol ddi-raen ei hailddatblygu gan roi bywyd newydd iddi

agorfa – twll y bydd lafa'n echdorri drwyddo ar losgfynydd

ailddatblygu – ailadeiladu ardal at ddefnydd newydd

amgylcheddol – yn ymwneud â'n hamgylcheddoedd a'r ffordd byddwn ni'n gofalu amdanynt (yr aer, afonydd, bywyd gwyllt ac ati)

anathraidd – nid yw'n gadael i ddŵr fynd drwyddo

anheddiad – lle y bydd pobl yn byw ynddo; gallai fod yn bentrefan, yn bentref, yn dref neu'n ddinas

annedd – adeilad i fyw ynddo (fel tŷ neu fflat)

anwedd dŵr – dŵr ar ffurf nwy

anweddu – y newid o hylif i nwy

ardal breswyl – ardal sy'n cynnwys cartrefi'n bennaf (yn hytrach na siopau neu swyddfeydd)

ardal drefol – ardal adeiledig, fel tref neu ddinas

ardal wledig – cefn gwlad, lle bydd pobl yn byw ar ffermydd ac mewn pentrefi bach

argae – wal sydd wedi'i chodi ar draws afon i reoli llif y dŵr; bydd cronfa ddŵr yn ffurfio y tu ôl i'r argae

arglawdd – clawdd o bridd neu goncrid sydd wedi'i godi ar lan afon i atal yr afon rhag gorlifo

asiantaeth cymorth – corff fel Oxfam ac Action Aid sy'n helpu pobl mewn gwledydd tlotach (gan gynnwys mewn argyfwng)

atal – dail yn dal dŵr glaw

atmosffer – y nwy o amgylch y Ddaear

atwynt – yn wynebu i mewn i'r gwynt

athraidd – mae'n gadael i ddŵr fynd drwyddo

athreuliad – creigiau a cherrig yn treulio wrth iddynt daro yn erbyn ei gilydd

B

blaengryniadau – cryndodau bach a all ddigwydd cyn i ddaeargryn daro

C

canolbwynt – 'canol' daeargryn

CBD – canol busnes y dref neu'r ddinas, lle mae'r prif siopau a swyddfeydd

ceisiwr lloches – rhywun sy'n ffoi i wlad arall er mwyn diogelwch, ac yn gofyn am gael aros yno

cenedlaethol – yn ymwneud â'r wlad i gyd (er enghraifft, yr anthem genedlaethol)

cerrynt darfudol – cerrynt o ddefnydd poethach; pan gaiff aer neu ddŵr neu graig feddal ei gwresogi neu ei wresogi o rywle o dani/o dano, bydd y defnydd poethach yn codi mewn ceryntau darfudol

ceubwll – tyllau i lawr drwy'r graig, sydd wedi'i hachosi gan hindreulio ac erydu

ceunant – cwm cul ag ochrau serth

craidd – haen fewnol y Ddaear; mae wedi'i wneud yn bennaf o haearn ac ychydig o nicel

craigwely – y graig solet o dan y pridd

cramen – haen allanol denau'r Ddaear, wedi'i gwneud o graig

cydlifiad – lle mae dwy afon yn ymuno

cyddwyso – newid o nwy i hylif

cyfaneddwr – rhywun sy'n cymryd tir i fyw arno, a hwnnw'n dir nad oes neb wedi byw arno o'r blaen

cyfryngau, y – ffurfiau ar gyfathrebu, megis y teledu, radio, papurau newydd, cylchgronau, y rhyngrwyd

cyfuchlin – llinell ar fap sy'n uno lleoedd sydd yr un uchder uwchlaw lefel y môr

cyhydedd – llinell ddychmygol o amgylch canol y Ddaear (lledred 0°)

cylch dylanwad – y gofod o amgylch anheddiad (neu siop neu wasanaeth arall) lle caiff ei ddylanwad ei deimlo

Cylch Tân, Y – y gadwyn o losgfynyddoedd o amgylch y Cefnfor Tawel

cylchred ddŵr – y gylchred ddi-dor lle bydd dŵr yn anweddu o'r môr, yn syrthio fel glaw, ac yn dychwelyd i'r môr mewn afonydd

cymdeithasol – yn ymwneud â chymdeithas a'n ffordd o fyw

cynaliadwy – ni wnaiff niwed i bobl, bywyd gwyllt na'r amgylchedd, yn y dyfodol

cynllun – map o le bach (fel yr ysgol neu ystafell) wedi'i dynnu wrth raddfa

cyrathiad – cerrig a thywod yn yr afon yn crafu gwely a glannau afon

cyrydiad – dŵr yn hydoddi mwynau o wely a glannau afon

cysgod glaw – ardal sydd â bryn neu fynydd yn ei chysgodi rhag y glaw

cysgodol – wedi'i gysgodi rhag y gwynt

cytref – ardal adeiledig enfawr a gaiff ei ffurfio pan fydd trefi a dinasoedd yn ymledu i'w gilydd

CH

Chwyldro Diwydiannol, Y – y cyfnod mewn hanes (o gwmpas y 18fed ganrif) pan gafodd llawer o beiriannau newydd eu dyfeisio a llawer o ffatrïoedd eu codi

D

daearegwr – gwyddonydd sy'n astudio creigiau, daeargrynfeydd ac ati

daeargryn – symudiadau creigiau yn achosi i gramen y Ddaear ysgwyd

dalgylch afon – y tir o amgylch afon y bydd dŵr ohono'n draenio i'r afon

daliant – gronynnau mân o graig a phridd a gaiff eu cario gan afon; gwnânt i'r dŵr edrych yn niwlog neu'n fwdlyd

datblygwyr – cwmnïau sy'n prynu tir ac yn codi adeiladau arno i'w rhentu neu eu gwerthu

delta – tir gwastad o amgylch aber afon, wedi'i chreu o'r gwaddod a ddyddodwyd gan yr afon

diffaith – ei gyflwr wedi dirywio a neb yn byw ynddo

diwydiant – cangen o weithgynhyrchu neu fasnachu, fel y diwydiant ceir neu'r diwydiant adeiladu

Drifft Gogledd Iwerydd – y cerrynt cynnes yng Nghefnfor Iwerydd sy'n cadw'r tywydd ar arfordir gorllewinol Prydain yn fwyn yn y gaeaf

dŵr daear – dŵr glaw sydd wedi suddo drwy'r ddaear ac wedi llenwi'r craciau yn y graig islaw

dwysedd poblogaeth – nifer y bobl, ar gyfartaledd, am bob cilometr sgwâr

dyddodi – gollwng defnydd; bydd afonydd yn gollwng gwaddod wrth agosáu at y môr

dyffryn – darn o dir isel a thir uwch bob ochr iddo; yn aml, bydd afon yn llifo drwyddo

dyffryn ar ffurf U – dyffryn ar ffurf debyg i'r llythyren U, wedi ei greu gan rewlif

dyffryn ar ffurf V – dyffryn ar ffurf debyg i'r llythyren V, wedi'i gerfio gan afon

dyffryndir – dyffryn agored a llydan iawn

dyodi – dŵr yn disgyn o'r awyr (fel glaw, eirlaw, cenllysg/cesair, eira)

E

economaidd – yn ymwneud ag arian a busnes

egni geothermol – egni o graig boeth; caiff dŵr ei bwmpio i lawr i'r graig a'i droi'n ager, ac yna'i ddefnyddio i wresogi cartrefi neu wneud trydan

erlid – cosbi neu drin pobl yn greulon (er enghraifft, oherwydd eu hil neu eu crefydd)

erydu – treulio creigiau, cerrig a phridd gan afonydd, tonnau, y gwynt neu rewlifau

F

fwlcanolegydd – gwyddonydd sy'n astudio llosgfynyddoedd

FF

fflachlif – llif sydyn a gaiff ei achosi fel arfer gan law trwm iawn

ffoadur – rhywun sy'n gorfod ffoi rhag perygl (er enghraifft, rhag rhyfel)

ffos cefnfor – dyffryn ar ffurf V ar lawr y cefnfor

G

geiser – dŵr berw ac ager sy'n tasgu o'r ddaear; mae'n ddŵr daear sydd wedi'i ferwi gan graig boeth

goresgynnwr – rhywun sy'n dod i wlad i ymosod arni

gorlif – dŵr yn gorlifo o'r afon

gorlifdir – y tir gwastad o amgylch afon sy'n cael ei orchuddio â dŵr pan fydd yr afon yn gorlifo

graddfa – cymhareb y pellter ar fap â'r pellter go iawn

graddfa Richter – graddfa i fesur yr egni a gynhyrchir gan ddaeargryn

gwaddod – haen o ddefnydd (cerrig, tywod a mwd) sydd wedi'i waddodi gan afon

gwahanfa ddŵr – llinell ddychmygol sy'n gwahanu dalgylch un afon oddi wrth un arall

gwasanaeth – rhywbeth sydd wedi'i sefydlu i ateb anghenion pobl; er enghraifft, siop, ysgol, llyfrgell, ysbyty

gwasanaethau brys – gwasanaethau fel yr heddlu, yr ambiwlans a'r frigâd dân sy'n helpu pan fydd pobl mewn perygl

gweithgaredd economaidd – gwaith yr enillwch arian o'i wneud

gweithred hydrolig – gweithred pwysedd dŵr wrth chwalu glan afon; mewn afon sy'n llifo'n gyflym, caiff y dŵr ei wthio i'r craciau yn y lan, gan eu gwneud yn fwy

gwlad ddatblygedig – gwlad â safon dda o fyw – o ran tai, ysgolion, ffyrdd ac ati

H

hierarchaeth aneddiadau aneddiadau yn nhrefn eu maint, gan roi'r un mwyaf yn gyntaf

hindreulio – craig yn chwalu'n araf

hinsawdd – y tywydd 'cyfartalog' mewn lle (sut dywydd sydd yno fel arfer)

hydrograff – graff sy'n dangos sut mae llif y dŵr mewn afon yn newid dros amser, er enghraifft, yn ystod gorlif

I

isadeiledd – y gwasanaethau sylfaenol mewn gwlad, fel ffyrdd, rheilffyrdd, cyflenwad dŵr, system ffôn

isotherm – llinell ar fap sy'n uno lleoedd sydd â'r un tymheredd

L

lafa – craig dawdd sy'n echdorri o losgfynydd

lithosffer – y rhan allanol galed o arwyneb y Ddaear; mae wedi'i thorri'n ddarnau mawr o'r enw 'platiau' sy'n symud o gwmpas yn araf

LL

llednant – afon sy'n llifo i afon fwy

lleidlif – afon o fwd; gall ymffurfio pan fydd y defnydd a ddaeth o echdoriad yn cymysgu â glaw neu ag iâ sy'n ymdoddi

lleol – yn ymwneud â'r ardal o'ch cwmpas

llif pyroclastig – llif o nwy, llwch, lludw a gronynnau eraill sy'n rhuthro i lawr ochr losgfynydd ar ôl echdoriad

llinfap – map syml i ddangos sut le yw'r fan-a'r-fan neu sut mae ei chyrraedd; ni chaiff ei dynnu wrth raddfa

llosgfynydd – lle bydd y lafa'n echdorri ar arwyneb y Ddaear

llosgfynydd mud – llosgfynydd sy'n 'cysgu'; nid yw wedi echdorri ers blynyddoedd, ond bydd yn gollwng ychydig o nwy o dro i dro

llwyth gwely – cerrig a defnydd arall sy'n rholio neu'n tasgu ar hyd gwely afon

M

magma craig dawdd o dan arwyneb y Ddaear; pan ddaw i'r arwyneb, caiff ei alw'n lafa

maint – faint o egni bydd daeargryn yn ei gynhyrchu

mantell – haen ganol y Ddaear, rhwng y gramen a'r craidd

mewnfudwr – rhywun sy'n dod i wlad i fyw ynddi

monsŵn – y tymor yn ne-ddwyrain Asia pryd bydd gwyntoedd llaith a chynnes yn chwythu i mewn o'r môr gan ddod â llawer iawn o law

mudwr – rhywun sy'n symud i ran arall o'r wlad neu i wlad arall a hynny, yn aml, i weithio am ychydig

mygdwll – agorfa neu agoriad mewn llosgfynydd neu o'i amgylch lle mae ager a nwyon poeth yn dianc; yn aml, bydd mygdyllau byw yng nghraterau llosgfynyddoedd 'sy'n cysgu'

N

neidiant – symudiad tywod a cherrig mân wrth iddynt sboncio ar hyd gwely afon

nwyddau – pethau i'w gwerthu

nwyddau cyfleus – nwyddau gweddol rad, fel llaeth, papurau newydd a melysion, y byddwch yn eu prynu yn y lle cyfleus agosaf

nwyddau cymhariaeth – nwyddau fel dillad ac esgidiau y byddwch yn hoffi gweld dewis ohonynt cyn prynu

P

penrhyn – darn o dir sydd â dŵr o'i amgylch bron i gyd

platiau – mae arwyneb y Ddaear wedi'i dorri'n ddarnau mawr, fel plisgyn wy sydd wedi cracio; 'platiau' yw'r enw ar y darnau

plymbwll – y pwll dwfn ar waelod rhaeadr

pridd – cymysgedd o glai, tywod a gweddillion planhigion marw; bydd yn ymffurfio pan gaiff craig ei chwalu gan hindreulio

prifwyntoedd – y rhai sy'n chwythu'n fwyaf aml; yn y DU, gwyntoedd o'r de-orllewin ydynt

pwynt uchder – union uchder man ar fap ordnans (chwiliwch am ddot a rhif)

RH

rhaeadr – lle bydd afon neu nant yn llifo dros gwymp serth

rhewlif – afon o iâ

rhyngrwyd, y – rhwydwaith o filiynau o gyfrifiaduron o amgylch y byd, a'r cyfan wedi'u cysylltu â'i gilydd

rhyngwladol – yn ymwneud â mwy nag un wlad

S

safle – y tir y caiff anheddiad ei adeiladu arno

safle tir glas – safle nad oes neb wedi adeiladu arno o'r blaen

safle tir llwyd – safle y codwyd adeilad arno cynt, ond y mae'n bosibl ei ailddatblygu

sector cwaternaidd, y – y rhan o'r economi lle mae pobl yn gwneud ymchwil uwch-dechnoleg (er enghraifft, i enynnau)

sector cynradd, y – y rhan o'r economi lle mae pobl yn cymryd pethau o'r ddaear a'r môr (ffermio, pysgota, mwyngloddio)

sector eilaidd, y – y rhan o'r economi lle bydd pobl yn gwneud neu'n cynhyrchu pethau (fel ceir neu ddodrefn)

sector trydyddol, y – y rhan o'r economi lle bydd pobl yn darparu gwasanaethau (er enghraifft, athrawon, meddygon, gyrwyr tacsis)

sefyllfa – safle anheddiad mewn perthynas â nodweddion fel afonydd, bryniau ac aneddiadau eraill

seismomedr – offeryn i gofnodi'r dirgryniadau yn ystod daeargryn

silt – gronynnau mân o bridd sydd wedi'u cario gan afonydd

T

tanwyddau ffosil – glo, olew, nwy naturiol

tarddiad – man cychwyn afon

tirffurf – nodwedd a gaiff ei ffurfio gan erydu neu ddyddodi (er enghraifft, dyffryn ar ffurf V)

ton seismig – ton o egni a gynhyrchir gan ddaeargryn; mae'n ysgwyd popeth

trwylif – llif dŵr glaw ar draws drwy'r pridd

tywydd – cyflwr yr atmosffer – er enghraifft, pa mor gynnes neu wlyb neu wyntog yw hi

tymor-byr – dim ond am y dyddiau a'r wythnosau (ac efallai'r misoedd) nesaf

tymor-hir – ar gyfer y blynyddoedd nesaf, gan ymestyn i'r dyfodol

tyniant – symudiadau creigiau a cherrig wrth rolio ar hyd gwely afon

U

uwchganolbwynt – y pwynt ar y ddaear yn union uwchlaw canolbwynt daeargryn

Y

ymdreiddio – dŵr glaw yn mynd i lawr drwy'r ddaear

ymfudwr – rhywun sy'n gadael ei (g)wlad i ymgartrefu mewn gwlad arall

ystum afon – tro mewn afon

ystumllyn – llyn sy'n ffurfio pan gaiff ystum afon ei dorri ymaith gan lifogydd

Mynegai

A
Afon Coquet 75
Afon Hafren 86
afonydd 70-81
agorfa 118
ailddatblygu 40-41
allwedd 14, 20, 22, 126
Amwythig 86
anheddiad 28-35
anweddu 72
ardal drefol 131
ardal wledig 32, 131
argae 92
argloddiau 90, 91, 92
atal 73
awyrlun 14
Aylesbury 30-33, 35

B
Bam, Iran 116-117
Bangladesh 88-91
basalt 109
Bluewater, Caint 50-51

C
canol busnes y dref (CBD) 36, 38
ceryntau dargludo 109
ceunant 80
cludo (gan afon) 78
Clwb Pêl-droed Arsenal 102-103
craidd 108
cramen 108, 109
crater 118
cydlifiad 74
cyddwyso 72
cyfeiriad 18
cyfeirnodau grid 15
cyfuchliniau 24-25
cylch dylanwad 49
Cylch Tân, Y 110
cylchred ddŵr 72
cynllun 12-13
cytref 58

CH
Chwyldro Diwydiannol, Y 32

D
daeargryn 114-117
dalgylch afon 74
Darlington 37, 39
datblygwyr 51
defnydd tir 36-39
Deyrnas Unedig, Y 58, 59
dinas 34
dinas fewnol 36
diwydiant 66
Dôm y Mileniwm 40, 42
Drifft Gogledd Iwerydd 60
dŵr daear 73
dwysedd poblogaeth 64

dyddodi 79
dyffryn 80
dyodi 72

E
egni geothermol 125
erydu 78

F
fwlcanolegwyr 120

FF
fflachlif 84
ffordd gynaliadwy o fyw 42-43

G
glawiad yn y DU 61
glawogydd y Monsŵn 89
gorlifdir 74, 85
graddfa 12, 13
graddfa Richter 114
gwaddod 79
gwahanfa ddŵr 74
gwaith 66
gwasanaethau 66
gweithgaredd economaidd 66
gweithgynhyrchu 66
gweithgynhyrchu peli troed (yn Pakistan) 104-105
gwenithfaen 109

H
hierarchaeth aneddiadau 34
Himalaya 113
hindreulio 76-77
hinsawdd 60, 61

I
Iran (daeargryn) 116-117
isadeiledd 90
isotherm 60

L
lafa 118
Lerpwl 8
lithosffer 109, 111

LL
llednant 74
lleidlif 118, 119
llifogydd 82-89
llifogydd yn Bangladesh 88-89, 91
llifogydd yn y DU 86-87, 90
llif pyroclastig 118, 119
llinfap 20-21
llosgfynydd 118-121
lludw (o losgfynydd) 118, 119

M
maestrefi 36
magma 118
mantell 108
map 14
mapiau ordnans 22-25

mesur pellter (ar fap) 16
mewnfudwr 62
Montserrat (llosgfynydd) 120-121

N
nwyddau cyfleus 48
nwyddau cymhariaeth 48

P
pêl-droed 94-101
Penrhyn Greenwich 40-43
pentref 34
pentrefan 34
platiau 110-113
pridd 77
proffil hir 74
Prydain Fawr 59
pwynt uchder 24
pwyntiau'r cwmpawd 18

RH
rhaeadr 80
rheoli llifogydd 92-93
rhewlifoedd 56

S
Sacsoniaid 30, 62
safle 28
safleoedd tir glas 44
safleoedd tir llwyd 44
sector cwaternaidd, y (gwaith) 66
sector cynradd, y (gwaith) 66
sector eilaidd, y (gwaith) 60
sector trydyddol, y (gwaith) 66
Sialkot, Pakistan 104
siopa 46-53
siopa ar y rhyngrwyd 52-53
siopa y tu allan i'r dref 50-51
siroedd Lloegr 58
stadiwm pêl-droed (Arsenal) 102-103

T
tirffurfiau 80
tref 34
trwylif 73
tswnami 115
tywydd 60

U
uchder (ar fap) 24

Y
ymateb tymor-byr 122
ymateb tymor-hir 122
ymdreiddio 73
Ynysoedd Prydain 56, 58, 59
ystum afon 81
ystumllyn 81